KB209340

UDL로 만들어 가는 학생 주도형 수업

학생 주도형 수업

캐틀린 터커·케이티 노백 지음
구본희·이규대·정은식·조윤정 옮김

우리학교

샤이엔과 매덕스는 같은 부모 밑에서,
같은 환경에서 자랐음에도 두 사람이 얼마나 다를 수 있는지
매일매일 상기시켜 준다.
나는 교사들이 이러한 차이를 인정하고 개개인의 강점을 발견하며
아이들 스스로 열정을 추구할 수 있도록 돕는 방법을 찾기를
당신과 모든 아이를 위해 바란다.

나는 두 교사의 딸로서, 이 일을 하기 위해 태어났다.
엄마와 아빠의 모범과 열정, 뉴포트 크리머리의 아이스크림,
그리고 나를 키워 준 모든 것에 감사한다.
나는 최고의 사람들에게 배웠다.

– 사랑을 담아, 케이티

2018년 특수반 학생의 담임을 맡았다. 한 학기 내내 그 학생과 다른 학생 간의 다툼과 싸움을 중재하느라 진을 뺐다. 국어 과목인 내 수업에 들어오지 않았기 때문에 수업 시간에는 볼 일이 없었고, 어떤 사건으로 상당 기간 조회와 종례 때에도 교실에 잘 들어오지 않았다. 그 다음 해, 모든 교사가 공개 수업을 하는 학교 시스템 덕에 그 학생이 참여한 특수반 공개 수업을 보았다. 후배를 의젓하게 챙기며 적극적으로 수업에 참여하던 모습에 충격을 받았다. 나는 왜 그 학생과 무엇인가를 해 보려고 하지 않았던 걸까? 빠르면 빠른 대로, 느리면 느린 대로, 나를 만나는 '모든' 학생이 성장할 수 있으면 좋겠다는 바람이 점점 커졌다. 분명 내가 할 수 있는 일들이 있을 터였다. 그러다 '모두를 위한 교육Learning for all'이라는 캐나다 온타리오주의 교육 방침을 알게 되었고 그때부터 다변화 수업과 보편적 학습 설계에 관심을 갖게 되었다.

2020년, 코로나19가 세계를 휩쓸었다. 학생들을 대면하지 않는 수업이라니, 상상도 해 본 적 없었지만 학교에서 이와 관련된 업무를 맡고 있었기에 더 적극적으로 학습 관리 시스템과 온라인 도구에 관해 고민을 해야 했다. 학생들은 몇 주에 한 번씩 등교했는데, 등교했을 때와 등교하지 않았을 때 수업이 유기적으로 연결되게 하려면 대면 수업에서도 디지털 도구를 쓰는 블렌디드 러닝이 필수였다. 정신없이 과제를 올리고, 학생들이 나오기 전까지 피드백을 하고, 얼굴을 보면서 다시 짚어 주고. 처음 접하는 디지털 도구들이었는데 곧 이것이 진짜 '도구'로서의 역할을 충실히 한다는 사실을 깨닫게 되었다. 학생들 머릿속에 들어 있는 생각을 더욱 잘 볼 수 있게 해 주었고, 협업하는 과정도 알 수 있었고, 학교 안팎으로 공유하기도 쉬웠다. 일상 대면 수업으로 돌아왔지만, 한 번 맛을 보니 디지털 도구를 손에서 놓을 수 없었다. 보편적 학습 설계를 공부하면서 이를 수업에 적용하려고 할 때는 결코 쉽지 않았던 것이, 디지털 도구를 이용하면 그다지 어렵지 않다는 사실을 알게 되었다. 와, 이거 진짜 괜찮은걸!

보편적 학습 설계에 관심은 많았지만 우리나라에서 접할 수 있는 책은 부족했다. 그러다 이 책을 발견했는데 이거다 싶었다. 내가 수업에서 중요하게 생각하는 모든 것(보편적 학습 설계, 블렌디드 러닝, 학습자 주도성)이 세트로 들어 있다니! 원리에 관한 설명도 훌륭했지만, 구체적인 방법 또한 친절하게 소개되어 있었다. 선생님들과 한 장씩 읽다가 이 책은 꼭 번역해서 더 많은 선생님이 볼 수 있게 하고 싶다고 생각했다. 인공지능을 비롯한 디지털 도구들이 우르르 교실로 몰려온다고 거기에 휩쓸려 정신을 못 차리고 떠다니면 안 되겠지만, 모르쇠로 외면하고만 있을 일도 아니다. 나의 관점을 가지고(학생 주도성) 그 설계에 맞게(보편적 학습 설계) 이것들을 적극적으로 사용하는 일(블렌디드 러닝)은 더욱 중요하다. 부디 이 책이 선생님들에게 닿아 교실에 앉아 있는 '모든' 학생에게 희망의 빛으로 남길 바란다.

2025년,

옮긴이를 대표해 구본희

차례

일러두기

1. 단행본은 『 』로, 잡지와 신문은 《 》로, 논문과 시는 「 」로, 영화와 연극, TV 프로그램, 음악 등은 〈 〉로, 기사와 보고서는 “ ”로 표시했다.
2. 본문의 각주는 모두 옮긴이 주이다.

서론

이 책을 출판한 이유

캐틀린 나이가 들고 삶의 속도가 빨라지면서 나는 점점 더 일찍 일어나기 시작했다. 아이들이 깨기 전 아침 시간이 가장 생산성이 높기 때문이다. 보통 이 시간에 침대에서 커피를 한잔 마시며 발표거리나 그날 있을 코칭 시간을 준비한다.

이 책을 쓰기로 한 그날 아침은 평소와 달랐다. 3일 연속으로 발표와 연수, 코칭에서 벗어나 쉬고 있었다. 나는 아침 시간을 일하면서 보내지 않기로 마음먹고, 대신 브레네 브라운Brene Brown의 『마음 가면: 수치심, 불안, 강박에 맞서는 용기의 심리학*(Daring Greatly)*』을 읽기 시작했다. 용기, 동정심 및 연결의 중요성에 대한 그녀의 말이 나를 감동시켰다. 내게 필요한 것을 책이 딱 알아주다니 참으로 신기한 일이었다.

나는 2020년 우리 삶을 뒤흔든 팬데믹의 격동 이후 교육 분야에서 변화를 향한 저항과 고군분투해 왔다. 나는 팬데믹을 거치며 우리 교사들과 교육기관이 그동안 접근해 온 방식은 불확실한 미래 사회에서 충분히 유연하거나 역동적이지 않을 수 있음을 깨닫기를 바랐다. 전통적인 강의식 수업 설계로는 모든 학생이 학습에 접근 가능하고 포용적이며 형평성 있는 수업을 할 수 없다. 그래서 케이티와 나는 『보편적 학습 설계와 블렌디드 러닝: 유연한 학습 환경에서 성공하기*(UDL and Blended Learning: Thriving in Flexible Learning Landscapes)*』를 출간했다.

우리는 어떠한 교수 학습 환경에서도 자신감을 갖고 민첩하게 대처할 수 있는 사고방식, 기술, 교수 도구를 개발할 수 있도록 두 가지의 상호 보완적인 틀(보편적 학습 설계와 블렌디드 러닝)로 교사들을 무장시키고 싶었다. 하지만 학교가 다시 문을 열면서 많은 교사가 이전 상태로 돌아가고 싶어 한다는 이야기를 들었다. 우리는 자칫 지난 2년간의 성과와 추진력을 잃고 익숙해지고 편해지게 될까봐 걱정이 앞섰다. 익숙함과 편안함은 일부 교사들에게는 효율적일 수 있지만, 학생들에게는 최선이라고 생각하지 않는다.

내 인생 대부분이 그랬듯 나는 교육자 관점에서 브레네 브라운의 책을 읽었다. 전심전력을 다하는 삶을 위해 필요한 용기, 연민, 연결에 대한 강조는 교육자인 우리가 일을 함에 있어서 어떤 모습을 취해야 하는지 생각하게 했다.

- 어떻게 하면 우리가 이 일에서 더 용기를 낼 수 있을까?
- 우리 자신과 학생들을 대할 때 연민은 어디에서 나타나고 있을까?
- 우리의 삶에서 동료 및 학생들과의 유대 관계를 어떻게 더 발전시킬 수 있을까?

이러한 질문에 관해 고민하면서, 보편적으로 설계된 블렌디드 러닝을 위해서는 교사들이 용기 내어 자신과 학생들에 대한 연민을 갖고, 더 많은 연결의 기회를 만들어야 한다고 계속 생각했다. 나는 교사들이 용기와 열정으로 자신의 업무에서 연결의 우선순위를 정할 수 있도록 돕고 싶었다.

나는 곧바로 케이티에게 이 책에 대한 아이디어를 문자로 보냈다. 그녀는 "오, 세상에, 좋아요! 같이 할게요. 선생님들이 갈급해 하고 있어요!"라고 대답했다. 이 영감의 순간을 공유하는 이유는 심적인 휴식 시간과 공간이 없었다면 이 책은 결실을 맺지 못했을 것이기 때문이다. 나는 생각하고 질문하고 궁금해 하고 발견하고 상상하고 혁신할 수 있는 창조적인 공간을 뇌에 허용하지 않고, 한 가지 일을 하다가 또 다른 일을 한다. 나만 그런 게 아니다. 삶은 복잡하고 고단하다. 아침에 한가로이 독서를 하는 시간이 사치처럼 느껴질 수 있지만 그렇지 않다. 그것은 우리의 창의성과 지속적인 성장을 위해 반드시 필요하다.

대부분의 교육자는 자신이 해야 하는 모든 일을 하기에 시간이 충분하지 않다고 한탄한다. 그들은 공문서 작성, 이메일, 회의, 채점 업무에 시달린다. 이러한 업무들은 교실 밖의 삶으로까지 확장되어 저녁과 주말을 침범한다. 문제는 끝없는 공문서 작성, 이메일, 채점 업무에서 빠져나오기 위해 이를 처리하다 보면 역동적인 학습 경험 설계와 같은 창조적인 측면에 집중할 정신적 에너지나 여유가 없다는 것이다. 나는 교사들이 독서, 운동, 친구 및 가족과의 교류, 지적 유희에 참여할 수 있도록, 마음을 자유롭게 해 주는 조용한 순간을 즐기는 데 더 많은 시간을 할애했으면 한다. 바로 그 순간에 학생들을 참여시키는 최고의 아이디어가 떠오를 것이다.

하루 종일 업무로 지쳐 있던 2014년의 어느 날 밤을 기억한다. 내가 해야 한다고 생각한 다른 수백 가지의 일을 뒤로 하고 나는 지미 팰런Jimmy Fallon의 〈투나잇 쇼〉를 보기로 결심했다. 브라이언 크랜스턴Bryan Cranston이 게스트로 출연했고, 그는 지미 팰런과 '단어 몰래 끼워 넣기Word Sneak' 게임을 했다. 두 사람은 단어가 무작위로 적힌 카드 세트를 각각 갖고 있었다. 게임의 목표는 대화 중에 그 단어를 자연스럽게 '몰래' 끼워 넣는 것이었다. 그들의 대화는 정말 웃겼다. 나는 게임 내내 낄낄댔다. 그 순간 나는 '학생들과 해 보고 싶다!'고 생각했다. 그리고 지금, 단어 몰래 끼워 넣기는 학생들이 새로운 어휘를 연습할 때 가장 좋아하는 방법이 되었다. 만약 내가 쉬면서 〈투나잇 쇼〉의 그 에피소드를 보지 않았다면 게임에 대한 영감은 결코 떠오르지 않았을 것이다.

이 외에도 이런 순간이 수없이 있었는데, 조용한 순간에 불현듯 영감이 솟구칠 때마다 내가 휴식을 취할 때 얼마나 더 창의적인 사람이 될 수 있는지 새삼 깨닫게 된다.

이 책을 쓴 이유

이 책에는 두 가지 목표가 있다. 첫째, 교사들이 자신의 즐거움을 재발견하고 이 직업에 다시 몰입하기를 바란다. 둘째, 학생들이 학습에서 주인의식을 공유할 수 있는 학습 전문가로 성장해 교사의 업무가 과중해지지 않기를 바란다.

지난 몇 년간 교육계는 교사들에게 큰 타격을 입혔다. 많은 교사가 이 직업에 좌절감과 환멸을 표하고 있다. 그들은 과중한 업무와 비현실적인 요구에 시달린다. 또한 팬데믹에 따른 불확실성으로 인해 정신적으로나 정서적으로 지친 이도 많다. 교사들을 지속 가능하게 하고, 그들이 보람을 느끼게 하려면 이 업무에 대한 접근 방식을 새롭게 하는 데 사용할 수 있는 구체적인 전략이 필요하다.

학생들 역시 학습 과정에 완전히 참여하는 방법을 배울 필요가 있다. 많은 교실에서 학생들은 여전히 침묵하는 관찰자와 소비자의 역할에 머무른다. 그들은 메타 인지 근육을 발달시키고, 과제를 평가하고, 서로에게 실질적인 피드백을 제공하고, 과제로 주변 사람들과 소통하기를 요구받지 않는다. 이로 인해 학생들은 학습에 투자하지 않게 된다. 학습은 학생들에게서 일어나야 하는데, 그들은 마치 관중석에 앉아 경기장에서 펼쳐지는 게임을 보는 팬과 같다. 학생들은 학습 과정에 적극적으로 참여해야 한다. 그래야만 교사는 그들을 지략적이고 전략적이고 동기부여가 되고 자기 인식을 갖춘 학습 전문가로 양성할 수 있다. 학생들이 학습 과정의 모든 부분에 적극적으로 참여할수록 교사가 모든 일을 해야 한다는 부담은 줄어든다.

방법

이 책에서는 교사 주도의 워크플로 열 가지를 재구상하는 데 초점을 둔다. 각 장에서 교사 주도의 전통적인 워크플로를 하나씩 살펴보고 이를 지속 가능하며 학생 주도로 만드는 방법을 설명한다.

- 새로운 시작 1: 일방적인 정보 전달에서 학생 주도 발견으로 전환
- 새로운 시작 2: 교사 주도의 학급 전체 토론에서 학생 주도의 소규모 모둠 토론으로 전환
- 새로운 시작 3: 혼자 읽기에서 연결을 위한 읽기로 전환
- 새로운 시작 4: 한 명의 청중에서 실제 청중으로 전환
- 새로운 시작 5: 교사가 만드는 복습 및 연습 문제에서 학생이 만드는 복습 및 연습 문제로 전환
- 새로운 시작 6: 교사용 도구로서의 형성 평가에서 학습자를 위한 메타 인지 도구로 전환
- 새로운 시작 7: 결과 중심 피드백에서 과정 중심 피드백으로 전환
- 새로운 시작 8: 교사 평가에서 자기 평가로 전환
- 새로운 시작 9: 교사가 주도하는 학부모와의 소통에서 학생이 진행 과정을 주도하는 대화로 전환
- 새로운 시작 10: 교사가 설계하는 프로젝트에서 학생이 주도하는 프로젝트 기반 학습으로 전환

각 장은 비슷한 형식을 따른다. 먼저 우리는 '기존 방식'이 가진 문제를 들추어내고 이 접근 방식에서 지속 불가능한 측면을 파악한다. 우리는 이 부분을 '연구와 실제'라고 했다. 그런 다음 학생 주도의 관점에서 워크플로를 재구상하기 위한 구체적인 전략을 제시한다. 이는 교실 수업, 원격 수업, 또는 이 두 가지를 혼합한 어떤 교수 및 학습 환경에서도 유연하게 작동할 수 있도록 설계되었다.

우리는 이렇게 블렌디드 러닝과 보편적 학습 설계에서의 학생 주도 워크플로에 기반하여, 블렌디드 러닝으로 설계된 보편적 학습 설계가 학생과의 수업 활동을 위한 시공간을 어떻게 창출하는지 강조할 것이다. 교사가 중심이 되어 반 전체를 대상으로 수업하는 환경에서는 워크플로의 변화가 현실적으로 불가능하다. 따라서 교사는 학생에게 학습 경험을 보다 잘 제어할 수 있는 권한을 부여해야 한다. 이 변화가 성공하려면 교사는 블렌디드 러닝 모델을 활용해 학생과 협력하고 학습 과정의 중심이 학생이 되게 해야 한다.

또한 이러한 전략은 접근이 가능하고 포용적이며 형평성 있게 이루어져야 한다는, 보편적 학습 설계의 핵심 이념과 명확히 연결되도록 했다. 학생 주도형 수업으로의 변화는 다음과 같은 보편적 학습 설계의 핵심 이념에 따라 교수법을 어떻게 조정해야 하는지 설명한다.

- 학습자의 가변성이 규준이 된다.
- 모든 학생은 확고한 목표를 향해 노력할 수 있지만 유연한 수단이 필요

하다.

- 학생들이 학습 과정에 완전히 참여하기 위해서는 학습 전문가로 양성하는 것이 중요하다.

각 장의 마지막에서는 요점을 정리하고 교사는 물론 교사 독서 동아리 또는 전문적 학습 공동체professional learning community에서 성찰하고 토론할 수 있는 질문들을 제시한다. 맨 끝에는 '실천하기'를 추가했다. 이 활동은 당신이 배우고 있는 것을 실천하도록 고안되었다. 각 장에서 배운 내용을 즉시 실행에 옮겨 볼 수 있을 것이다.

이 책에서 설명하는 '워크플로'란 학습 과정에서 교사와 학생의 역할에 대한 근본적인 사고방식의 변화를 말한다. 학생들이 학습의 책임을 분담할 능력이 부족하다고 걱정할 수 있지만, 그 두려움은 오히려 학습 과정에 완전히 참여할 기회가 학생들에게 더 많이 필요함을 나타낸다. 케이티와 나는 당신이 읽고, 배우고, 실험하고, 실천하고, 이를 개선하면서 깨닫게 된 바를 학교 및 온라인상의 더 큰 공동체에서 공유하기를 바란다. 우리는 이 책이, 보편적으로 설계된 블렌디드 러닝이 보다 지속 가능한 접근 방식을 만드는 데 교사들에게 어떻게 도움이 될 수 있는지에 관한 더 많은 대화를 이끌어 내기를 바란다.

내용

케이티와 나는 이 책을 읽는 모든 교사가 이 작업에 대해 더욱 지속 가능하고 균형 잡힌 접근 방식을 찾기를 바란다. 우리는 교사들이 저녁과 주말에 휴식을 취하고 재충전할 시간을 갖기를 원한다. 끝이 보이지 않는 업무 목록 때문에 가족, 친구, 또는 자신과의 소중한 시간을 희생하는 것을 원치 않는다. 우리는 교사들이 이러한 전통적인 워크플로를 재구상함으로써 얻게 된 시간으로, 영감을 받을 수 있는 정신적 여유를 찾기를 바란다. 내가 인생에서 우연한 순간에 영감을 받은 것처럼(아이들과 함께 떠난 여행에서 '어느 쪽이 나올까?' 게임을 했고, 이것이 학생 주도성이 포함된 수업을 설계할 때 사용하는 간단한 전략으로 이어졌듯이) 다른 교사들도 그런 마법 같은 순간을 더 많이 경험했으면 한다.

이 재구상에는 용기, 연민, 그리고 연결이 필요하다. 우리는 현 상황에 의문을 제기할 용기, 두려움에 직면할 용기, 이 일에 접근하는 더 나은 방법을 찾기 위한 직업적인 위험을 감수할 용기가 있어야 한다.

우리는 우리 자신과 학생들에게 연민을 가져야 한다. 변화에는 시간과 연습이 필요하다. '주도적인 학습자'로서 이 작업에 접근해야 하며, 실험하고 성찰하고 개선하는 동안 우리 자신에게 온화해야 한다. 또한 우리는 이러한 변화가 학생들에게 새로운 경험이 될 것이며, 그들에게 도전감을 주리라는 점을 기억해야 한다. 처음에는 약간 불편할 수 있다. 학생들에게 학습에 대한 더 많은 인지적, 사회적 책임을 맡기도록 요구하기 때문이다. 학생들이 재구상된 워크플로에서 학습을 주도할 수 있는 자신감을 가지려면 명확한 루틴, 지원, 기술 개발이 필요하다.

마지막으로 이 작업에는 동료 및 학생들과의 관계(연결)가 요구된다. 학습은 부분적으로 사회적 노력이다. 학생이 공동체 속에서 서로 협력하며 배우도록 하고, 학습 전문가로서 주인의식을 가질 수 있는 환경을 학생과 함께 조성한다면, 학생 주도형 수업으로의 전환은 더욱 성공적일 것이다.

1장

환상의 조합

보편적 학습 설계와 블렌디드 러닝

보편적으로 설계된 스파 데이

케이티 남편 론이 생일 선물로 받고 싶은 것을 물어볼 때마다 "매년 같아."라고 대답하는데, 그것은 '스파 데이spa-day' 이용권이다. 나는 스파의 모든 것을 좋아한다. 조용한 분위기, 재스민 향기, 대기실에서부터 목을 감싸 주는 뜨거운 베개와 다양한 서비스 메뉴까지. 누구에게나 각자 이런 대상이 있을 것이다! 스파를 이용할 시간이 부족하다면 30분짜리 짧은 얼굴 마사지를 받을 수도 있다. 뜨거운 욕조에 몸을 담그고 유칼립투스 향과 파도 소리가 흐르는 방에서 쉬고 싶다면? 가능하다! 생일에 오직 자신만을 위한 마사지 서비스를 원해도? 물론 가능하다!

하지만 모든 스파가 똑같지는 않다. 한번은 론이 새로운 데이 스파에 얼굴 마사지를 예약했다. 처음에는 계획대로 진행되었다. 대기실에서 캐모마일차를 홀짝이며 따뜻한 가운으로 몸을 감싼 다음, 온열 침대에 몸을 맡겼다. 친절해 보이는 한 여성이 조용히 들어와 자기소개를 했다. 그녀는 침대 온도가 괜찮은지, 어떤 알레르기가 있는지, 무슨 일을 하는지 물었다. 심지어 일곱 살 때 반려견을 키웠는지도 물었다. 그녀는 얼굴 마사지를 하는 중에도 계속해서 질문했다. 내가 잠시 졸았을 때에도 그녀는 여전히 말을 하고 있었다. 그녀는 정말 유쾌했고, 만약 커피숍에서 만났다면 친해지고 싶었을 것이다. 하지만 그것은 내가 생각한 스파 데이가 아니었다. 물론 다른 사람들처럼 나도 머리를 할 때 미용사와 수다 떠는 것을 좋아하지만 스파에서만큼은 조용하게 있기를 원한다.

마사지는 훌륭했지만, 나의 취향에 맞지 않았기 때문에 또 방문하지는 않을 곳이었다. 그 일을 다시 떠올린 것은 이번 가을, 스파 데이 의식을 재개했을 때였다. 온라인 설문지를 작성하며 나는 잠시 조용히 생일을 자축했다. 새로운 스파의 설문지에는 코로나19 관련 질문과 일반적인 병력 및 알레르기를 묻는 항목이 포함되어 있었는데 질문은 이런 식이었다.

- 마사지할 때 오일을 사용한다면 다음 중 어떤 향을 선호하나요?
- 마사지를 받을 때 어느 정도의 압력을 원하나요?

그리고 마지막 질문과 대답 항목.

- 관리사와 얼마나 대화하고 싶으신가요?
  ① 마사지를 받으며 이야기하기를 좋아합니다.
  ② 처음에는 약간의 대화를 하다가 이후에는 조용하게 있는 것을 선호합니다.
  ③ 마사지에 관한 질문이 아닌 이상 고요하게 있고 싶습니다.

나는 모든 상황에서 대화하기를 좋아하지만 2번을 선택했다. 내 피부 모공을 검사하는 사람을 잠깐 알아 가는 시간을 갖는 것은 괜찮지만, 이후에는 편안하게 집중하고 싶기 때문이다.

이 이야기는 보편적 학습 설계Universal Design for Learning: UDL 프레임워크의 힘을 잘 보여 준다. 보편적 학습 설계의 세 가지 핵심 이념은 가변성 수용하기, 명확한 목표 제시하기, 학습의 전문가로 양성하기이다. 가변성이란 두 사람이 완전히 똑같지 않고, 항상 같은 상태에 있지 않다는 것이다. 모든 사람은 강점, 관심사, 성장해야 할 영역이 다르며, 상황에 따라 그 필요가 끊임없이 변화한다. 학습 경험을 설계할 때에는 이러한 가변성을 당연하게 받아들여 예상하고 대비해야 한다. 결국, 학생들이 자신의 선택지를 고려하며 "목표를 달성하기 위해 지금 필요한 것은 무엇인가?"를 자문하게 만들어야 한다.

나를 잘 아는 사람들은 내가 대화를 좋아하는 사람임을 알 것이다. 나는 수다를 떨고 사람들과 가까워지기를 좋아한다. 일상에서 대화를 나누고 사람들을 알아 가는 것을 즐기지만, 스파에서는 조용한 분위기를 선호한다. 스파를 할 때의 케이티는 다른 상황에서의 케이티와 다르다. 상황이 바뀌면 나의 요구도 바뀌기 때문이다. 언젠가는 나도 스파에서 누군가를 알아 가고 싶은 강렬한 충동을 느낄지도 모른다. 그때가 되면 "마사지를 받으며 이야기하기를 좋아합니다."라는 답변을 택할 수도 있다.

배움을 위한 보편적 학습 설계의 힘

획일적인 경험은 역동적인 개개인의 필요를 충족시키지 못한다. 이 글을 읽는 당신은 이렇게 생각할지도 모른다. "그래, 스파에서는 그렇다고 해도 인생에서는 선택할 수 없는 것도 있잖아. 세금 신고처럼." 하지만 엄밀히 말하면 세금을 신고할 때에도 여러 선택권이 있다. 곧 설명할 테니 잠시만 기다려 보자.

보편적 학습 설계의 실천가들은 '확고한 목표, 유연한 수단'이라는 개념에 대해 이야기한다. 이는 공유된 결과를 인식하고 이를 달성하기 위해 사용할 수 있는 다양한 경로를 인정하는 방식이다. 스파에서는 모두가 편안한 경험을 하는 것이 목표다. 어떤 사람에게 그것은 대화를 의미하고, 또 다른 사람에게는 침묵을 즐기는 것이 될 수 있다. 세금 신고에 관한 한, 어떤 사람은 세금 신고서를 출력해 우편으로 제출한다. 또 어떤 사람은 전자 신고를 하거나 터보택스TurboTax를 사용하거나 회계사를 고용해 처리한다.

보편적 학습 설계로 학습 경험을 설계할 때 스스로에게 물어보자. "모든 학습자가 알아야 하거나 할 수 있어야 하는 것은 무엇인가?" 그다음, 가변성을 바탕으로 "그것에 도달하기 위한 다양한 경로와 선택지는 무엇인가?"를 생각하자. 보편적 학습 설계의 관점에서 수업 설계에 대한 접근은 학생들이 자신의 학습 경로, 결과물, 속도를 선택할 수 있는 환경을 설계하는 것을 의미한다.

대개 전통적인 수업 설계 모델에서 교사는 학습자를 대신해 모든 결정을 내리는 사람이었다. 하지만 이제 우리는 학생들이 확고한 목표를 성찰한 뒤, 자신의 강점, 관심사, 기분, 필요한 영역 등을 고려하는 학습 전문가expert learner로 성장하도록 촉진해야 한다. 학습자가 스스로를 더 잘 인식할 수 있는 기회를 제공할 때 그들은 여러 경로를 검토하고 현재 자신의 필요에 가장 적합한 경로를 선택하는 방법을 배운다. 학생들이 필요할 때 필요한 것을 선택할 수 있도록 하면, 보편적 학습 설계, 사회 정서적 학습*, 트라우마 기반 학습**, 문화적 지속성을 반영한 실천***을 통합할 수 있다. 학생들이 학습 경험을 주도하게 할 때, 우리는 학생들이 자신을 인식하고, 학습의 목적을 이해하며, 교육에 대해 책임 있고 전략적인 결정을 내릴 수 있는 학습 전문가로 성장하도록 도울 수 있다.

교사는 보편적 학습 설계를 활용함으로써 학생들이 확고한 목표나 핵심적인 성취 기준에 도달하도록 학생에게 선택지와 선택권을 제공해 학습의 장애물을 제거한다. 보편적 학습 설계를 위해 교사는 세 가지 원칙(다양한 참여 방식, 다양한 표상representation 수단, 다양한 행동과 표현 방

* 학생들이 자신의 감정을 이해하고 관리하며, 긍정적인 관계를 형성하고, 책임 있는 결정을 내리는 데 필요한 사회적, 정서적 기술을 개발하도록 돕는 학습 접근법이다.

** 학생의 전인적 성장을 촉진하기 위해 학습 트라우마를 가진 학생에게 심리적, 정서적, 물리적 안전감을 제공해 스트레스나 불안을 덜 경험하게 하고 소속감을 느낄 수 있도록 돕는 접근법이다.

*** 학생의 문화적 정체성과 유산을 유지하고 강화하며 이를 학습 환경과 교육과정에 통합하는 접근법이다.

식)으로 교육을 설계해야 한다.

교사가 다양한 참여 방식을 제공할 때, 확고한 목표를 제시하고 학생들에게 유연한 수단을 마련해 줄 수 있게 된다. 참여는 단순히 흥미를 끌거나 선택권을 제공하는 것을 넘어선다. 교사는 학생이 학습 과정에 전념할 수 있도록 해야 하며, 학습이 어렵거나 지쳤거나 학습 목표에 큰 흥미를 느끼지 못할 때에도 지속적으로 노력과 끈기를 발휘할 수 있는 환경을 만들어야 한다.

우리는 학생들이 위험을 감수할 수 있을 만큼 안전하다고 느끼고 그들이 스스로 문제에 대처할 수 있는 선택지를 아는 교실을 만들어야 한다. 쉬는 시간을 자주 제공하고, 학습을 지원하는 보조 장치를 활용하거나 수정하고 재도전할 기회를 부여하면 학생들의 동기부여를 최적화할 수 있다. 학생들에게 학습을 개인화하도록 요구하는 만큼, 교사는 학생들이 친구나 어른으로부터 피드백을 받고, 결정을 성찰하며, 필요하다면 학습 방향을 수정할 기회를 자주 제공해야 한다.

표현은 학습자들에게 정보를 수집하고 제시하는 과정으로, 지난 200년간 교육에서 주된 표현 수단은 글과 말(책 읽기와 획일적 강의)이었다. 그러나 텍스트는 일부 사람들에게 문제가 된다. 예를 들어 시각장애가 있다면 인쇄된 텍스트는 상당한 학습 장애물이다. 국어를 외국어로 학습하는 학생이나 난독증 혹은 ADHD(주의력결핍 과잉행동장애) 등을 가진 학생들에게도 문제가 될 수 있다. 강의와 같은 말하기도 마찬가지다. 강의는 듣기와 강력한 청각 처리 능력을 요구하기 때문에 종종 학습자를 학습 과정에 적극적으로 참여시키지 못하고 수동적인 활동으로 끝나게 한다.

『보편적 학습 설계: 이론과 실천(*Universal Design For Learning: Theory and Practice*)』에서는 "어떤 하나의 매체가 모든 학생에게 적합한 것은 아니며, 모든 과목에 적합하지도 않다. 정보, 개념, 관계, 아이디어를 이해시키기 위해 학생이 접근할 수 있는 다양한 방법을 제공하는 것이 중요하다."고 했다.[1] 교사가 다양한 표현 방식을 제공할 때, 학생은 어떻게 학습할지 선택하고, 지식을 쌓고, 자원을 탐색하면서 확고한 목표를 향해 나아갈 수 있다.

교사가 수업 설계의 모범 사례 공유를 목표로 하는 워크숍에 참석한다고 상상해 보라. 배경지식을 활성화하기 위해, 교육과정-수업-평가-피드백의 일관성에 관한 기사가 포함된 유인물이 제공된다. 과제는 간단하다. 20분간 조용히 기사를 읽고, 소규모 모둠에 합류해 유인물 내용과 수업에서의 실천 방법 간의 연관성을 논의한다. 흥미롭지 않은가?

우리는 이러한 워크숍을 경험한 적이 있다. 그런데 그다음이 문제였다. 단 하나의 기사만으로는 모든 교사의 요구를 충족시킬 수 없다. 모든 학교에는 보건 교사, 상담 교사, 행동 중재 전문가들이 있다. 그들은 이와 같은 기사에서 수업과의 관련성을 찾지 못할 수 있다. 어떤 교사들은 학술 저널에 사용되는 교육학 용어와 데이터를 토대로 논의하는 데 어려움을 겪을 수 있다.

〈표 1〉 다양한 표현 방식을 활용한 선택판

 **읽기** 기사 가운데 하나 이상을 선택해 토의를 준비한다. 혼자 읽거나 친구들과 소리 내어 읽는다.	 **듣기** 팟캐스트 중 하나를 선택한다. 운동화를 신고 이어폰을 꽂은 채로 복도를 걸으며 들어도 좋다.
 **시청하기** 팝콘을 준비해 영상을 함께 보는 시간을 가진다. 영상은 토의 준비에 많은 도움이 될 것이다.	 **실천하기** 아이디어 중 하나를 선택해 실천한다. 혼자 하거나 친구와 함께 할 수 있다! 경험한 내용을 모둠 토의에서 공유할 수 있다.

대신, 회의를 진행하는 관리자들이 다양한 표현 방식을 활용한 선택판을 만들었다고 상상해 보라. 교사들은 회의 전에 회의 목적을 이메일로 받고 〈표 1〉과 같은 디지털 선택판에 접근할 수 있다. 이러한 접근법은 교사들이 형광펜이나 독서용 안경을 찾아야 하는 수고를 덜어 준다. 이렇게 하면 보다 더 의미 있는 결론을 이끌어 낼 수 있지 않을까?

끝으로 보편적 학습 설계는 교사가 학생들에게 다양한 행동과 표현 방식을 제공할 것을 요구한다. 이를 통해 학생은 확고한 목표를 향해 나아가면서 자신의 학습 진행 상황을 공유할 기회를 가지게 된다. 현재 학생들은 종종 자신의 학습을 획일적인 방식으로 공유해야 한다. 예를 들어, 미술 교과의 교육과정 성취 기준에서는 학생들에게 예술 작품을 파악하고 분석하도록 요구한다. 우리는 미술 시간에 같은 그림을 감상한 뒤 평가한 경험이 있다. 다섯 문단짜리 에세이를 작성하거나 발표를 하거나 작가의 작품을 분석하는 영상을 녹화해야 했을 수도 있다. 하지만 우리가 결정할 수 있는 일이 아니었다. 결정을 내리는 사람은 선생님이었다. 선생님은 지시를 명확히 하고, 예시를 만들고 피드백을 제공해 주기 위해 많은 노력을 기울였다. 그동안 우리는 수동적으로 지시를 기다리고 있었다. 그러나 반드시 그렇게 해야만 하는 것은 아니다.

성취 기준을 분석하면, 기준에 도달했음을 인정할 증거를 결정하고, 과제를 할당하고, 그 과제의 목적을 명확히 하고, 전략을 논의하고, 학습 과정과 결과를 공유하기 위한 가장 좋은 방법을 선택하도록 허용할 수 있다. 학생들이 작품을 고르고 모둠 활동을 한 후 가장 적합한 방법을 결정한 다음 이를 서면 응답, 발표, 팟캐스트를 통해 분석을 공유할 수 있다면 학생들이 얼마나 더 몰입할지 상상해 보라.

어떤 성취 기준들은 이 정도의 유연성을 허용하지 않는 듯 보이기도 하지만, 우리는 자율성과 의사 결정을 학습자에게 전환할 여지가 늘 있다고 확신한다. 예를 들어, 설명하는 글쓰기가 확고한 목표라면, 모든 학생은 실제로 글을 쓸 것이다. 학생들은 필기, 타이핑, 음성 텍스트 변환 도구 사용 중에서 선택할 수 있다. 또한 친구들과 협력하거나 그래픽 조직자와 문장 틀과 같은 도구를 사용하는 선택권도 가질 수 있다. 보편적 학습 설계의 힘은 가변성을 인식하고, 확고한 목표를 명확히 제시하며, 학생을 학습 전문가로 양성하기 위해 의사 결정의 주도권을 학생에게 이양하는 것에 있다. 이러한 책임 이양은 교사들이 보편적 학습 설계를 사용해 블렌디드 러닝 모델로 수업을 계획할 때 가장 효과적이다.

블렌디드 러닝과 복잡한 커피 주문

캐틀린 커피를 좋아하는 나는 스타벅스를 포함한 커피숍의 폭발적인 증가 덕분에 언제, 어디서든 매일 쉽게 커피를 접할 수 있게 되었다. 내가 고등학생이었을 때, 스타벅스에서 처음으로 드라이브 스루 서비스가 시작되더니 이제는 거의 모든 교차로마다 스타벅스가 있는 것 같다. 지난 20년간 맞춤형 카페인 음료에 대한 접근성이 기하급수적으로 증가했다.

스타벅스 모바일 앱이 나오기 전까지 나는 인내심을 가지고 줄을 서서 커피를 주문했다. 그리고 앞에 있는 사람들이 주문하는 내용을 듣곤 했다. "휘핑크림을 얹은 화이트초콜릿모카요.", "캐러멜 드리즐을 얹은 호박향 아몬드밀크라테로 할게요.", "블론드 로스트에 크림을 넣어 주세요." 커피를 주문할 때 손님에게 다양한 선택권이 있고 개인 맞춤형으로 커피 주문이 가능하다는 점은 이제 결코 새롭지 않다. 커피를 마시는 동안 나는 나의 경험을 언제나 개별화할 수 있었다. 조부모님을 방문하기 위해 미시간주로 여행을 떠날 때까지 나는 내 커피 경험이 기성세대들과 완전히 다르다는 사실을 깨닫지 못했다.

여행 중 어느 날 아침, 아흔한 살의 할아버지와 함께 커피를 마시러 스타벅스에 갔다. 줄을 서고 할아버지께 여쭈어보았다. "어떤 커피를 드시고 싶으세요?" 할아버지는 눈썹을 치켜올리며, 혼란스러운 표정을 하고는 "커피 한잔."이라고 말씀하셨다. 그제야 나는 부모님과 조부모님이 자랄 때 커피는 그저 커피일 뿐이었다는 사실을 알게 되었다. 예전에는 커피를 주문할 때 고객이 받을 수 있는 질문이 "크림인가요, 설탕인가요?" 정도의 단순한 것이었지만 이제는 독특한 용어를 필요로 한다. 사이즈, 우유 종류, 거품 양, 에스프레소 샷의 수, 시럽 양까지 커피의 모든 부분을 개별화할 수 있다.

스타벅스 앱 덕분에 우리는 가장 가까운 매장을 찾을 수 있고, 개별로 맞춤화된 주문을 할 수 있고, 길 안내를 받을 수 있고, 제품이 언제 준비될지 예상 시간을 알 수 있다. 이 앱은 소비자들에게 처음부터 끝까지 경험의 통제권을 제공할 뿐만 아니라 스타벅스 직원들이 주문을 수동으로 입력하는 데 걸리는 시간을 절약해 준다. 일단 커피를 받은 후에는 친구와 이야기하거나 컴퓨터로 작업하며 스타벅스에 머무를 수도 있고, 혹은 두유를 넣은 니트로 커피를 벤티 컵에 담아 테이크아웃할 수도 있다.

스타벅스가 나의 커피 경험(장소, 드라이브 스루, 실내 좌석 이용 등)에 대한 통제권을 언제, 어디서나 맞춤형 주문을 할 수 있는 앱을 통해 나에게 넘겨준 것처럼, 블렌디드 러닝blended learning은 학생들의 교육 경험에 대한 통제권을 근본적으로 교사에서 학생으로 전환하게 한다. 블렌디드 러닝은 학생들에게 학습 시간, 장소, 속도, 학습 경로에 대해 더 많은 통제권을 제공한다.

이러한 변화는 학교 밖에서 자율성과 주도성을 즐기는 세대의 학생들을 가르칠 때 매우 중요하다. 우리 학생들은 스타벅스에서 딸기리프레셔와 페퍼민트모카크림프라푸치노와 같은 복잡한 주문을 하는 것에 익숙하다. 이들에게 본질적으로 자신의 경험을 개별화할 기회를 주지 않고 모두가 뜨거운 아메리카노만을 마시도록 하는 교실에 들어가게 한다면, 학생들이 이제는 그러한 경험을 즐기지 않는다고 말해도 놀랍지 않을 것이다. 자신의 학습 성공을 위한 학습 방식(혼자 또는 여럿이 함께 공부하는 것)을 결정하거나 기술을 사용해 과제의 복잡성을 최소화하는 일과는 어울리지 않기 때문이다.

커피를 주문할 때 소비자의 개별화된 취향이 반영되듯이 학습도 학생이 적극적으로 참여할 때 가장 즐거운 법이다. 나의 커피 주문이 내 피로도나 외부 기온에 따라 달라지는 것처럼 학습자의 가변성은 학생마다 학습을 선호하는 방식이 다르며 그 선호도가 매일 바뀔 가능성이 있음을 의미한다. 블렌디드 러닝은 하나의 경험만이 학생 모둠 활동에 적합하다는 관점으로 접근하는 방식과 달리 학생들에게 학습의 주요 측면을 통제할 기회를 제공한다.

블렌디드 러닝의 힘

블렌디드 러닝은 지난 2년 동안 자주 언급되었지만 항상 분명한 정의에 기반하지는 않았으므로, 먼저 이를 명확하게 정의하는 것으로 시작해 보겠다. 블렌디드 러닝이란 학생들에게 그들이 학습을 경험하는 시간, 장소, 속도, 경로에 대한 더 많은 통제권을 부여하는 것을 목표로 하는 적극적이고 참여적인 온라인 학습과 능동적이고 몰입된 오프라인 학습을 결합한 형태를 말한다.

우리는 이 정의의 가장 중요한 부분이 '적극적이고 참여 중심적인 학습'이라고 믿는다. 결국 블렌디드 러닝의 목표는 학생들을 학습 과정의 중심으로 이동시키는 것이다. 블렌디드 러닝은 학생들에게 적극적인 역할을 요구한다. 그들은 사고하고 토론하고 협력하고 문제를 해결하고 창조하고 성찰해야 한다. 블렌디드 러닝은 수동적으로 정보를 소비하고 교사의 수업을 지켜보기만 하는 학생들에게 더 인지적이고 사회적인 역할을 요구한다. 사실 교사 중심 교실에서 학생이 되는 것은 훨씬 더 쉬운 일이고, 학생 중심 교실에서 학생이 되는 것은 훨씬 더 도전적이다. 하지만 학생들이 직접 과제를 수행하고, 학습 경험을 의미 있고, 흥미롭고, 자신에게 관련 있는 방향으로 이끌 때, 그들이 연마한 기술과 습관은 교실을 떠난 후에도 오래도록 그들에게 유용할 것이다.

이러한 적극적이고 참여적인 온라인과 오프라인 학습을 결합하는 방법은 매우 다양하며, 〈표 2〉와 같이 다양한 블렌디드 러닝의 모델과 전략이 있다.

블렌디드 러닝의 원래 분류 체계는 교사가 온라인 학습과 오프라인 학습을 결합하는 다양한 방법을 실천함에 따라 진화하고 있다. 예를 들어, 선택판은 블렌디드 러닝의 범위가 아닌 전적인 오프라인 활동으로 구성될 수 있다. 이와 달리 교사는 학생이 주도성을 가지도록 온라인과 오프라인 학습 활동의 선택판을 만들 수 있다. 이는 명백한 블렌디드 러닝 전략으로 간주된다. 마찬가지로 학생주도적인 과학 탐구를 장려하기 위해 설계된 5E[Engage(참여), Explore(탐구), Explain(설명), Elaborate(정교화), Evaluate(평가)] 교육 모델도 능동적이면서 학생이 참여하는 학습을 온라인과 오프라인으로 결합하는 데 사용 가능해 강력한 블렌디드 러닝 모델이 될 수 있다.

이러한 블렌디드 러닝 모델은 물리적인 교실에서뿐만 아니라 완전한 온라인, 또는 온라인과 오프라인 형태를 결합한 환경에서도 잘 작동한다. 우리는 〈표 2〉에서 강조했듯이 블렌디드 러닝이 순환 모델을 통해 교실에서 효과적으로 작동할 수 있음을 오랫동안 알고 있었다. 그러나 학생들이 집에서 원격 학습을 할 때에도 이러한 모델이 잘 작동했다는 사실을 깨닫고 매우 놀랐다.

많은 교사가 물리적 정거장을 배치할 수 있는 교실에서만 해야 한다고 생각해 온 정거장 순환 모델도 온라인에서 멋지게 작동했다. 팬데믹 기간에 교사들은 정거장 순환 모델을 사용해 수업을 모둠으로

〈표 2〉 블렌디드 러닝 순환 모델

블렌디드 러닝 모델 및 전략

학급 전체 순환 모델

온라인 학습 활동과 오프라인 학습 활동 사이를 순환하며, 온라인과 오프라인, 개인 활동과 협력 활동을 균형 있게 조합해 학습 공동체의 잠재력을 극대화하는 것을 목표로 한다. 이 과정에서 기술을 활용하여 개별화된 학습 경로를 창출한다. 학생들이 온라인으로 활동하는 동안 교사는 추가 지도가 필요한 개별 학생이나 소규모 모둠을 지도하며 모델링, 실습, 피드백, 지원을 제공한다.

사례

· 교사들은 학생들이 이전에 배운 개념이나 기술을 다시 상기시키는 연습 혹은 오늘 배울 새로운 것을 예측하는 오프라인 수업을 시작할 수 있다.
· 수업을 온라인으로 전환하고 학생들에게 자신의 선호도에 따라 텍스트나 동영상으로 제시된 정보를 탐색할 수 있는 선택권을 제공한다.
· 학생들이 이러한 학습 자료를 활용해 자기 주도적으로 학습하면, 교사는 추가적인 지도를 하거나 문답식 시범 보이기를 진행할 수 있다.
· 교사는 학생들에게 온라인으로 컴퓨터 프로그램을 사용할지 오프라인에서 친구와 협력할지 결정해 학습 내용을 어떻게 연습하고 적용할지 그 방법을 선택하도록 허용한다.

교사 주도 활동

온라인 학습 활동

오프라인 학습 활동

정거장 순환 모델

모둠별로 학생들은 오프라인과 온라인 학습을 결합한 일련의 정거장 또는 학습 활동을 통해 순환한다. 일반적으로 정거장 순환은 교사 주도형 정거장, 온라인 학습 정거장, 오프라인 정거장을 포함한다. 이 모델은 교사가 모둠 단위로 지도함으로써 다양한 필요도, 능력, 언어 숙련도, 학습 선호도 및 관심사를 가진 학생들을 위해 지도, 본보기, 지원, 비계 등을 보다 효과적으로 다변화한다.

사례

- 교사 주도형 정거장은 훈련에 초점을 맞출 수 있다. 학생들은 '교사가 하기, 교사와 학생이 하기, 모둠이 하기, 학생 혼자 하기'를 진행해 특정 전략 또는 기능을 습득하고 각 모둠별로 경험을 다변화한다.
- 온라인 정거장은 학생들이 주제에 대한 사전 지식에 접근하고 공유할 수 있도록 설계된 비실시간 토의에 참여할 수 있다.
- 오프라인 정거장은 학생들에게 텍스트를 읽고 짝과 협력해 개념 지도 또는 스케치 노트*를 작성하도록 요청할 수 있다.

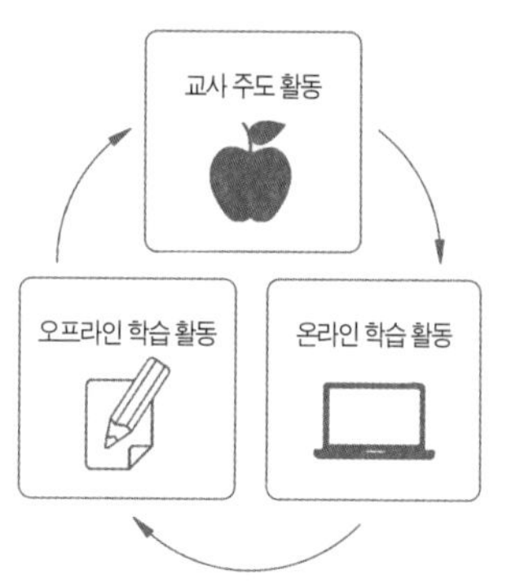

거꾸로 교실

교사는 동영상을 전략적으로 사용해 학생들이 자신만의 속도로 학습하며 필요에 따라 설명, 일시 정지, 되감기, 다시 보기를 통해 스스로 속도를 조절할 수 있는 온라인 교육으로 전환한다. 학생들은 동영상 재생 속도를 늦추거나 자막을 추가해 접근성을 높임으로써 동영상 교육을 조작할 수 있다. 교사들은 학생들이 배운 내용을 활용하려고 시도할 때, 그들을 지원하는 데 더 많은 시간을 할애할 수 있다.

사례

- 동영상 시청 전에 교사는 학생들이 동영상 속 정보에 접근하는 데 방해가 되는 장벽을 제거하기 위해 사전에 어휘를 가르치거나 주제에 대한 학생들의 관심을 유도하기 위한 도입 활동을 제시할 수 있다.
- 교사는 텍스트와 시각 자료를 혼합해 특정 개념(예: 운동 에너지)을 설명하는 짧은 강의 영상을 녹화할 수 있다. 또한 영상을 에드퍼즐Edpuzzle**에 올리고 학생들에게 영상 내용에 대한 특정 질문에 답하도록 유도하거나 영상을 가이드 노트 템플릿과 연계할 수 있다.
- 학생들이 영상을 보면, 교사는 전략적으로 학생들을 짝지어 영상에서 배운 내용을 적용하도록 하는 후속 활동을 할 수 있다

* 시각적으로 정보를 정리하고 표현하는 노트 필기법이다.

** 교사가 동영상 콘텐츠를 활용해 상호작용적인 학습 경험을 설계할 수 있도록 지원하는 동영상 기반의 학습 플랫폼이다.

활동 목록과 개별화

활동 목록은 학습자가 원하는 결과나 학습 목표에 도달하도록 돕는 일련의 학습 활동이다. 활동 목록에는 주문형 교육과 모델이 있으며 온라인과 오프라인의 학습 활동을 결합하고 의미 있는 선택권을 제공하며 교사가 학생들과 개별적으로 논의할 수 있는 기회를 준다.

이러한 논의에서 교사는 형성 평가 데이터를 검토하고, 학생들과 학습 진행 상황을 논의하고, 개별로 활동 목록을 수정할 수 있다. 활동 목록은 준비도가 다른 학습자 모둠에 따라 다변화가 가능하며 교사 체크인*을 통해 학습 과정을 개별화해 맞춤형 학습을 지원할 수 있다.

사례

· 교사들은 분수를 배우거나, 에세이를 쓰거나, 여러 단계로 구성된 수행 과제를 완료하는 과정을 학생들에게 안내하는 일련의 학습 활동을 만들 수 있다.

선택판

선택판은 학생들에게 특정 성취 기준, 기능, 과정, 어휘 등을 학습 목표로 하는 온라인과 오프라인 연계 활동을 제공하도록 구성할 수 있다. 선택판의 목표는 학생들이 스스로 즐길 수 있고 시간을 투자할 가치가 있다고 생각하는 특정 활동들을 선택하도록 돕는 것이다. 학생들이 선택판의 항목을 자기 주도적으로 진행하는 동안 교사는 개별 학생 또는 모둠을 지도할 시간을 확보할 수 있다. 교사는 선택판 활동을 하면서 학생들과 개별 상담을 하거나 개별 맞춤형 평가를 할 수 있다.

사례

· 교사는 구체적인 기능, 개념, 어휘를 목표로 하는 복습과 연습을 지원하기 위해 설계된 선택판을 만들 수 있다. 또한 특정 성취 기준 또는 기능으로 정렬된 선택판을 만들어 이것과 상호작용하는 방법과 관련한 의미 있는 선택권을 제공할 수도 있다.

* 수업에 참여하기 전에 수업의 준비 상태를 확인하는 활동을 말한다.

편성하고 활동 시간을 만들었다. 교사들은 화상 회의 세션의 메인 룸을 사용해 교사 주도형 정거장에서 모둠별로 과제를 수행하고, 문답식 시범 보이기를 주도하며 모둠 토론을 촉진하고 학생 과제에 대한 피드백을 제공했다. 온라인 정거장 특성에 따라 학생들은 활동을 통해 비동시적으로 활동하거나 공유한 과제를 친구들과 수행하기 위해 소규모 모둠의 활동 공간에 합류했다. 오프라인 정거장은 학생들이 화상 통화를 끄고 잠시 쉬며 촉각적이거나 경험적인 과제에 참여할 수 있도록 했다. 예를 들어, 학생들은 밖으로 나가서 관찰하고, 자료를 모으기 위해 현장 조사를 하고, 가족과 인터뷰하고, 연습 문제를 종이에 풀거나 개념 지도를 만들 수 있었다. 가능성은 무한했다.

이러한 블렌디드 러닝 모델의 유연성은 흥미롭다. 왜냐하면 교사들이 교실에서 학습을 설계하고 촉진하기 위해 필요한 기술과 온라인에서 학생들과 소통하는 데 필요한 기술을 따로 갖출 필요가 없다는 것을 의미하기 때문이다. 대신, 접근 가능하고 포용적이며 형평성 있는 학습 경험을 설계하는 데 자신감을 기른 교사들은 어떤 교육 환경에서도 학습을 이끌어 갈 수 있으며 학생들을 효과적으로 가르칠 수 있다.

보편적 학습 설계와 블렌디드 러닝: 최고의 조합

우리 시대의 위대한 커플에 대해 생각해 보라. 미셸과 버락, 비욘세와 제이지, 윌리엄과 케이트, 닐 패트릭 해리스와 데이비드 버트카. 이 커플들의 공통점은 무엇인가? 서로를 보완하고 균형을 이루고 서로 다른 강점과 약점을 지녔다는 점이다. 이들은 서로를 존중하고 지원하며 각각의 역할을 더욱 강하게 만든다. 보편적 학습 설계와 블렌디드 러닝도 마찬가지다.

보편적 학습 설계는 학습자들이 놀라울 정도로 다양하고, 경험, 기능, 관심사 및 선호도의 다양성이 학습 공동체를 강화하여 더 풍부하고 역동적인 학습 경험으로 이어진다는 점을 분명히 보여 준다. 다양성은 또한 학습 경험의 설계자로서, 교사가 유연한 학습 경로와 의미 있는 선택지의 우선순위를 지정함으로써 학습을 접근 가능하고, 포용적이며, 형평성 있게 만들기 위해 노력할 것을 요구한다. 교사들은 보편적 학습 설계의 핵심 이념 가치를 이해하지만, 이러한 이념을 지속 가능한 방식으로 실행하는 방법에 대해서는 확신하지 못하는 듯하다. 블렌디드 러닝은 교사가 학습 경험을 설계하는 데 사용 가능한 구체적인 구조를 제공하며 학습 통제권을 학습자에게 이양하고 개별 학생 또는 소규모 모둠을 직접 지도할 시간을 더 많이 확보할 수 있도록 돕는다.

우리가 이 책에서 강조하고자 하는 점은 블렌디드 러닝은 유연하며, 교사에게 보편적 학습 설계의 핵심 이념을 실현하기 위한 지속 가능한 다양한 방법을 제공한다는 점이다. 학생의 다양성을 존중하고 명확한 목표를 향한 유연한 경로를 제공하며 학습 전문가로 양성하는 학습 경험을 설계하고 촉진하는 것이 처음에는 부담스러울 수 있다. 하지만 여전히 교사가 하나의 경로만을 제공하는 수업 대부분을 혼자서 계획하는 방식으로 접근한다면, 교사에게 더 큰 부담이 될 것이다. 우리는 교사가 학생들과 협력해 학습에 대한 책임을 나누기를 권장한다.

블렌디드 러닝은 교사를 '교실 앞 전문가'의 역할에서 해방시키고 보다 더 지속 가능한 교수 실천을 수용할 수 있도록 하여 더 많은 시간을 촉진자 역할을 하며, 교사가 명확한 목표를 향한 개별 학생의 성장을 지원할 수 있도록 한다. 보편적 학습 설계 원칙에 기반하지 않는 블렌디드 러닝은 얕은 기술의 사용과 학습 경험의 부족을 초래할 수 있다. 또한 보편적 학습 설계가 블렌디드 러닝과 결합되지 않으면 유연한 학습 경로 설계가 벅차고 지속 가능하지 않게 느껴질 수 있다. 이 둘을 결합하면 강력한 시너지가 발휘되며, 더 강해진다.

이제 보편적 학습 설계와 블렌디드 러닝 간의 시너지 효과에 대해 알아보자.

학습자 가변성과 유연한 경로

우리는 학생들이 다 다르며 모두가 같은 경로를 따라 A 지점에서 B 지점으로 효과적으로 이동할 수 없다는 사실을 이미 알고 있다. 보편적으로 설계된 블렌디드 러닝은 학생 주도성을 우선시하며 이를 통해 학습자의 다양성을 존중하고 학생 각자에게 최적의 경로를 선택할 수 있는 기회를 제공한다. 예를 들어, 학생들이 새로운 정보를 습득할 때 그들의 선호도는 다를 수 있다. 만약 학습 목표가 특정 과정의 구성 요소를 이해하는 것이라면, 어떤 학생은 읽기를 선호하고, 또 다른 학생은 영상 시청을 즐기며, 다른 학생은 오디오를 녹음하거나 팟캐스트 듣기를 선호할 수 있다. 그들이 읽고, 보고, 들은 내용을 이해하고 처리하는 과정에서 개념도를 만들고 토론에 참여하고 글쓰기 과제를 수행하는 것이 유익할 수 있다. 학생이 주어진 특정 학습 경험에서 더 많은 선택권을 가질수록 그들은 학습 진행을 방해하는 장벽에 직면할 가능성이 적어진다.

그러나 이러한 선택지 제공은 교사가 주도하는 학급 전체 수업의 맥락에서는 부담스럽게 느껴질 수 있다. 대신 활동 목록과 같은 블렌디드 러닝 모델이나 선택판과 같은 전략을 사용하면 학생들이 자신의 학습 경험에서 시간, 속도, 경로를 더 잘 통제할 수 있다. 따라서 선택지를 제공하면 관리가 더욱 쉬워진다. 예를 들어, 교사는 학생들이 그래프를 작성하는 데 도움이 되는 수학 활동 목록을 만들 수 있다. 활동 목록은 텍스트, 영상, 대화형 웹사이트 등 다양한 형태로 정보를 제공해 학생들이 자신에게 가장 잘 맞는 자원을 선택하도록 한다. 활동 목록에는 잘못된 그래프를 분석하고 토론하는 활동과 학생들이 친구와 실시간 채팅에 참여할지 온라인 토론 게시판에 아이디어를 게시할지 여부를 결정하는 활동이 포함되기도 한다. 또한 활동 목록에는 학생들이 배운 내용을 연습하고 적용하는 방법에 대한 선택지를 포함할 수 있다. 일부 학생들은 데스모스Desmos와 같은 플랫폼을 사용해 온라인에서 그래프 그리기를 선호하는 반면, 다른 학생들은 종이에 그래프를 그리는 촉각적인 경험을 선호할 수 있다. 활동 목록의 목표는 학생에게 학습 자료를 통해 다양한 경로를 제공하며 진행 속도를 스스로 조절하는 권한을 부여하는 것이다.

학습 전문가

보편적 학습 설계는 모든 학생이 학습의 전문가가 될 수 있고, 그래야 한다는 이념에 기반을 둔다. 블렌디드 러닝은 학생이 학습 과정에서 적극적인 역할을 하기를 요구하므로 학생은 자원 활용 능력, 전략적 사고, 동기부여, 자기 인식을 갖추는 것이 중요하다. 보편적 학습 설계와 블렌디드 러닝을 결합하면 학생들이 학습 전문가의 특성을 개발하는 데 도움을 줄 수 있다. 학습은 교사와 학생 간의 공동 노력 또는 협력이기 때문이다. 교사가 학생에게 (많은 비계와 함께!) 책임을 점진적으로 이양하면 할수록, 학생들은 스스로를 학습자라고 이해하고 학습 과제를 성공적으로 수행하는 데 도움이 되는 전략과 경로를 선택할 기회를 더 많이 가지게 된다. 이를 통해 메타 인지 기능 개발, 교사와의 협의, 또래로부터의 피드백, 정기적인 성찰 활동에 참여함으로써 학생들은 학습 전문가가 되기 위해 필요한 기능과 태도를 발전시킬 수 있다. 이는 학생들이 교실 안팎에서 성공적으로 살아가도록 도와줄 것이다.

실제로 작동하는 워크플로

궁극적으로 우리는 교육의 전통적인 워크플로workflow는 실제로 누구에게도 효과적이지 않다고 믿는다. 첫째, 이 워크플로는 교사들이 채점해야 하는 문서를 산더미같이 만들어 내, 교사가 학생 중심의 역동적인 학습 경험을 설계하는 데 필요한 시간과 에너지를 빼앗는다. 둘째, 이러한 비효율적인 워크플로는 교사가 개별 학생이나 모둠을 지도하며 명확한 목표를 향한 성장을 지원해야 할 귀중한 수업 시간을 빼앗는다. 마지막으로 학생들이 학습 과정에서 능동적인 역할을 맡고, 그들의 흥미와 관심이 있는 방향으로 학습해 성공적인 학습 전문가로 성장할 기회를 빼앗는다.

이 책의 목표는 효과적이지 않은 전통적인 워크플로를 재구상reimagining하는 것이다. 우리는 보편적 학습 설계의 핵심 이념과 블렌디드 러닝 모델의 구현 원칙을 결합해 교사가 학생을 모든 학습 경험의 중심으로 전환하도록 돕고자 한다. "내가 어떻게 할 수 있을까?"라고 묻는 대신 "학생들이 어떻게 할 수 있을까?"라고 질문하길 바란다. 이 단순한 전환은 더 지속 가능한 새로운 워크플로를 확립하고, 교사의 부담을 줄이며, 학생들이 학습 과정의 모든 부분에서 적극적으로 참여할 수 있도록 돕는다.

정리하기

보편적 학습 설계와 블렌디드 러닝은 교육의 강력한 조합이다. 전통적인 교수법은 교사에게 과도한 부담을 주고 학생들이 학습에 자율성과 주도권을 갖는 것을 막는다. 이전에는 상상할 수 없던 것도 이제는 혁신적인 기술 해결책을 사용해 학생들과 함께 학습 경험을 공동으로 만들면서 가능해졌다.

우리가 가진 설계, 의사 결정, 협업의 권한을 우리가 맡은 학생들에게 넘길 때 우리는 그들이 어떤 경로를 추구하든 성공에 필요한 기능을 쌓을 수 있는 공간을 만든다. 이와 마찬가지로, 우리는 학생들이 스스로 할 수 있는 일을 대신하지 않음으로써 더 균형 잡힌 업무량을 만들 수 있다.

성찰과 토론하기

1. 우리는 교실이 다양한 요구, 능력, 선호도, 정체성, 관심사를 가진 광범위한 스펙트럼으로 구성된다는 것을 안다. 왜 많은 교사가 아직도 그렇게 다양한 학생들을 위해 여전히 단일한 학급 전체 수업을 설계한다고 생각하는가? 수업 설계에서 학생들의 다양성을 존중하는 데 어려움을 겪는 이유는 무엇인가?
2. 학습 전문가들이 동기부여되고, 자원 활용 능력이 뛰어나며, 전략적

이고, 자기 인식이 높아야 한다면, 학생들이 이러한 속성을 개발하도록 돕기 위해 교실에서 어떤 변화가 일어나야 하는가?

3. 어떤 블렌디드 러닝 모델을 학생들과 함께 사용해 보았는가? 그 모델에서는 학생의 주도성을 어떻게 우선시했는가?
4. 보편적 학습 설계와 블렌디드 러닝 사이에서 어떤 시너지를 발견했는가? 좀 더 접근하기 쉽고 포용적이며 형평성 있는 학습 경험을 창출하는 데 두 가지가 각각 어떻게 기여할 수 있는가?

실천하기

새로운, 더 지속 가능한 워크플로를 탐구하기 위해 현재의 교육, 피드백, 채점 등에 대한 접근 방식을 생각해 보고 잘 작동하지 않는 워크플로를 식별하자. 그 워크플로를 글, 영상, 동료와의 대화로 설명해 보자.

- 현재 어떤 워크플로를 작동하고 있는가?
- 그중 어떤 부분이 잘 작동하는가? 어떤 부분이 잘 작동하지 않는가? 왜 그렇다고 생각하는가?
- 이 워크플로가 당신의 학교생활에 어떤 불균형을 초래하는가?
- 지속 가능하지 않은 워크플로를 식별한 후, "학생들이 어떻게 할 수 있을까?"라고 질문하고 학생들이 주도하도록 워크플로를 재구상하라.

- 학생들이 워크플로에서 능동적이고 몰입된 역할을 맡으려면 어떻게 해야 하는가?
- 워크플로의 책임에서 벗어나 학생들이 주도하도록 어떻게 도울 수 있는가?
- 개정된 워크플로를 성공적으로 주도하기 위해 학생들에게 어떤 지원이나 비계가 필요한가?
- 학생들에게 적극적으로 참여하도록 요청하면 학습이나 교실 문화에 어떤 영향을 미치게 되는가? 이러한 전환이 학생들을 학습 전문가로 성장시키는 데 어떻게 도움이 되는가?
- 워크플로를 재구상한 후, 아이디어를 동료 및 개인 학습 네트워크에 공유해 피드백을 받는다.

2장

새로운 시작 1

일방적인 정보 전달에서
학생 주도 발견으로 전환

학생들에게 물고기 잡는 법 가르치기

케이티 오늘 저녁을 준비하는데 숨이 턱턱 막혔다. 나는 아이스 라테를 마시며 주방에서 아바ABBA의 〈댄싱 퀸〉을 틀어 놓고 뇌를 깨우려고 애쓰고 있었다. "가족과의 저녁 식사 시간은 이럴 만한 가치가 있어. 게다가 오늘 저녁 메뉴는 타코야. 우리 식구 모두 타코를 좋아하잖아?"라고 독백하면서.

저녁은 아동문학의 고전인 『빨간 암탉*(The Little Red Hen)*』과 비슷하게 흘러가기 시작했다. 읽어 보지 않은 사람이 있을 수 있으니 큰 줄거리를 이야기하겠다. 빨간 암탉 한 마리가 밀을 키우고 수확해서 밀가루를 만들고 빵을 굽는 등 열심히 일하고 있었다. 그런데 아무도 엄마 닭을 도와주려고 하지 않았다. 배은망덕한 병아리들은 그저 맛있게 구워진 바게트를 얻어먹기만 바랐다.

저녁 식사 냄새에 이끌려 아이들이 방에서 나왔을 때, 나는 빨간 암탉처럼 부엌에서 땀을 뻘뻘 흘리고 있었다. 네 명의 아이들이 한꺼번에 부엌으로 뛰어 들어와서는 5초도 지나지 않아 누군가가 "또 타코야? 맨날 타코만 먹잖아."라고 외쳤다.

갑자기 내 부엌은 마치 '타코는 지겹고 우리가 원하는 것은 결코 먹지 못한다'라는 제목을 단 소극장 뮤지컬 리허설장으로 변모한다. 불평과 혼란의 완벽한 조화. 나는 이 뮤지컬을 전에도 보았고, 내 역할을 할 준비가 되어 있다. 나는 공격적으로 케소queso 소스 그릇에 토르티야 칩을 잽싸게 집어넣었고, 가장 훌륭하고 친절한 선생님 목소리로 내가 사랑하는 아이들은 보통 타코를 좋아한다고 설명했다. 내가 타코를 먹는 데 열중하고 있을 때 남편은 "나는 화나지 않았어. 그냥 실망했을 뿐이야."라고 말했다.

저녁 식사 장면을 보면 "물고기를 주면 하루를 버틸 수 있지만, 물고기 잡는 법을 가르치면 평생 살 수 있다."는 옛 격언이 떠오른다. 참 좋은 말이지만 이 말을 수정하고 싶다. "물고기를 주면 식욕을 충족시킬 수 있지만, 음식을 찾고 요리하는 법을 가르치면 그들은 스스로 음식을 차려 먹을 수 있다." 이제 재봉틀을 꺼내 앞치마에 이렇게 수놓을 때가 되었다.

우리는 학생들에게 지식을 '떠먹이려는' 의도로 수업을 준비하고 교육 내용을 전달하는 데 너무 많은 시간을 할애한다. 최선을 다해 기울이는 노력과 엄청난 에너지 소모에도 불구하고, 학생들은 내 아이들과 마찬가지로 우리가 식판에 무엇을 담았는지를 보고 불평하거나 저녁을 거르는 결정을 한다.

교사이자 대학원 강사인 나와 캐틀린은 학습자가 스스로 할 수 있는 일을 교사가 너무 많이 대신해 주고 있다고 생각한다. 더 충격적인 사실은 우리의 노력이 우리가 원하는 결과를 내지 못한다는 점이다. 학생의 진정한 참여는 저조하고 기회 격차가 지속되고 있으며 교사들은 지쳤다.

우리는 교사가 과중한 부담 없이 효율적으로 교육 활동을 지속할 방법을 찾아낼 필요가 있다. 또한 학생들이 교육 활동을 더욱 의미 있게 느끼도록 방법을 마련해야 한다. 학생들에게 물고기 잡는 법을 가르치도록 교육이 설계되면, 학생을 존중하는 방향으로 통제력과 권한 이동이 가능해지고, 학생들의 주인의식, 자율성, 자부심, 성과를 향상시킬 수 있다.

나는 동료들과 소통하고, 블로그 글을 읽고, 전 세계의 수많은 교사와 함께 일하면서, 그들이 겪는 고통을 잘 알게 되었다. 교사들은 위축되고 지치고 종종 완전히 방치된 느낌을 받는다. 바다는 거칠고 우리의 그물은 무겁다. 낚싯대 하나로는 모든 학생을 먹여 살릴 수 없다. 대신 우리는 학생들이 자신에게 필요한 영양소를 파악하고, 재료를 찾고, 레시피를 만들고, 궁극적으로 스스로 음식을 만들어 먹는 방법을 알 수 있도록 학습 경험을 설계해야 한다. 그렇게 해야만 교사들은 평화롭게 우리의 케소 소스를 즐길 수 있다.

연구와 현실: 갈라테이아 대 골렘

「학습자 중심 설계: 무대 위의 현자는 쓸모없는가?Learner-Centered Design: Is Sage on the Stage Obsolete?」라는 적절한 제목을 단 최근 한 연구는 우리가 교육에 관해 진실이라고 믿는 것을 확인시켜 준다.

교사 중심 교실에서 교사의 역할은 일반적으로 강의식 교수법을 사용해 학생들에게 정보를 전달하는 전문가다. 학생들은 수년간 교사 중심의 학습 환경을 경험해 왔으며, 강의 주도가 가르치는 사람의 책임이라고 믿게 되었다. 교사가 전문가 역할을 유지했을 때 장점은 수업에서 전문 지식을 공유하면 학생들이 교사에게 존중을 보낸다는 점이다. 교사를 전문가로 여기는 방식의 단점은 학생이 교사에게 의존해 지식을 전달하게 하고, 이는 스스로 지식을 창출하려는 주인의식을 갖는 데 학생이 두려움을 느끼게 할 수 있다는 사실이다.[1]

여기에는 심리학 개론 강의에서 들어 봤을 법한 심오한 내용이 담겨 있으니 자세히 살펴보자. 만약 당신이 교사 중심 교실을 운영한다면, 수업 설계와 학생에게 수업 내용을 전달하는 일은 교사인 당신이 책임져야 한다. 학생들은 정보 공유가 교사의 일이고 수업 관찰은 학생의 일이라고 내면화한다. 운이 좋으면, 학생들은 적극적으로 참여하거나 따라 하기도 한다. 하지만 그저 관망하거나 교사의 지시를 완전히 무시하는 학생들이 점차 늘어나고 있다. 이런 상황에서 교사는 수동적인 관찰자 무리 앞에서 일종의 공연을 하게 된다. 결국 학생들이 배우지 않는다면 그 책임은 정보의 유일한 전달자인 교사에게 전가될 수밖에 없다. 그렇지 않은가? 아니, 이제는 그렇지 않다!

교사 중심 수업에만 의존할 때 우리는 자기 충족적 예언을 만들어 낸다. 심리학 개론 강의를 계속하자면, 자기 충족적 예언이 긍정적 혹은 부정적 결과를 가져올 수도 있다. 긍정적인 효과는 갈라테이아 효과

Galatea effect라고 불린다. 갈라테이아 효과는 그리스 신화에서 비롯되었다. 신화 속 조각가 피그말리온은 여성의 조각상을 만든다. 그리고 그 조각상에 갈라테이아라는 이름을 붙이고 그녀와 사랑에 빠진다. 갈라테이아에 대한 그의 강한 욕망으로 그녀에게 생명을 불어넣고, 모든 것이 행복하게 끝난다. 부정적인 기대 효과는 골렘 효과Golem effect다. 유대인 설화에 따르면 골렘은 창조자를 섬기도록 생명을 받은 무생물이었다. 그러나 그 괴물은 위험해져 파괴되어야만 했다.[2]

교사에 대한 지나친 의존은 반드시 파괴되어야 한다!(너무 극단적인가?) 학생들이 주도적으로 학습하지 않는 것은 실망스럽지만 교사 중심 수업은 실제로 학생들이 주인의식을 갖지 못하게 한다. 교사 중심 수업 모형이 바로 골렘이다. 교사는 학생들을 대상으로 한 수업 전체를 홀로 운영하고 이를 위해 새벽 2시까지 수업을 준비한다. 그 결과 학생들은 모든 일은 교사가 해야 한다고 믿게 된다. 교사는 지치고 학생은 참여하지 않거나 수업에서 배제된다. 이는 교사와 학생 모두에게 좋지 않은 일이다.

학생이 자신의 학습 여정을 개별화할 기회가 없는 반면에 교사가 문제를 파악하고 수업을 설계하기 위해 모든 작업을 수행한다면 아직 보편적 학습 설계와 블렌디드 러닝을 활용하고 있지 않다고 볼 수 있다. 모든 학생이 다르고 서로 다른 수준의 도전이 필요한데, 모두가 같은 목표를 가진 수업에서 어떻게 도전적인 목표를 식별하는 방법을 배울 수 있을까? 단 한번이라도 실수하면 바로 끝나 버리는 수업을 설계하면 학생들이 실수로부터 어떻게 배울 수 있을까? 획일화된 과제에서 학생들이 어떻게 이해를 위해 도전하고 싸우고 인내하기를 기대할 수 있을까? 학생들이 어떤 문제를 해결할지 선택하지 못하게 한다면 어떻게 학생들이 문제를 해결하기를 기대할 수 있을까?

모든 학생, 특히 역사적으로 소외된 집단에 속한 학생의 요구를 충족하려면 '확고한 목표, 유연한 수단'을 약속하고 교실 내 혹은 학습 전반에 대한 기대치를 변화시키기 위해 학생 중심의 수업을 설계하는 것이 중요하다. 보편적 학습 설계는 동일한 목표에 도달하는 방법이 여러 가지임을 인정하는 프레임워크이며, 블렌디드 러닝은 학습자에게 유연성을 제공할 수 있는 다양한 경로를 교사에게 준다. 교사가 학생들에게 학습에 대한 주도권을 갖고 학습 방법을 조정하도록 허용할 때, 모든 학생은 자신이 성공할 수 있는 개인별 맞춤형 경로를 보게 된다. 갈라테이아의 효과를 누려 보라!

보편적 학습 설계는 '확고한 목표', '유연한 수단', '자료', '평가'라는 네 가지 핵심 요소로 구성된다. 학생이 콘텐츠를 학습하는 방법은 여러 가지이며, 근접 발달 영역zone of proximal development의 학생들을 지원할 많은 자료가 있다. 또한 '무대 위의 현자(강사)'에서 '바로 옆에 선 안내자(조력자)'로 수업 진행 방식을 전환하면 학생들이 배운 것을 표현할 수 있는 다양한 경로가 생긴다. 물론 이는 교육과정을 설계하고 전달하는 방식에 상당한 변화를 요구하지만, 보편적 학습 설계와 블렌디드 러닝은 이 작업을 수행할 수 있는 증거 기반의 틀을 제공한다.

수업의 인지적 부담을 교사만 짊어지지 않게 되면 교사뿐만 아니라 학생에게도 상당히 긍정적인 결과가 나타난다. 연구에 따르면 교사 중심 수업에서 학생 중심 수업으로 전환하면 학생에게 학업적, 행동적, 사회 정서적 측면에서 상당한 이점이 있다. 학생 중심 수업에서 학습자는 학업 성취도 향상, 포용력 향상, 자존감 증가, 불안감 감소, 교사에 대한 긍정적인 태도, 친구와의 더 깊은 관계, 사회적 연대감 등을 경험한다.[3] 이 글을 읽는 교사 중에서 "네, 제발! 그런 결과를 원합니다!"라고 말하지 않는 교사는 한 명도 없을 것이다.

이번 장에서는 교사가 주도하는 교사 중심 모형에서 학생이 자신의 학습을 책임지는 모형으로 전환하는 세 가지 방법을 제시한다.

전략 1: 선택판 활용하기

학생 주도성은 블렌디드 러닝의 필수 요소다. 이를 위해 학생들에게 의미 있는 선택권을 제공하도록 수업을 설계해야 한다. 이는 학습의 문턱을 없애고 학생들이 정보를 적극적으로 다루고 활용하며 의미를 만들고 학습 내용을 공유하는 방법을 결정하도록 이끄는 학습 경험을 보편적으로 설계하는 데 도움이 될 수 있다.

다양한 목적이나 학습 목표에 맞게 선택판을 디자인할 수 있지만, 학생이 발견의 주도권을 쥐게 하려는 교사는 〈그림 1〉과 같은 학습 경

〈그림 1〉 학습 경로 선택판

학습 경로 선택판		
정보 얻기	의미 만들기	학습 결과 공유하기

로 선택판을 만들어 학생들이 접근하기 쉬운 방식으로 정보를 얻고 의미를 만들고 학습 내용을 공유하게 할 수 있다.

학습 경로 선택판은 새로운 주제, 개념, 과정, 이슈를 소개하기에 이상적이다. 초등학교 교사들은 이 전략을 사용해 동물의 서식지, 기후 양상, 역사 속의 유명한 사람들과 같은 주제를 소개할 수 있다. 중등학교 교사라면 글쓰기 양식, 예술 운동의 장르, 세포 분열 과정, 검열제도, 선거법 등을 소개할 수 있다. 하지만 선택판을 활용하는 주된 목표는 교사가 발표, 강의, 짧은 강의 또는 시연으로 학습 내용을 미리 제시하기보다는 학생들이 자원을 탐색하고 주제를 배우는 데 도움이 되리라고 생각되는 전략을 선택하게 하는 데 있다.

선택판을 활용한 학습 경로 선택 모험choose-your-learning-path adventure을 준비하려면 교사가 사용하고 싶은 경로를 결정해야 한다. 다음 중 한 가지로 시작하는 것이 좋다.

- 정보 얻기-의미 만들기-학습 결과 공유하기
- 참여-탐색-설명
- 사전 지식 활성화-새로운 정보 습득-학습 내용 적용

경로를 명확하게 선택했다면 선택판의 각 열은 해당 경로의 단계에 해당한다. 이때 중요한 점은 블렌디드 러닝 모델과 전략은 유연하다는 것이다! 따라서 원하는 만큼의 열을 선택판에 만들 수 있다. 세 개로 제한되지 않으므로 교사와 학생에게 적합한 경로를 자유롭게 수정하고 조정할 수 있다! 5E 교육 모델을 선호하는 초등 과학 교사라면 5E를 사용해 선택판을 만들어 "물체는 왜 움직이는가?"와 같은 질문에 학생들이 참여하게 하거나 광합성을 주제로 학습하게 할 수 있다.

선택판을 설계할 때는 사용하는 경로에 상관없이 다양한 학습 선호도를 가진 학생들에게 매력적으로 다가갈 수 있도록 선택지를 여러 가지로 유지하는 데 초점을 맞춰야 한다. 새로운 정보를 습득하도록 요구한다면 실물 또는 디지털 텍스트, 동영상, 팟캐스트, 대화형 웹사

이트 등을 제시할 수 있다. 의미를 만드는 활동으로 전환할 때 몇몇 학생은 그래픽 조직자 완성하기, 순서도 또는 개념도 작성하기와 같은 촉각적인 경험을 선호할 수 있다. 어떤 학생은 숙고하거나 반응을 요구하는 글쓰기 혹은 성찰적 질문을 선호한다. 또 다른 학생은 선택판의 '정보 얻기' 단계에서 읽고, 보고, 들은 정보를 이해하기 위해 같은 반 친구 또는 또래들과 대화하기를 선호할 수 있다. 마지막으로 학생이 가장 편안하게 느낀 학습 결과를 공유하기 위한 전략을 선택하게 할 수 있다. 짧은 길이의 음성과 영상으로 설명을 녹음 및 녹화하도록 하거나 스케치 노트 형식으로 기록하거나 촌극으로 공연하거나 모형을 만들어 학습 내용을 공유하도록 요청할 수도 있다. 가능성은 무궁무진하다! 실제로 마지막 열에 '선택 사항' 칸을 두어 학생들이 배운 내용을 전달하는 데 사용할 전략을 스스로 결정하게 할 수도 있다.

학습 경로 선택 모험의 각 단계별 목표는 학생들에게 의미 있는 선택지를 제공해 장벽을 없애고 성공할 수 있다는 자신감을 가지고 과제를 해결하도록 돕는 것이다. 학생들은 선택판의 항목을 완료하기 위해 본인이 선호하는 바에 따라 혼자서 하거나 짝 또는 모둠원과 함께 완성할 수도 있다.

이 책 전체에 걸쳐 소개하는 수많은 선택지를 보면 알 수 있듯이 우리는 선택지가 다양한 것을 좋아한다! 선택판은 학생이 자신의 시간과 에너지를 어떻게 사용할지 결정하도록 유도함으로써 학생들을 학습 경험의 중심으로 효과적으로 이동시킨다. 학생의 자율성과 주도성이 높아지면 교사는 학생의 학습을 지도하는 데 더 많은 시간과 에너지를 투자할 수 있다.

전략 2: 상보적 교수법과 직소 활동 활용하기

교사들이 학생들을 학습 주체로 만들고 서로 가르치도록 하는 다양한 전략들이 있다. 여기에 상보적 교수법reciprocal teaching과 직소jigsaw 활동이 포함된다. 이것들은 보편적으로 설계되어 모든 학습자가 협력 학습에서 전문가가 될 기회를 보장한다.

두 모형 모두 협력적 모둠으로 시작한다. 네 명의 학생으로 구성된 모둠이 이상적이며 정거장 순환 모델과 완벽하게 어울린다. 순환 학습을 하면서 사전에 지정된 체크 포인트 정거장에서 교사와 함께 학습 진행 상황을 점검하며 활동 목록을 토대로 협력 활동을 할 수 있다.

상보적 교수법

상보적 교수법은 공유된 텍스트 자료를 이해하기 위해 학생들이 협력적으로 작업하는 포괄적인 방식이다. 초등부터 중등, 성인에 이르기까지 모든 발달 수준의 학생과 콘텐츠에 사용할 수 있는 적응력이 뛰어난 전략이다.[4] 예를 들어, 학생들은 우리말 또는 외국어로 된 짧고 심오한 텍스트, 사회학 연구를 다룬 1차 자료 문건, 합창곡, 물리학 학술지를 배정받을 수 있다. 교사는 보편적 학습 설계의 원칙에 따라 종이 인쇄본, 디지털 형태의 텍스트, 텍스트의 오디오 버전 및 텍스트 번역본을 제공해 자료에 접근할 수 있게 한다.

상보적 교수법을 처음 사용할 때는 네 가지 준비 전략인 요약하기, 질문하기, 어휘 뜻 명확히 하기, 다음에 일어날 일 예측하기를 시범으로 보여 준다. 이러한 명시적인 교육은 미리 녹화된 동영상을 통해 수행하거나 정거장 순환 모델에서 모둠 활동을 지도하면서 역할을 모델링할 수 있다. 텍스트 자료의 한 부분을 읽고 네 가지 전략을 시연하면 되는 것이다. 일단 학생들이 네 전략에 익숙해지면 모둠의 개별 학생에게 목적을 의식하며 읽도록 다양한 이해 전략을 할당한다. 〈그림 2〉와 같이 예측하는 역할, 요약하는 역할, 질문하는 역할, 어휘의 뜻을 명확히 하는 역할이 있다. 학생들은 텍스트를 바탕으로 과제를 수행할 때 역할을 전환해 각 전략을 연습할 수 있다. 각 모둠이 여덟 명으로 구성되면 전략을 조정할 수 있다. 이 경우, 두 명의 구성원이 각각의 이해 전략에 할당되어 더 큰 집단과 공유하기 전에 서로 협력하고 아이디어를 공유할 수 있다. 모둠 내 학생 수가 고르지 않다면 학생 두 명을 하나의 짝으로 묶어서 추가적인 또래 지원을 받게 하고 동일한 이해 전략을 사용해 함께 작업하게 한다.

연구에 따르면 유연하고 다양한 학생 모둠과 상보적 교수법을 사용할 때 모든 학생이 학습 활동에 더 완전하고 독립적으로 참여할 수 있다.[5]

〈그림 2〉 상보적 교수법의 이해 향상 전략

상보적 교수법		
예측하기	글을 읽으면서 세 가지를 예측하고, 본문의 세부 내용으로 예측한 부분을 뒷받침한다.	
요약하기	읽은 내용 중에서 가장 중요한 부분을 찾아낸다. 그런 다음 요점들 사이의 연관성을 찾으며 배운 내용을 요약한다.	
질문하기	글을 읽으면서 생긴 궁금증을 파악하고, 이를 바탕으로 생각을 자극하는 질문을 세 개에서 다섯 개 작성한다.	
명확히 하기	글에서 명확하지 않은 세 가지 어휘, 개념, 문장을 찾아내고 이에 관해 질문한다.	

직소 활동

상보적 교수법은 때로 직소 활동과 혼용되어 사용되기도 하지만 둘은 같지 않다. 직소 활동이란 한 학생 또는 학생 모둠이 한 가지 주제

〈그림 3〉 과학적 방법의 4단계를 다루는 직소 활동

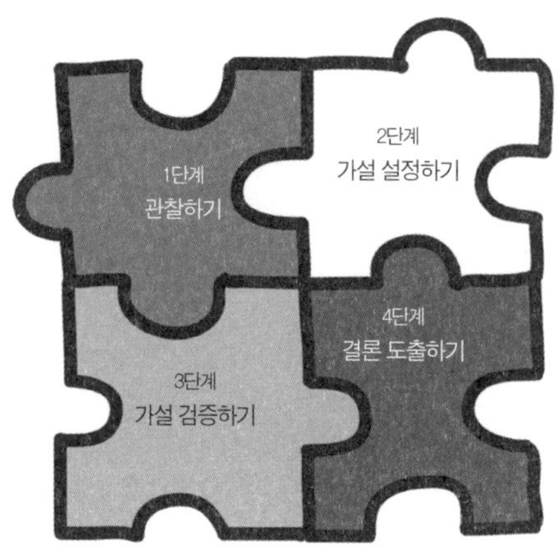

를 전문적으로 공부한 후 다른 학생을 가르치는 것을 말한다. 직소 활동에서 교사는 하나의 수업을 네 개의 부분으로 나누어 지도할 수 있다. 가령, 하나의 장chapter을 네 개의 영역으로 나누거나, 한편의 글을 네 개의 장으로 나누거나, 네 개의 수학 문제나 네 개의 어휘를 제시하거나, 체육 시간에 네 가지 스트레칭 동작을 배울 수 있다.

과학적 방법의 4단계에 초점을 맞춘 〈그림 3〉과 같이 네 개의 모둠은 각자 맡은 부분의 전문가가 된다. 학생들은 읽고, 보고, 관찰하고, 연구를 수행하고, 탐구에 참여함으로써 전문 지식을 쌓을 수 있다. 학생들은 배운 내용을 학급 친구들에게 효과적으로 전달하기 위해 자신이 맡은 주제와 관련된 핵심 어휘 및 개념을 확인하여 정의하고 이해하는 데 집중해야 한다.

〈그림 4〉 공동 작업을 위한 슬라이드 양식

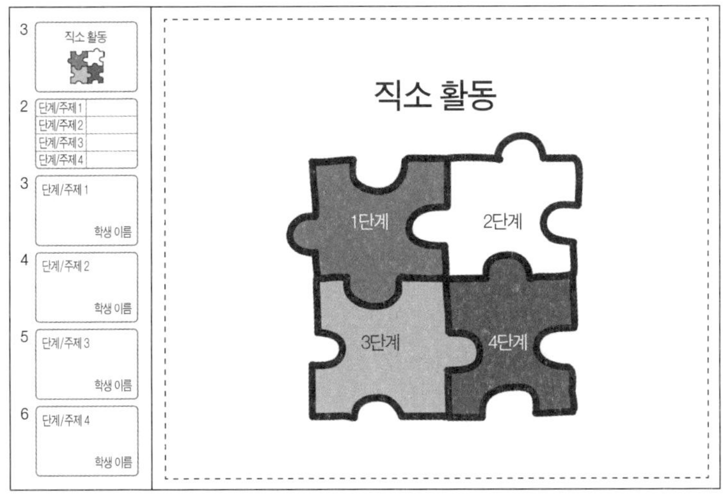

각 모둠은 맡은 주제에 대한 전문성을 개발할 시간을 가진 후(정거장 순환 또는 학급 전체 순환 수업의 일부로 진행될 수도 있다), 각 모둠의 학생들이 섞인 새로운 전문가 모둠으로 구성된다. 실제 퍼즐 조각들이 맞춰지는 것처럼, 네 개의 하위 범주에 속한 학생들이 모여 배운 내용을 하나의 통합된 전체로 결합하기 위해 서로 가르치는 활동을 한다. 이를 통해 모든 학생이 교사의 역할을 맡아 자신의 지식을 공유할 수 있다. 이를 통해 학생들이 자신의 학습 내용을 명확하고 설득력 있게 표현하고, 친구의 이야기를 경청하며, 각 부분이 어떻게 전체로 맞춰지는지를 비판적으로 사고하도록 이끈다.

〈그림 4〉와 같이 읽기 영역 또는 더 큰 주제와 관련된 핵심 어휘나 아

이디어 및 개념을 포착할 수 있도록 디지털 형태의 공유 문서나 슬라이드 자료에서 학생들을 몇 개의 집단으로 묶는 것을 고려할 수 있다.

직소 활동은 교사가 강의나 직접 교수direct instruction를 통해 학습 내용을 다루어야 하는 부담을 덜어 준다. 또한 짧은 시간에 더 많은 내용을 다룰 수 있게 한다. 우리는 대학원생들과 직소 활동을 자주 하는데, 길거나 어렵게 쓰인 지문을 쪼개 한 부분에 집중함으로써 '전문가'가 되게 한다. 그렇게 하면 학생들은 친구를 가르치고 자신이 읽은 부분에 대한 토의에 활발하게 참여한다. 이 방법은 학생들의 독서 부담을 줄여 주는 동시에 사회적 학습의 기회도 제공하기 때문에 대학원생들의 피드백은 압도적으로 긍정적이었다. 모둠 단위로 학생들이 학습 내용을 공유하는 동안 교사는 학생과 더 많은 시간을 보내면서 설명하고 토론하고 복습하고 싶은 주제의 영역을 듣거나 관찰할 수도 있다.

전략 3: 학생들이 소화하기 쉽도록 다변화된 직접 교수 실천하기

우리는 지금까지 교실에서 교사가 유일한 지식의 원천이라는 관점에서 벗어나는 것이 중요하다고 강조했다. 그렇다고 해서 교사가 학습자에게 맞춤형 교육을 제공할 수 없다는 의미는 아니다. 학생들이 매우 다양하다는 점을 고려할 때, 전체 학생을 대상으로 한 강의식 수업은 모든 학생의 요구를 충족시키지 못한다는 사실은 분명하다. 보편적 학습 설계의 관점에서 교사 주도형 수업은 정반대처럼 보일 수 있지만 꼭 그렇지는 않다. 보편적 학습 설계 가이드라인 중 하나는 교사에게 연습과 수행을 위한 단계적 수준의 지원을 통해 유창성을 키우라고 상기시킨다.

레프 비고츠키Lev Vygotsky의 근접 발달 영역과 마찬가지로 학습을 하나의 연속체라고 생각한다면,[6] 직접 교수는 가장 높은 수준의 지원 전략에 해당한다. 직접 교수의 구성 요소인 비계 설정은 학생들의 이해력을 높이기 위한 효과적인 교육 방법이다. 비고츠키는 학습자의 실제 발달 수준과 학습자보다 지식이 풍부한 개인의 지도에 따라 결정되는 잠재적 발달 수준 사이의 거리를 근접 발달 영역이라고 정의했다. 교사는 학생의 발견을 보완하기 위해 소규모 모둠의 학생에게 비계 설정 교육을 함으로써 지도 및 지원을 제공할 수 있다. 우리는 정거장 순환 모델에서 짧은 강의 형태로 소규모 모둠의 학생을 대상으로 직접 교수를 적용해 볼 것을 추천한다. 짧은 강의의 구체적인 내용은 다양하지만, 많은 교육 전문가는 10분에서 15분 이내로 진행되어야 하며 〈그림 5〉와 같이 연결하기, 가르치기, 적극적으로 참여하게 하기, 목표와 다시 연결 짓기의 네 가지 기본 구성 요소를 포함해야 한다는 데 동의한다.

연결하기: 수업의 목표와 모둠을 구성하기 위해 사용한 기준을 연결

〈그림 5〉 소규모 모둠을 대상으로 한 짧은 강의 계획 템플릿

소규모 모둠을 대상으로 한 짧은 강의 계획 템플릿	
성취 기준과 기능	
학습 목표	
모둠 편성 전략	
연결하기 · 수업의 목표 명확히 밝히기 · 수업을 위해 어떤 방식으로 학생들을 모둠으로 편성했는지 설명하기	
가르치기 · 직접 교수와 모델링 제공하기(예: 교사는 ~ 한다) - 단계별 개요 설명하기 - 다양한 난이도의 문제와 질문 선택하기 - 필수적인 비계 만들기	
적극적으로 참여하게 하기 · 예시를 통해 모둠 활동 안내하기(예: 교사와 학생은 ~ 한다) · 연습을 위해 전략적으로 학생들을 짝과 활동하게 하기(예: 모둠은 ~ 한다) - 짝 활동을 통해 비공식적인 데이터 수집하기	
목표와 다시 연결 짓기 · 수업의 목표와 다시 명확하게 연결하기 · 독립적인 연습 부과하기(예: 학생 각자가 ~ 한다)	

해 모든 학습자가 수업의 목적을 이해할 수 있게 한다. 예를 들어, "여러분의 에세이 초안을 검토한 결과, 일부 주요 출처들을 언급하긴 했지만, 주장을 뒷받침할 수 있는 근거를 인용한 학생은 아무도 없었습니다. 여러분이 루브릭에 맞게 작업물을 수정하도록 도움 자료를 만들었는데 그것을 공유하고자 합니다."라고 시작할 수 있다.

가르치기: 직접 가르치는 시간이다. 학생들이 다음 단계를 개인화하여 스스로 도전하고 지원하도록 격려하기 전에 이 단계를 기초로 활용한다. 우리는 학생들이 교사가 직접 가르친 내용에만 의존하지 않기를 원한다. 오히려 학생들이 이 단계를 목표 지향적인 코칭 시간으로 생각할 수 있도록 해야 한다. 또한 모둠 활동을 할 때는 하나의 방식에만 의존하지 않도록 한다. 예를 들어, 설명을 구두로 한다면 시각적 또는 멀티미디어 프레젠테이션을 사용하게 한다.

적극적으로 참여하게 하기: 비공식적인 형성 평가 활동에 참여할 시간을 학생들에게 짧게라도 제공한다. 예를 들어, 교사가 텍스트 속 근거를 인용한 답안을 예시로 제공하고, 이를 근거로 답안의 한 부분을 수정하는 방법을 시연한다. 그런 다음 학생들에게 자신의 짝에게 그 과정을 설명하거나 요약하는 활동을 선택해 볼 수 있게 한다.

또한 각 학생에게 자신이 응답한 부분을 수정하고 서로에게 피드백 줄 것을 요청할 수 있다. 다만 짧은 강의가 학생들이 응답에 대해 책임감을 가지지 않고 수동적으로 지켜보기만 하는 시간이 되지 않도록 유의한다.

목표와 다시 연결 짓기: 다음 정거장 활동으로 이동하기 전에 목표와 다시 명확하게 연결 지은 다음 학생들이 적용 연습이나 더 독립적인 활동을 하도록 이끈다. 예를 들어, "이제 근거를 인용하는 방법을 이해했으니, 주요 문서의 출처를 검토하고 이전 과제를 수정합니다. 여러분은 혼자서 할지, 다른 사람과 함께 활동할지 선택할 수 있습니다. 과제를 다시 제출하기 전에 루브릭을 검토해 제대로 수정되었는지 확인하세요."라고 말하는 것이다. 학생들이 자신만의 목표를 만들거나 필요한 내용을 요약해 수정 작업을 성공적으로 마무리할 수 있도록 시간을 갖는 것을 고려한다.

이 소규모 모둠을 대상으로 한 짧은 강의에서는 학습자에게 학습의 책임을 이양함으로써 정보뿐만 아니라 맞춤형 전략을 제공할 수 있다. 이는 텍스트 속 근거를 효과적으로 인용하는 학생들에게는 분명 필요하지 않을 것이다. 그것을 필요로 하는 학생들과 함께 특정한 개념, 전략, 기능에 집중하면 학생이 필요로 하는 것을 얻을 수 있는 동시에 자신의 학습 과정에 대한 책임을 질 수 있다.

정리하기

교육자로서 교사들은 교과 내용 전문가이지만, 그보다 더 중요한 것은 학습 전문가라는 사실이다. 지식을 공유하고 학생들에게 정보를 전달하는 일이 보람 있어 보일 수 있다. 그러나 학습자들이 어떤 길을 추구하든 교사들은 성공에 필요한 성과를 제공해 주지는 않는다. 보편적으로 설계된 블렌디드 러닝 교실에서는 스스로 지식을 습득하고, 중요한 협업 기술을 배우고, 자기 인식과 자기 주도성을 삶의 다른 측면으로 옮김으로써 학생들이 학습자가 되는 방법을 배우는 가치를 받아들인다.

'전략 3: 학생들이 소화하기 쉽도록 다변화된 직접 교수 실천하기'에서 공유했듯이, 학습이 공동의 책임임을 분명히 하는 교실에서도 여전히 학생들이 소화하기 쉽도록 적정 양을 제공하는 것을 수업 목표로 할 수 있다. 지식 전달의 책임이 오로지 교사인 당신에게만 있지 않고, 사실 그런 방식의 수업 계획은 너무 많은 불면의 밤과 마음 아픈 결과로 이어진다. 당신 내면의 갈라테이아를 받아들이고, 학생들이 자신의 학습에 주인의식을 갖도록 기대하는 교실을 설계한다면 그것이 자기실현적 예언이 될 것임을 알아야 한다. 그러면 당신은 자리에 앉아 협력 과정을 관찰하고, 어쩌면 한 번쯤은 따뜻한 커피를 마실 수 있을 것이다.

성찰과 토론하기

1. 모든 계획을 수립했지만 결과가 실망스러웠던 실제 사례(케이티의 타코의 밤)를 생각해 보자. 경험을 공유하고자 할 때 선택지와 선택권을 제공하는 중요한 이유는 무엇인가?
2. 선택판을 어떻게 사용해야 학생들의 자율성과 주도성을 장려할 수 있는가? 학생의 탐구 의지를 높이려면 선택판을 어떻게 구성해야 하는가?
3. 예정된 강의 혹은 교사 주도형 수업을 상보적 교수법이나 직소 활동을 활용해 학생 주도 경험으로 전환하려면 어떻게 해야 하는가?
4. 수업을 할 때는 목표와 근거를 기반으로 하는 것이 중요하다. 정거장 순환 모델은 어떻게 학생 주도형 수업과 학생들이 소화하기 쉬운 교사 주도형 다변화 수업Differentiated Instruction* 을 지원할 수 있는가?

실천하기

가르치는 일은 교실 앞에 서서 하는 강의 이상을 의미한다. 교사들은 학생들이 배경지식을 쌓고, 자료를 찾고, 학습할 때 다양한 접근 방법을

* 학생들의 다양한 학습 필요, 준비도, 관심사, 학습 방식에 맞춰 수업을 조정하는 교수법이다.

사용하도록 허용할 수 있다. 종종 이러한 접근 방법들은 교사 주도일 때가 많다. 하지만 교사들이 강사에서 설계자로 전환할 때, 학생들이 주인 의식과 자율성을 형성하도록 도울 수 있다. 이번 장에서 설명한 전략 가운데 하나를 선택해 교실에서 학생에게 더 많은 배움을 주도하도록 지원하자.

- **전략 1:** 선택판 활용하기
- **전략 2:** 상보적 교수법과 직소 활동 활용하기
- **전략 3:** 학생들이 소화하기 쉽도록 다변화된 직접 교수 실천하기

먼저, 수업 설계를 위한 작업 과정을 이끌 학습 목표나 원하는 결과를 설정한다. 그런 다음 정보 검색에 대한 책임을 학생에게 이양하는 데 사용할 전략을 선택한다. 다음 질문을 고려해 보자.

- 학생들에게 학습 시간, 장소, 속도, 경로에 관해 더 많은 통제력을 부여하기 위해 어떤 블렌디드 러닝 모델을 사용할 것인가?
- 수업 중 시간을 어떻게 활용해 영향력을 극대화할 것인가?
- 학생들의 지식과 이해를 측정하기 위해 어떤 형성 평가 자료를 수집할 것인가?
- 학생들이 유연한 경로를 갖도록 어떻게 보장할 것인가? 학습 장벽을 제거하기 위한 의미 있는 선택지는 어떤 방식으로 제공할 것인가?

이러한 질문들에 대해 충분히 생각할 시간을 가진 후, 학생들이 정보 발견에 주도적인 역할을 할 수 있는 수업 계획을 작성한다. 학생들이 성공적으로 수업에 참여하도록 필요한 모든 지원을 하고 학습 지원 구조를 만든다.

| 계획 템플릿 1 | 학생 주도형 발견 학습

학습 목표 또는 원하는 결과 · 이 수업이 끝나면 학생들이 무엇을 알고, 이해하고, 할 수 있기를 원하는가? · 이 학습 활동을 통해 그들이 어떤 기능을 개발하기를 바라는가?	
정보 검색에 대한 책임을 학생에게 이양하기 위해 사용할 전략 선택하기 · 학습 경로 선택판 · 상보적 교수법 · 직소 활동 · 적정 양을 다루는 다변화된 모둠 수업	
다음 질문 고려하기 · 학생들에게 학습 시간, 장소, 속도, 경로에 관해 더 많은 통제력을 부여하기 위해 어떤 블렌디드 러닝 모델을 사용할 것인가? · 수업 중 시간을 어떻게 활용해 영향력을 극대화할 것인가? · 학생들의 지식과 이해를 측정하기 위해 어떤 형성 평가 자료를 수집할 것인가? · 학생들이 유연한 경로를 갖도록 어떻게 보장할 것인가? 학습 장벽을 제거하기 위한 의미 있는 선택을 제공할 수 있는 지점은 어디인가?	
다음 정보를 포함해 수업 개요 설명하기 · 어떤 방식으로 모둠을 편성할 것인가? · 학생들은 어떤 단계를 거치는가? · 어떤 지지와 단계적 도움이 필요한가? · 형성 평가 자료를 수집하기 위한 어떤 체계가 수업에 포함되는가?	

3장

새로운 시작 2

교사 주도의 학급 전체 토론에서 학생 주도의 소규모 모둠 토론으로 전환

더 이상 초콜릿 분수에서 수영하지 마세요

케이티 『보편적 학습설계와 함께하는 언러닝(*Unlearning: Changing Your Beliefs and Your Classroom with UDL)*』에서 앨리슨 포지Alison Posey와 나는 탈학습 주기unlearning cycle를 주제로 논의한다. 이는 '학습, 탈학습, 재학습'의 패턴으로 우리를 일관되게 움직이도록 하는 여정이다.[1] 탈학습 주기를 포착하는 가장 좋은 문장 틀 중 하나는 "나는 _________(이)라고 생각하곤 했다. 그런데 _________(이)라고 생각했다. 그러나 지금은 _________(이)라고 생각한다."이다.

나는 윌리 웡카*와 초콜릿 공장이, 사탕으로 된 유토피아를 화려하게 그렸다고 생각하곤 했다. 어렸을 때는 초콜릿 분수에서 수영하고, 마이크 티비**와 함께 몸이 작아지고, 줄어들지 않는 알사탕을 맛보는 꿈을 꾸곤 했다. 윌리 웡카의 초콜릿 공장은 환상의 세계였다. 조금 더 나이가 들면서 나는 그가 무작위로 다섯 명의 아이들을 초대해 그중 한 명에게 자신의 공장 전체를 '선물'하겠다는 의도가 이상하다고 생각했다. 아홉 살짜리 아이에게 너무 큰 책임을 지운다고 느껴졌기 때문이다. 어른이 된 지금, 따뜻한 초콜릿 퍼지 사이를 헤엄치는 일은 악몽 같다고 생각한다. 아아, 배운 것에서 벗어났다(탈학습).

* 동화 『찰리와 초콜릿 공장』에 나오는 초콜릿 공장의 사장으로 기상천외한 과자를 만든다. 초콜릿 속에 다섯 개의 황금 티켓을 숨겨 놓고 이를 찾은 어린이 다섯 명을 공장으로 초대한다.

** 초콜릿 공장에 초대된 어린이 중 한 명. TV 전송기에 들어가면서 몸이 작아진다.

교실 토론도 마찬가지라고 생각한다. 나는 교사로서 벤저민 블룸Benjamin Bloom의 분류학에 관한 심도 있는 질문을 던지고, 의자 끝에 걸터앉아 팔을 허공에 흔들어 대는 학생들을 지명하면서 교실 토론을 진행하는 것이 내 임무라고 생각하곤 했다. 몇 년 동안 학생들을 가르치면서 나는 항상 손을 든 두 명의 학생을 지목하는 것이 공동체를 구축하는 좋은 방법도 아니고, 학생들의 지식을 형성적으로 평가하는 데도 효과적이지 않음을 깨달았다.

나는 오랫동안 해 왔던 '손 드는 사람을 시킬게'에서 벗어나, 아이스크림 막대기를 사용하는 방식으로 나아갔다. 교실 앞 의자에 앉아 질문을 던지고 아이스크림 막대기를 우아하게 꺼내면서 학생들을 무작위로 부르던 내 모습이 눈에 선하다. 학생들은 어쩔 수 없이 다음과 같은 세 가지 대답 중 하나를 선택해야 했다.

1. 정답
2. 오답
3. 무응답 혹은 "네? 뭐라고요?"

지금이라면 기운을 충분히 유지하면서 '친구에게 묻기'나 '다시 질문하기'와 같은 창의적인 선택지를 제시해 학생이 오답을 말하거나 무응답을 하지 않도록 할 수 있지만 당시에 나는 지쳐 있었다. 내 기억에 나는 오래된 교회 지하실에서 하는 빙고 게임에서 빙고를 외치는 사람들 중 한 명과 약간 닮아 있었다. 막대기를 꺼낸 다음 정답을 맞히면 상품이 있는 것처럼 이름을 외쳐댔다. "B-8, B-8. 빙고 다 된 사람 있나요? 없네요. 다시 해 봅시다. O-75, O-75 답을 아나요?" 고통스러웠다. 교실에서 빙고를 외치던 그때 나는 대학에서 온라인 과정도 가르치고 있었다. 2004년에 처음 온라인 강의를 시작했을 때 내가 진행한 온라인 토론은 다음과 같은 패턴을 따랐다.

1. 교사가 토론 질문을 올린다.
2. 학생은 토론 질문에 대한 답변을 작성한다.
3. 학생은 다른 모둠원의 토론 질문 두 개에 응답한다. 응답은 여러 단락으로 답변 쓰기부터 "동의합니다!" 또는 "게시물이 마음에 듭니다."라고 간단하게 쓰는 것까지 다양하다.

빙고 외치기보다 더 나은 것이 없었다.

모두는 아니더라도 많은 사람이 온라인 교육을 경험해 보았을 것이다. 온라인 강의를 수강한 적이 있다면, 수강생이 독창적인 성찰이나 생각을 게시하면 다른 수강생이 200자로 답하는 '토론 게시판'을 잘 알고 있을 것이다. 나는 토론 게시판을 기발한 아이디어가 죽어 가는 곳이라고 표현하기도 한다. 조금 어두운 표현이다.

20년 동안 학생들을 가르쳤지만 다행히도 배웠던 교수법에서 계속 벗어나고 있다. 처음 시작할 때는 질문을 던지고 답을 아는 학생을 지명하는 방법이 제일이라고 생각하곤 했다. 그러다가 질문을 던지고 무작위로 학생들을 호명해 긴장을 유지하게 하는 것이 더 좋은 방법이라고 생각했다. 그 이후에는 온라인 환경에서 수업을 진행하는 방식으로 전환했고, 주관식 질문과 최소 글자 수 제한으로 의미 있는 토론을 만들 수 있다고 생각했다. 이제는 학습 환경에 관계없이 교사가 모든 질문을 던지는 것에서 벗어나, 학생들 스스로 토론에 책임감을 갖도록 할 필요가 있다고 생각한다.

연구와 실제: 소비자에서 생산자로

교실 대화에 관한 대부분의 연구는 교사와 학생 간의 시작Initiation, 반응Response, 피드백Feedback에 초점을 맞춘다. 이는 교사가 던지는 질문으로 시작해, 학생이 반응하고, 교사가 피드백하는 구조다.[2] 이 과정에서 교사는 질문을 구성하고 토론을 진행하며 학생 응답에 대한 피드백도 제공해야 한다는 엄청난 부담을 안고 있다. 물론 시작-반응-피드백 모델을 사용해 교사 주도형 토론을 완전히 없애자는 주장은 아니다. 그러나 이런 토론에 지나치게 의존하면 교사에게 과도한 부담을 지우게 되고 많은 학생이 비판적으로 생각하지 않고도 쉽게 토론할 수 있게 된다. 요컨대, 우리는 윌리 웡카의 초콜릿 강에 빠져 있는데 학생들은 우리에게 박하로 된 구명조끼를 던져 주지 않는 것이다.*

학생 주도형 토론으로 전환하면 자기 인식, 공감, 관점 수용, 책임감 있는 의사 결정 등 중요한 사회 정서 학습의 기술뿐만 아니라 전문적인 학습 발달을 지원할 수 있다. 사회정서학습협회The Collaborative for Academic, Social, and Emotional Learning: 이하 CASEL는 미국의 모든 사회 정서 학습의 원조다. CASEL은 사회 정서 학습의 다섯 가지 역량을 자기 인식, 자기 관리, 사회적 인식, 관계 기술, 책임감 있는 의사 결정으로 규정한다.

"학교 전체의 사회 정서 학습을 위한 CASEL 가이드" 중 대화형 학습interactive pedagogy** 부분에서는 학생 주도형 토론이 사회 정서적인 역량을 구축하는 메커니즘으로 중요하다고 설명한다. 이 가이드에서는 이러한 토론에서 교사가 안내자나 촉진자로서 행동하며 중요한 역할을 할지라도 다음과 같은 점에 주목해야 한다고 말한다. "(교사의) 목표는 또 다른 질문을 하고, 친구들의 생각에 자신의 생각을 보태고 신중하게 이의를 제기하면서 학생들이 궁극적으로 이 과정에서 주인의식을 갖게 하는 것이다." 스스로 토론을 촉진하고 모둠으로 작업할 기회를 갖게 될 때, 학생들은 "그들의 관계와 책임감 있는 의사 결정 역량을 개발하면서, 서로를 지원하고 서로에게 도전하게 된다. 학생들은 또한 아이디어를 제시하고, 친구들에게 자료를 설명하고, 학습에 보

* 『찰리와 초콜릿 공장』에서 사탕으로 만든 배를 타고 초콜릿 강을 건너는 장면이 나온다.
** 학생이 학습 과정에 참여하는 상호작용적이고 능동적인 학습 기법이다.

다 적극적으로 다가가기 위해 메타 인지를 사용하는 방법을 배운다. 학생들은 작업할 때 친구들의 관점에 열린 마음을 유지하면서 자신의 생각을 설명해야 하기 때문에 상당한 사회적 인식과 자기 인식을 요구받는다."[3]

토론은, 학생들이 대면 및 온라인 의사소통 기능을 발달시키고, 메타 인지 근육을 늘리고, 사회성과 자기 인식 모두를 개발하도록 장려할 뿐만 아니라, 함께 학습하는 사람들과 의미를 만들고, 지식을 구성하는 수단이다.[4] 토론은 학생들을 다른 사람의 생각을 수용하는 사람에서 자신의 생각을 생산하는 사람으로 전환하게 하는데, 이를 통해 학생은 학습 환경에서 적극적인 주체가 된다. 학습자 모둠이 새로운 생각과 씨름할 때, 대면 또는 온라인 토론은 생각을 공유하고, 서로 다른 관점을 고려하고, 연결 고리를 만들고, 궁극적으로 학습 내용을 이해하고 유지할 수 있는 공간을 제공한다.

연구에 따르면 학생 주도형 토론은 학생들 간의 언어적 상호작용을 증가시키고 또래와의 협력에 대한 자기 효능감을 높이기 때문에, 전체 토론 수업에서 학생 주도적 모둠 토론은 수동적인 학생을 능동적인 학생으로 전환하게 만들어 대화형 공동체를 형성한다.[5]

분명 학생 주도형 토론의 이점은 저절로 생기지 않는다. 학급 전체 토론 모델에서 학생 주도형 토론으로 전환할 때는 보편적 학습 설계와 블렌디드 러닝의 모범 사례를 활용해 과정에 비계를 마련하고, 모둠에 상호작용에 대한 피드백을 제공하는 것이 중요하다.

학생들이 토론과 성찰적 실천에 대한 주인의식을 가지면서 교사가 주도하는 정거장 순환으로 된 소규모 어항 토론*을 진행할 때, 학생들은 자신의 기능을 연습할 수 있고, 교사는 토론을 안내하고 피드백을 제공할 수 있다. 또는 교사가 학급 전체 순환을 수행하고자 한다면 네 모퉁이 대화를 진행할 수 있는데, 이는 오프라인에서 교실 네 구석에 여섯 명에서 여덟 명의 학생으로 구성된 모둠이 모둠 토론에 참여하게 하는 것이다. 교실을 돌며 학생들의 대화를 관찰하고, 간단한 토론 루브릭을 사용해 형성 평가 데이터를 수집하거나, 각 모둠에서 발견한 긍정적인 점과 추가 연습으로 얻게 될 이점을 한 가지씩 기록할 수 있다. 토론이 끝날 때 이 데이터를 학생들과 공유해 짧은 성찰적 실천과 목표 설정 활동을 유도할 수도 있다. 학생들이 토론에 참여하면서 숙련도와 자신감을 키우면, 교사는 편안히 앉아 따뜻한 커피나 다이어트 콜라를 마시며 시작–반응–피드백을 하는 것에서 단순히 피드백만 하면 되는, 변화의 마법을 지켜볼 수 있다. 다음 전략은 이러한 전환에 도움이 된다.

* '물고기'라고 불리는 작은 모둠이 중앙에서 주제에 대해 토론하는 동안 다른 사람들은 참관하는 방식의 토론을 말한다.

전략 1: 공동으로 규범 만들기

토론을 효과적으로 진행하려면 학습자와 협력해 규범을 공동으로 만들어야 한다. 규범을 브레인스토밍하기에 가장 좋은 활동 중 하나는 윌리엄 페리터William Ferriter가 쓴 『학교 전문적 학습 공동체 협업을 위한 총서(*The Big Book of Tools for Collaborative Teams in a PLC at Work*)』에 언급된다.[6] 이 지침은 성인을 위해 작성되었지만 어린 학습자에게도 적용할 수 있다. 토론 규범을 만들어 참여시키기 전에 학습자에게 '우리의 불만 사항과 중요한 특성 나누기' 활동을 완료하도록 권장한다.

방법은 간단하다. 각 모둠원은 다른 모둠원과 모둠 작업을 하는 동안 생기는 불만 사항과, 다른 모둠원들이 알아차릴 수 있는 자신에 대한 중요한 특성 한 가지를 공유한다. 예를 들어, '당신의 행동 패턴 중에 다른 모둠원을 괴롭게 하는 것은 무엇인가?', '왜 그런가?', '다른 모둠원의 행동 중 어떤 패턴이 당신을 괴롭게 할 가능성이 있는가?', '왜 그런가?' 등에 관해 질문할 수 있다.

이때 학생은 자신의 대답을 공유하지만 이를 익명으로 처리하여 색인 카드에 답을 쓰거나 설문 조사를 할 수 있고, 이름을 포함하지 않은 온라인 포스트잇 게시판Post-it note wall 또는 학습 관리 시스템에 게시하게 할 수 있다.

캐틀린: 대면 토론을 할 때 가장 큰 불만거리는 발표자와 눈을 마주치지 않거나 구두로 반응하지 않는 사람들입니다. 무례해 보이고 상대방의 의견에 관심 없다는 메시지가 전해질까 봐 걱정됩니다. 이 때문에 사람들은 대화를 통해 정보를 공유하거나 위험을 감수하는 것이 안전하지 않다고 느낄 수 있어요.

저는 A형이고 토론에 있어서는 약간 헤르미온느* 같은 타입입니다. 외향적이고 솔직하며 사람들과 아이디어 교환하기를 좋아하죠! 가끔은 다른 사람의 아이디어를 발전시키거나 연결 고리를 만들거나 다른 관점을 공유하기 위해 대화에 뛰어들기도 해요. 항상 하고 싶은 말이 너무 많아서 '토론 지배자'가 되지 않도록 조심해야 합니다. "우리에게는 두 개의 귀와 한 개의 입이 있어서 말하는 것보다 두 배로 많이 들을 수 있다."는 옛 격언을 기억할 필요가 있죠. 아직도 노력 중입니다!

케이티: 대면 토론을 할 때 옆에서 떠드는 행동을 가장 싫어합니다. 사람들이 떠드는 것을 신경 쓰지는 않지만 저는 산만하고(다람쥐처럼 집중력이 낮고) 호기심도 많아요. 그래서 모둠에서 누군가가 이야기를 시작하면 바로 끼어들고 싶어요! 이쯤 되면 일반적으로 저는 실질적이지 않고 쓸모없는 대화를 하게 됩니다.

저에 대해 한 가지 알아야 할 부분은 옆길로 새기를 좋아한다는 점입니다. 제

* 『해리포터』 시리즈의 주인공 중 한 명. 적극적이고 잘난 척을 잘하는 모범생이다.

머릿속에는 종종 연결 고리가 있지만 겉으로는 보이지 않을 수 있습니다. 중학교 교실에서 통합적 실천의 중요성에 대해 토론하는 도중에 갑자기 중학교 때 있었던 놀라운 이야기가 떠올라 그것을 나누고 싶어질 수 있습니다. 이것이 얼마나 짜증나는 일인지 잘 알고 있죠. 하지만 저는 이를 인지하고 있기 때문에 모둠원 누구에게나 그들의 이야기를 들려 달라고 권합니다. 함께 일하는 제 여동생은 제가 집중력이 떨어지면 물고기를 낚아 올리는 듯한 동작을 보여 줘 제가 집중해야 한다는 것을 바로 알 수 있게 해 줍니다!

불만 사항과 특성을 공개적으로 파악한 후에는 '모든 구성원에게 긍정적이고 생산적인 토론이 되게 하려면 어떤 공통적인 조치를 취해야 하는가?', '사람들이 토론에서 자신의 아이디어를 공유하거나 위험 감수하기를 꺼리게 만드는 동작과 행동에는 어떤 것이 있는가?'에 답함으로써 지침을 만들기 시작할 수 있다.

학생들을 소규모 모둠으로 나누어 〈그림 6〉처럼 잠재적인 규범이나 지침의 초안을 작성하게 해 토론에 대한 주인의식을 공유하게 하라. 이 작업은 직접 만나서 할 수도 있고 온라인 교실에서 첫 토론 게시물을 통해 할 수도 있다. 이는 모든 사람을 알아 가고 가변성을 포용하며 공감을 형성할 수 있는 좋은 활동이다.

〈그림 6〉 토론을 위한 수업 약속

토론을 위한 수업 약속	
할 것	피할 것
모든 구성원에게 긍정적이고 생산적인 토론이 되게 하려면 어떤 공통적인 조치를 취해야 하는가?	사람들이 토론에서 자신의 아이디어를 공유하거나 위험 감수하기를 꺼리게 만드는 동작과 행동에는 어떤 것이 있는가?

전략 2: 성공을 위한 비계 마련하기

학생 주도형 토론을 성공적으로 이끌기까지는 여러 가지 장벽이 있지만, 보편적으로 설계된 비계를 통해서 장벽을 줄일 수 있다. 이러한 비계에는, 더욱 형평성 있는 참여를 보장하기 위해 학생들에게 토론을 미리 준비할 수 있는 선택권을 제공하고, 문장 줄기 및 문장 틀과 같은 언어적 지원을 사용하며, 학생들이 사용하거나 적용할 수 있는 토론 기법 또는 절차를 제공하는 것이 포함된다.

준비할 시간 제공하기

많은 교육자는 '생각하기, 짝짓기, 나누기Think, Pair, Share'라는 또래 간 토론 기법에 익숙하다. 이는 토론에 참여하기 전, 시간이나 준비의 중요성 때문에 자주 사용된다. 블렌디드 러닝 모델을 사용하면 다음과 같은 사항을 고려해 학생이 토론을 준비하도록 선택지와 선택권을 제공할 수 있다.

- 토론 주제에 대한 개요를 제공하고 수업 또는 단원의 핵심 성취 기준과 핵심 질문을 제공한다. 모든 토론 질문을 미리 만들 필요는 없지만, 학생은 토론의 목적과 다루게 될 주제를 알고 있어야 한다.
- 토론 전, 토론 모둠 간 규범을 함께 작성해 토론 절차를 검토하며 토론을 준비할 때 고려할 수 있도록 한다.
- 토론할 내용을 복습할 수 있도록 다양한 표상 수단을 제공한다. 팟캐스트 및 동영상과 같은 멀티미디어 자료를 활용하면서 전통적인 텍스트로 연결되는 선택판을 만들 수 있다. 학생들이 배경지식을 쌓는 데 필요한 자료에 접근하게 하는 것이 중요하다. 선택판은 학습자가 토론을 준비하면서 배경지식을 쌓을 수 있도록 자료를 연결하는 데 사용할 수 있다.
- 토론을 준비하면서 학생에게 메모를 하거나, 그래픽 조직자를 완성하거나, 내용이 적힌 카드를 만들어 아이디어를 정리할 수 있는 선택지를 제공한다.
- 토론을 시작한다! 학생들이 토론에 참여할 때 진행 상황을 모니터링하고

더 많은 지원이 필요한 모둠을 확인하고 토론의 결과를 형성 평가로 사용해, 다음 단계인 정거장 순환을 위한 모둠을 만든다.

학생들에게 〈그림 7〉과 같이 토론 계획 문서를 제공해 사전 논의 단계를 안내하는 것이 도움이 될 수 있다.

〈그림 7〉 토론 준비 문서

토론 준비 문서	
토론 주제	
단원 성취 기준과 핵심 질문	
토론을 위한 수업 약속 검토하기 · 토론에서 개선하고 싶은 점 한 가지는 무엇인가? 토론의 목표는 무엇인가?	
토론 절차 선택하기 · 모둠에서 어떤 전략을 사용하고 싶은가? · 이 절차를 선택한 이유는 무엇인가?	
토론 내용 복습하기 · 중요한 정보를 메모하기 위한 전략 선택하기(예: 전통적인 메모, 개념 지도, 그래픽 조직자, 스케치 노트) · 모둠과 토론하고 싶은 질문 목록 준비하기	읽기 / 보기 / 듣기 토론 질문 1. 2. 3. 4. 5.

문장 틀 제공하기

학생들이 처음 공동 작업을 시작할 때는 자신의 생각과 의견을 명확하게 표현하는 데 어려움을 겪는다. 문장 줄기와 문장 틀을 제공하면 필요한 학생에게 도움을 줄 수 있다. 시간이 지나면 학생들은 이러한 도구에 덜 의존하게 되겠지만, 이것의 사용은 특히 우리말에 서툰 학생의 토론 접근성을 높이는 데 도움이 된다. 〈표 3〉에는 토론 안내에 사용할 수 있는 문장 틀의 예가 나와 있다. 이를 학생들과 공유하고 학생들에게 추가 문장 줄기를 제시하도록 요청할 수 있다.

다양한 토론 기법 마련하기

학생들이 토론에 효과적으로 참여할 수 있는 다양한 기법과 절차가 있다. 교사로서 우리는 종종 학생들에게 절차를 지정해 준다. 예를 들어, 모든 모둠에서 학생들은 소크라테스식 세미나, 분필 대화,* 동심원 만들기 토론에 참여한다. 마찬가지로 화상 수업에서는 학생들을 모둠으로 만들고, 소회의실 작업**에 대한 절차를 제공할 수 있다. 각 모둠에 선택판을 제공해 토론의 목적을 검토하고 목표를 달성하기 위한 가장 적합한 형식이나 절차를 결정하도록 하는 방법도 고려하자. 〈표 4〉는 학습자가 토론에 가장 적합한 협업 전략을 선택할 수 있는 선택

* 모둠별로 주제에 관한 중요한 내용을 전지에 쓰고 다른 모둠을 돌아다니면서 친구들이 쓴 글을 읽고 그에 대한 의견을 적는 방법이다.

** 줌과 같은 온라인 수업에서 소회의실을 열고 모둠으로 작업하는 것을 의미한다.

〈표 3〉 교실 토론의 비계가 되는 문장 줄기와 문장 틀

토론을 위한 문장 틀	
이해 확인	______에 관해 다시 말해 줄래? ______을 이해하지 못했어. 다시 말해 줄래? 그것에 관해 더 말해 줄 수 있니? 나는 ______에 관해 궁금해. 나는 ______을 잘 모르겠어. 혹시 ______라는 뜻이니?
다른 사람의 의견에 자신의 의견 연결하기	내 생각으로는 ______라는 생각이 ______라는 거야. 나는 ______에 관한 ______라는 생각이 정말 좋았어. 나는 ______에 동의해. 또한 ______. 왜 네가 이걸 믿는지 알 것 같지만, 나는 다르게 생각해. 내 생각에는 ______. 타당한 지적이지만, 나는 ______라고 느껴. 나는 ______에 관한 부분에 동의해. 그러나 ______.
자신의 생각 표현하기	나는 ______라고 믿어. 내 생각에는 ______. 내 생각에 ______인데, 왜냐하면 ______. ______에 관한 경험 때문에 나는 ______라고 생각해.

판의 예다. 이러한 토론은 직접 대면하거나 소회의실을 사용해 온라인으로 진행 가능하다.

〈표 4〉 학습자가 협업 전략을 선택할 수 있는 선택판

토론 기법 선택판	
역할 나누기	학생들은 함께 작업하면서 동시에 모둠 내에서 주요한 역할을 한다. 역할의 예는 다음과 같다. · 관리자(모둠이 계속 작업하도록 돕는 역할) · 읽는 자(질문을 큰 소리로 읽는 역할) · 격려자(모든 사람이 참여할 수 있도록 하는 역할) · 확인자(모든 사람이 이해했는지 확인하는 역할) · 작성자(토론을 기록하는 역할)
어항 토론	1 모둠과 2 모둠으로 나눈다. 1 모둠은 문제 해결 과제에 관해 토론하거나 협력한다. 2 모둠은 1 모둠의 작업을 듣고 관찰하며 메모한다. 모둠의 역동성에 관심을 두고 1 모둠이 얼마나 잘하는지, 잘 못하는지를 보며 토론할 준비를 한다. 모둠을 바꾼다.
모둠 낙서	모둠에 속한 사람들이 주관식 질문을 던지고 종이, 작은 화이트보드, 공유 문서의 슬라이드에 기록한다. 종이나 공유 문서를 돌려가며 각자 질문에 대한 답을 브레인스토밍한다. 모든 사람이 각 질문에 답을 한 후에는 모둠이 답변을 비평하고 분석한다.
건설적인 논쟁	네 명이 한 모둠을 이루어 토론 주제와 대립되는 입장을 맡는다. 각 모둠은 배정된 입장을 조사하고, 주제와 관련된 가능한 한 많은 정보를 노출하는 것을 목표로 해당 주제에 관해 토론한다. 그런 다음 입장을 바꿔 토론을 계속한다.
바꿔 말하기	각 모둠원이 다른 모둠원이 공유하는 내용을 적극적으로 경청해, 이전에 발언한 모둠원의 아이디어를 정확하게 자신의 말로 바꿔 말하거나 재진술한다. 이전의 요점을 성공적으로 바꿔 말한 후에는 자신의 아이디어를 낼 수 있다.

동심원 만들기 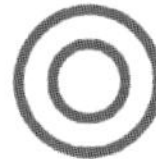	한 모둠은 안쪽에, 한 모둠은 바깥쪽에 원을 형성한다. 안에 있는 학생은 바깥쪽의 학생과 짝을 이루어 서로 마주한다. 학생들은 정해진 시간 동안 한 가지 질문을 가지고 토론한 후 안쪽 원이 회전해 학생들이 새로운 상대와 토론할 수 있게 한다.

전략 3: 학생이 비동시적 온라인 토론 설계하기

블렌디드 러닝 환경에서는 텍스트 또는 동영상을 통해 온라인에서 비동시적으로 토론을 진행할 수 있다. 이는 학생이 직접 토론 질문을 만들어 친구들과 온라인에서 학문적 대화를 나눌 수 있는 기회다. 대면 토론에 명시적인 지도, 비계, 연습이 필요하듯 역동적인 온라인 토론 질문을 작성하는 것도 일종의 예술이다. 학생들이 생성하는 토론 질문으로 모둠과 수업의 모든 구성원을 더 많이 참여시키기 위해 사용할 수 있는 전략이 있다. 〈그림 8〉은 학생들의 참여를 높이기 위해 공유할 수 있는 온라인 토론 프롬프트의 몇 가지 팁이다.

팁 1. 눈에 띄는 창의적인 제목으로 시작한다. 학습 관리 시스템의 텍스트 기반 토론에서 학생들은 제목을 가장 먼저 보게 된다. 일반적으로 학생들은 토론 제목을 클릭해 토론을 확장하고 실제 토론 질문을 확인한다. 그렇기 때문에 학생들의 관심을 끌고 흥미를 유발할 만한 제목으로 시작하는 것이 중요하다. '15장. 토론 질문'은 토론 제목으로 적합

〈그림 8〉 역동적인 온라인 토론 질문을 설계하는 데 도움되는 팁

팁 1. 눈에 띄는 창의적인 제목으로 시작한다.
팁 2. 다양한 수준의 학생들을 대상으로 민감하게 다변화하기 위해 질문을 여러 개로 나눈다. 수업에서 중요한 질문을 먼저 한다. 첫 번째 질문에 이어 학생들이 대화에 더 많이 참여할 수 있도록 추가 질문 두 가지를 던진다.

팁 3. 항상 미디어를 포함한다.
팁 4. '질문에 관한 답변을 게시한 다음에는 어떻게 해야 하는가?', '몇 명의 친구에게 응답해야 하는가?' 등 학생 참여를 위한 지침을 포함한다.

하지 않지만 '군중심리의 위험성'은 적합할 수 있다!

팁 2. 민감하게 다변화하기 위해 질문을 여러 개로 나눈다. 수업은 다양한 기능, 능력 및 언어 능숙도를 가진 학생들로 구성되므로 한 가지 질문만 해서는 안 된다. 한 가지 질문만 하면 대화의 진입점이 하나만 허용되기 때문에 모든 학생이 토론에 참여하기 어려울 수 있다. 대신 학생들에게 좀 더 어려운 질문부터 좀 더 쉬운 질문까지 세 가지 질문을 작성하도록 권한다. 서로 다른 유형의 질문(예: 분석, 비교와 대조, 성찰)을 결합해 선택권을 제공함으로써 모두가 똑같은 질문에 답할 필요가 없도록 할 수 있다. 학생들에게 어떤 단어를 사용하는지, 그 어휘에 모

든 학생이 접근할 수 있는지 고려하도록 상기시킨다. 예를 들어, 『앵무새 죽이기(*To Kill a Mockingbird*)』 15장을 중심으로 한 '군중심리의 위험성'에 대한 온라인 토론에서, 다양한 학급의 학생을 참여시키기 위해 국어 교사는 다음 질문을 사용해 민감하게 다변화할 수 있다.

- 자신의 행동에 대해 느끼는 개인의 책임감이 집단 안에서 확산되거나 줄어드는 이유는 무엇인가?
- 사람들이 혼자서 행동할 때와 집단이나 군중의 일부가 되었을 때 다르게 행동하는 이유는 무엇인가?
- 친구들과 함께 있다는 이유로 특정 방식으로 행동해야 한다는 또래의 압박을 느낀 적이 있는가?

팁 3. 항상 미디어를 포함한다. 우리는 모든 유형의 미디어를 즐겨 사용하는 시각적인 학생들을 가르친다. 학생들은 토론 질문을 만들 때 질문을 보완할 수 있는 미디어를 생각해야 한다. 사진, 그래픽, 도표, 동영상 클립 등을 삽입해 친구들의 흥미를 유발하고 주제를 더 깊이 생각할 수 있게 한다.

팁 4. 참여를 위한 지침을 포함한다. 토론 질문을 만든 다음에는 질문에 답한 친구가 그 이후에 해야 할 일을 명확하게 설명하는 것으로 마무리한다. 몇 명의 친구에게 응답해야 하는가? 얼마나 길게 응답해야 하는가? 실질적이고 의미 있는 답변을 하기 위해 어떤 전략을 사용할 수 있는가?

예를 들어, 학생들은 다음과 같은 문장으로 토론 질문을 끝낼 수 있다.

> 토론 질문에 응답한 후에는 다른 친구의 응답을 읽고 두 명의 장점을 칭찬하거나, 공유한 아이디어를 바탕으로 다른 관점을 제시하거나, 구체적인 질문을 할 수 있습니다. 신중하게 응답해 주세요.

전략 4: 자기 평가하기

학생들이 스스로 질문을 만들고 토론 형식을 선택하면 모두 엉망이 될지도 모른다는 두려움이 자주 생길 수 있다! 우리는 학생 토론에 대한 책임감 부여가 중요하다는 점을 충분히 이해하고 있으며, 모둠이 토론의 목표를 설정하고 그 목표와 토론의 효과에 대해 성찰한 다음, 대화의 전반적인 질뿐만 아니라 학생들의 기여도를 평가하는 것이 중요하다고 생각한다. 이는 미리 정해진 성찰 질문 목록을 사용해 토론을 전체적으로 돌아보도록 학생에게 요청하거나 〈그림 9〉와 같이 간단한 루브릭을 사용해 대화 참여의 효과를 성찰하도록 요구하는 방식으로 수행할 수 있다. 이 도구는 학습자가 토론을 되돌아보고 향상할 부분을 파악하도록 유도하기 위한 것이다.

〈그림 9〉 모둠 참여 루브릭

자기 평가: 소규모 모둠 토론 참여하기
1: 기초적인 · 토론에 참여하지 않는다. · 준비된 상태로 토론에 참여하지 않거나(혹은 않았고) 준비했다고 여겨지는 근거로 주장을 뒷받침하지 않는다. · 질문하거나 공유된 생각을 만들어 내려는 시도가 거의 없다.
2: 발전 중인 · 토론에 일부 참여한다. · 준비 과정에서 마련한 근거와 예시로 진술을 뒷받침하려는 시도가 제한적이다. · 질문하거나 공유된 생각을 만들거나 연결 고리를 만든다.
3: 능숙한 · 토론에 지속적으로 참여한다. · 준비해 토론에 참여한다. 준비한 것을 바탕으로 요점을 뒷받침한다. · 질문하거나 공유된 생각을 만들거나 연결함으로써 대화를 진전시키려고 노력한다. · 다양한 관점에 대응하고 요점을 정리하고 연결 고리를 만든다. · 눈을 맞추고, 들을 수 있을 만큼 큰 소리로 말한다.
4: 탁월한 · 토론에 지속적으로 참여하고 차분한 목소리로 대화를 권한다. · 준비해 토론에 참여한다. 준비한 것을 명확하게 끄집어내고, 주장을 뒷받침할 증거와 예시를 제공한다. · 토론과 관련된 질문에 응답하거나 질문함으로써 대화를 진전시킨다. · 다양한 관점에 신중하게 대응하고, 의견 일치와 의견 불일치를 요약하고 새로운 연결 고리를 만든다. · 눈을 맞추고, 적극적으로 듣고, 다른 사람이 들을 수 있도록 크게 말한다.
· 자기 평가 점수를 설명하라. · 향후 토론에서 어떤 점을 개선하고 싶은가?

〈그림 10〉 토론 이후의 성찰 전략 선택판

자기 평가: 소규모 모둠 토론 참여하기		
요점 쓰기	가사 또는 시 쓰기	스케치 노트 만들기
동영상 녹화하기	오디오 녹음하기	인포그래픽 디자인하기
개념 지도로 연결하기	항목에 맞게 저널 쓰기	

성찰하기로 토론을 마무리하는 경우, 〈그림 10〉과 같은 선택판을 제공해 학생들에게 전통적인 서면 답변, 시, 일기, 동영상, 오디오 녹음, 인포그래픽, 스케치 노트 등 다양한 선택지를 주고 성찰을 공유하게 할 수 있다.

토론이 끝날 때 학생들이 잠시 멈춰 성찰할 기회를 가지면, 공유된 주요 생각을 확인하고 토론 중에 도출한 중요한 연결 지점을 파악하며 핵심 개념에 대한 이해를 강화하는 데 도움이 된다.

토론 후 성찰하기는 또한 학생들이 토론에 각자 기여한 바에 관해 생각하고, 친구들로부터 받은 피드백을 고려하며, 다음 토론 전에 스스로 구체적인 목표를 설정할 수 있는 여지를 만들어 준다.

정리하기

전통적인 교사 주도의 시작-반응-피드백 모델은 전성기에서 벗어났다. 교사 주도의 학급 전체 수업 토론에서 학생 주도의 소규모 모둠 토론으로 전환하면 업무 부하가 줄어들고 학생 참여도를 높일 수 있다. 학생들의 질문을 공식화하고, 토론의 형식과 모둠 내에서 맡을 역할을 선택하고, 협업하는 모둠에서 그들의 기여도와 효능을 평가하도록 장려할 때, 학생들에게 의미를 부여하고 교실에서 학습 전문가를 양성하는 등의 변화가 일어난다. 정거장 순환 모델로 모둠을 활성화하면, 중요한 기능을 발판 삼아 학생들이 독립성을 키우고 친구들을 이끌며 상호작용하는 과정에서 교사가 피드백을 제공할 수 있게 된다.

성찰과 토론하기

1. 교실에서 토론을 촉진하는 방법을 고안할 때, 앞에서 제시한 탈학습 주기의 문장 틀을 떠올려 보자. "나는 ________(이)라고 생각하곤 했다. 그런데 ________(이)라고 생각했다. 그러나 지금은 ________(이)라고 생각한다."
2. 공동으로 규범 만들기가 학생 주도형 토론의 문화와 분위기를 조성하는 데 어떻게 도움이 될 수 있는가?

3. 현재 토론 관행은 학생들이 토론 과정, 경로, 속도에 주인의식을 갖게 하는 이 장의 권장 사항과 어떻게 다른가?
4. 학생들이 대면 및 온라인 토론에 성공적으로 참여할 수 있도록 어떤 추가 지원 및 비계를 마련할 수 있는가?
5. 학생들을 언제 온라인 토론에 참여하게 하고, 언제 소규모 모둠의 대면 토론에 참여하게 하는가? 온라인 토론과 대면 토론의 장점과 문제점은 무엇인가?

실천하기

이 장에 제시된 전략 중 하나를 선택해 교실에서 학생 주도의 학습을 강화하라.

- **전략 1:** 공동으로 규범 만들기
- **전략 2:** 성공을 위한 비계 마련하기
- **전략 3:** 학생이 비동시적 온라인 토론 설계하기
- **전략 4:** 자기 평가하기

| 계획 템플릿 2 | 학생 주도형 토론 수업

학습 목표 또는 원하는 결과 · 토론이 끝났을 때 학생들이 무엇을 알고, 이해하고, 할 수 있기를 바라는가? · 대화에 참여함으로써 어떤 토론 기술을 개발하기를 바라는가?	
모둠 만들기 전략 · 학생들을 어떻게 모둠으로 나눌 것인가?(예: 토론 수준, 관심사)	
토론 전략 · 집중하고 싶은 토론 전략을 선택한다. - 공동으로 규범 만들기 - 역할 나누기 - 어항 토론 - 모둠 낙서 - 건설적인 논쟁 - 바꿔 말하기 - 동심원 만들기 - 학생이 온라인 토론 설계하기	
다음 정보를 포함해 과정과 단계 간략하게 설명하기 · 학생들은 어떤 단계를 거치게 되는가? · 어떤 지원과 비계가 필요한가? · 형성 평가 데이터를 수집하기 위한 어떤 메커니즘이 수업에 포함되어 있는가? · 자기 평가와 성찰하기를 연습하도록 어떻게 격려할 것인가?	

4장

새로운 시작 3

혼자 읽기에서
연결을 위한 읽기로 전환

여성, 와인, 그리고 북 클럽

캐틀린 가장 친한 친구 네 명과 나는 두 달에 한 번씩 모여 식사를 하고 와인을 마시며 대화를 나눈다. 자녀나 배우자를 동반하지 않고 다섯 명의 친구끼리만 모이기 위해 일정을 조율하려면 엄청난 노력이 필요하다. 우리는 육아, 결혼, 이혼, 직장 생활을 거치면서 이 시간을 소중히 여기게 되었다. 하지만 인생에서 요구되는 많은 일 앞에서 친구들과 함께 하는 저녁 시간을 우선시하는 것은 쉽지 않다.

어느 날 밤, 저녁을 먹고 대화하는 중에 지금 읽고 있는 책과 책을 주제로 한 이야기가 화제로 떠올랐다. 당시 나는 메리 앤 섀퍼Mary Ann Shaffer와 애니 배로스Annie Barrows의 소설 『건지 감자껍질파이 북클럽(*The Guernsey Literary and Potato Peel Pie Society*)』을 읽고 있었다. 그 줄거리를 흥미진진하게 이야기했고, 친구 두 명이 이 책을 읽어 보고 싶다는 의사를 표시했다. 나는 깊이 생각하지 않고 "우리 북 클럽을 만들어야겠어!"라고 얼떨결에 말하고 말았다.

북 클럽은 매달 모임을 계획할 구실을 제공하는 동시에 모두가 더 자주 하고 싶었지만 바쁜 일상 속에 소홀히 했던 독서에 동기부여를 해 주었다. 내 친구들도 함께 참여했고 우리의 북 클럽이 탄생했다! 우리는 번갈아 가며 책을 선정하고 저녁 모임을 주최하며, 저녁 식사를 하고 음료를 마시면서 많은 이야기를 나누기로 했다. 호스트를 맡은 친구는 책에 관한 대화를 이끌기 위해 토론 질문을 만들어 오거나 온라인에서 찾아 오곤 했다.

나는 이 친구들을 20년 넘게 알고 있었지만, 몇몇 선택은 나를 놀라게 만들었다. 우리는 밀도 높은 역사 논픽션, 가벼운 소재를 다룬 책, 자기 계발서, 실화 범죄 분야, 고전 소설 등을 읽었다. 솔직히 말하자면, 내가 정말 즐기던 책은 우리가 읽은 것 중 3분의 1 정도에 불과했다. 논픽션은 건조하고 설득력이 떨어졌고, 자기 계발서는 반복적이고 내 삶과 큰 관련이 없는 경우가 많았다. 그런 책을 읽는 몇 달 동안 나는 모임 날짜에 맞춰 책을 다 읽으려고 진흙탕을 헤집고 다니는 기분이었다. 장르나 주제가 마음에 들지 않을 때는 읽고 싶은 마음이 훨씬 줄어들었다. 실화를 기반으로 한 작품이나 디스토피아 소설을 읽을 때는 정말 몰입해서 읽었다. 책을 내려놓을 수 없었고 독서를 마치는 데 아무런 문제가 없었다. 이 경험을 통해 개인의 독서 선호도가 독서 욕구에 어떤 영향을 미치는지 이해할 수 있었다.

우리는 여러 분야의 책을 즐겼을 뿐만 아니라 책을 접하는 방식도 다양했다. 집에서 벽난로 앞에 웅크리고 앉아 책을 읽을 시간이 없을 정도로 바쁠 때는 종이책과 오디오 북 사이를 오가곤 했다. 오디오 북이 있어서 차 안에서, 비행기에서, 헬스장에서, 개를 산책시키면서도 들을 수 있었다. 집에서 읽을 시간이 생기면 책을 집어 들고 적당한 장소를 찾아 계속 읽었다. 이 이야기를 친구들에게 공유했더니 한 친구가 "좋은 생각이네! 나는 집에서 책을 읽을 때 집중하기가 어려워. 오디오 북이 도움이 될 것 같아."라고 말했다. 다른 친구는 가족이 일어나고 아이들을 등교시켜야 하는 혼란이 시작되기 전에 30분 일찍 일어나 차를 끓이고 책을 읽는 것이 새로운 일상이 되었다고 했다.

독서를 하는 방법도 달랐다. 나는 영어를 전공하던 대학 시절처럼 책 여백에 낙서와 메모를 하며 주석을 달았다. 한 친구는 기호와 화살표를 그려 주요 아이디어, 등장인물, 연결 고리를 따라갔다. 또 다른 친구는 휴대전화에 메모를 하며 중요한 부분과 토론하고 싶은 질문을 기록했다. 서로 다른 접근 방식을 보는 것은 정말 흥미로웠다!

비록 우리가 읽은 모든 책이 마음에 들지는 않았지만, 친구들과 함께 읽은 책에 관해 대화하는 일은 정말 좋았다. 개인적인 이야기, 관계, 통찰력을 공유할 수 있었고, 이로써 우리는 더욱 가까워졌으며 종종 책이 다루는 주제에 대한 새로운 관점을 얻을 수 있었다. 나는 북클럽을 통해 서로의 생각을 연결하고 공유할 기회가 주어져서 정말 즐거웠다. 또한 모든 사람의 독서가 획일적이지 않다는 사실과 독자로서의 나 자신을 알게 된 것에 감사했다!

연구와 실제: 문해력 재정의

2003년에 케이티와 나는 고등학교 영어 교사로 채용되었고 똑같은 경험을 했다. 개학 첫날, 우리는 교육청에서 승인한 도서 목록을 복사한 후 그중 여섯 권을 고르라는 지시를 받았다. 여러 명의 교사가 같은 책을 동시에 가르치기에는 각 책의 사본이 충분하지 않았기 때문에 우리는 가르치고 싶은 순서대로 책을 선택해야 했고, 책을 빌렸다 반납하는 일정이 추가되었다. 우리 둘 다 정확히 6주 동안 서른 명 이상의 학생들에게 문자를 통해 책을 안내하고 그 책을 기다리는 다음 교사를 위해 책을 도서관에 반납해야 했다.

이 접근 방식은 몇 가지 측면에서 문제가 있었다. 첫째, 교육청에서 승인한 도서와 실제 사본의 수가 적기 때문에 학생들이 관심 있는 책을 정기적으로 선택할 수 없었다. 대신 학급 전체가 같은 속도로 같은 텍스트를 읽어야 했다. 교실 내 학생들의 읽기 능력, 언어 능력, 독서 선호도가 매우 다양함에도 불구하고 말이다.

둘째, 학생들은 자신의 독서 속도를 조절할 기회를 거의 누리지 못했다. 일부 텍스트는 빽빽하거나 길어서 학생들이 책을 읽도록 허용된 6주보다 더 오랜 시간이 걸렸다. 학생들이 할당된 시간 내에 텍스트를 완독하게 하기 위해 일주일 치 읽기 분량보다 더 많은 양을 할당하는 경우가 종종 있었다. 이 때문에 학생들은 스트레스, 불안, 좌절감을 느꼈다. 학생들이 실제로 책을 읽게 하려면 대화에 참여하거나 이해 전략을 적용하고 주요 아이디어를 분석해 텍스트에서 어떻게 전개되는지 이해하는 등의 읽기 기능을 개발하고 연마해야 하는데, 그 대신 함께 텍스트를 읽는 데 상당한 수업 시간을 할애해야 했다.

마지막으로, 고등학교 국어 수업임에도 일부 학생들의 읽기 수준은 초등학교 2~3학년에 머무르기도 했는데, 그들은 책의 정보를 이해하기 어려워했다. 당시 우리가 읽은 텍스트는 종이책이나 온라인 기사를 복사한 것이었기 때문에(페이지가 누락된 것도 있었다!) 이 학생들에게는 국어 시간에 의미 있는 독서를 할 기회가 주어지지 않았다.

학급 전체 학생이 동일한 방식으로 인쇄본과 같은 전통적인 텍스트를 읽어야 할 때 발생하는 다양한 장벽을 고려하면, 많은 학생이 독서를 즐기지 않는 것은 결코 놀라운 일이 아니다. 학생이 흥미롭고 접근하기 쉬운 텍스트를 선택하거나 읽는 속도를 조절할 수 있는 기회가 없다면 즐겁거나 보람 있는 독서를 경험할 가능성이 낮아진다. 하지만 학습을 위한 독서는 학생들에게 필요한 중요한 삶의 기능이며, 학생들이 교실을 떠난 후에도 학습을 계속할 수 있도록 지원한다.

그렇다면 어떻게 독서 전문가를 양성할 수 있을까? 보편적 학습 설계와 블렌디드 러닝 및 기능을 활용해 학생이 의미 있는 선택을 하도록 유연한 경로를 만들려면 어떻게 해야 할까? 학생이 주도성을 갖고, 다변화하며, 읽는 속도를 제어할 수 있는 읽기 워크플로를 만들어야 한다.

보편적 학습 설계는 인쇄된 텍스트의 접근성 부족으로 탄생했다. 보편적 학습 설계 프레임워크의 창시자들은 "1980년대에 응용특수공학센터를 설립할 때, 우리는 새로운 기술을 인쇄 매체와는 근본적으로 다른 학습 도구로 상상했다. 디지털 도구는 콘텐츠가 표시되고 작동하는 방식이 유연하므로, 더 나은 도구가 필요한 학생들에게 강력한 수단이 될 수 있다고 믿었다."고 했다.[1] 학생들이 인쇄된 텍스트를 통해서만 새로운 정보와 풍부한 어휘를 얻고 작가의 작품을 감상하게 된다면, 교사들은 동일 연령대 친구들의 수준에서 읽고 이해하지 못하는 학생, 다국어 학습자, 시각장애 학생을 배제하는 셈이 된다.

독서는 독자와 작가 간의 의견 교환이다.[2] 이 교환은 접근성과 흥미를 모두 충족해야 하며 이를 위해서는 유연성과 선택권이 필요하다. 인쇄된 텍스트는 모든 사람을 충족시키지 못한다. 읽기 장애가 있는 학생에게는 텍스트를 소리 내어 읽어 줘야 하며, 어휘력이 부족한 학생에게는 연관된 정의나 시각 자료가 필요하다. 또한 신체적 장애를 가진 학생에게는 디지털 인터페이스로 페이지를 넘기는 것이 필요할 수 있다.[3] 오디오 북이나 전자책과 같은 디지털 기술은, 교실에서 충분히 유연하게 사용할 수 있다면 이러한 수단을 제공할 수 있다.

미국 학생의 약 3분의 1만이 학년에 맞는 수준의 독서를 하고 있으며, 3분의 1은 기본적인 수준의 문해력도 갖추지 못했다.[4] 아직 독립적으로 읽을 능력이 없는 학생들의 무릎 위에 접근하기 어려운 책을 쌓아 두는 것은 읽기 능력이나 독서에 대한 애정을 높이지 못한다. 따라서 이제는 전통적인 관행과 소설을 학급 전체가 돌려 읽는 일을 그만둘 때가 되었다.

모든 학생의 성공을 위한 교육법The Every Student Succeeds Act에서는 '포괄적인 문해력'을 '다양한 구성 요소를 포함하는 교육'으로 정의한다. 그 구성 요소에는 두 가지가 있다.

- 아이들의 읽기와 쓰기 동기를 높이고 자기 주도적 학습에 대한 참여를 높이기 위한 전략을 사용한다.
- 보편적 학습 설계의 원칙을 통합한다.[5]

학생의 자기 주도적 문해력을 키우려면 학생이 학습 전문가이면서 독서 전문가가 되어야 하며, 이를 위해서는 자기 인식과 자기 성찰이 필요하다. 보편적 학습 설계 창립자들에 따르면 학습 전문가는 "자기 성찰과 다른 전문가들 및 친구들로부터 특정 지침이나 구조화된 방식으로 제공받은 피드백을 통해 지속적으로 성장하고 발전하는 사람이다. 학습 전문가의 핵심은 학습자로서의 자기 인식이다."[6] 우리는 보편적 학습 설계라는 렌즈를 통해 '독서 전문가'의 개념을 제공하고자 한다. 〈표 5〉의 왼쪽 열에는 학습 전문가가 자기 자신에게 꾸준하게 던지는 질문이 소개되어 있다. 당신을 위해 이러한 질문들을 구성했다.

당신이라면 이 질문에 어떻게 답할지 생각해 보라. 그리고 교사 주도의 읽기 수업에서 학생들을 독서 전문가로 만드는 방향으로 전환하기 시작할 때, 학생들에게도 동일한 질문들을 제시하는 것을 고려해 보라. 학생들이 답을 공유할 때 다양한 방식으로 표현할 수 있도록 보장하라. 학생들이 글로 쓰거나 동영상을 녹화하거나 팟캐스트를 녹음하거나 인포그래픽 혹은 스케치를 통해 답할 수 있는가?

학생들이 자신의 독서 생활을 이해하도록 돕는 것은 자기 인식을 발전시키고 학습 경험과 관련해 책임감 있는 결정을 내리는 데 매우

〈표 5〉 학습 전문가와 독서 전문가를 위한 성찰 질문지

학습 전문가	독서 전문가
나의 강점과 약점은 무엇인가?	독자로서 나의 강점과 약점은 무엇인가?
학습에 가장 적합한 환경은 무엇인가?	읽고 있는 텍스트에 깊이 몰입하는 데 가장 도움이 되는 환경은 무엇인가?
어떤 도구가 내 능력을 증폭시키고 취약한 분야를 지원하는가?	모르는 어휘나 모르는 배경 정보를 이해하는 데 도움이 되는 읽기 도구에는 무엇이 있는가?
친구로부터 가장 잘 배우려면 어떻게 해야 하는가?	텍스트를 함께 읽은 후 친구들과 토론하고 공동 작업해 텍스트에 대한 이해도와 감상력을 높이려면 어떻게 해야 하는가?
다가오는 도전에 불안감을 느낄 때 어떻게 자신을 지지하는가?	독서 체력을 키우는 데 도움이 되는 가장 좋은 전략은 무엇인가?
어떻게 하면 잘못된 판단에서 벗어나 새로운 이해를 구축할 수 있는가?	독서를 할 때 새로운 아이디어와 사고방식에 열린 마음을 가지려면 어떻게 해야 하는가?
실수로부터 어떻게 배울 수 있는가?	독서를 할 때 유창성과 이해력을 높이기 위해 어떤 전략을 사용할 수 있는가?

〈그림 11〉 독서 전문가 성찰지

독서 전문가는 정기적으로 성찰한다

성찰할 시간이다! 성찰은 학습 과정에서 중요한 부분이다. 성찰은 학습자로서 강점, 약점, 요구 사항 등 자신을 이해하는 데 도움이 된다.

지침: 잠시 시간을 내어 다음 질문에 대해 생각해 보자. 각 질문에 대한 답을 적거나 동영상으로 녹화하거나 오디오 트랙으로 녹음할 수 있다. 동영상 녹화 또는 오디오 트랙 녹음을 선택했다면 이 문서에 링크를 포함하라.

독서 전문가 성찰지	
독자로서 나의 강점과 약점은 무엇인가?	
읽고 있는 텍스트에 깊이 몰입하는 데 가장 도움이 되는 환경은 무엇인가?	
모르는 어휘나 모르는 배경 정보를 이해하는 데 도움이 되는 읽기 도구에는 무엇이 있는가?	
텍스트를 함께 읽은 후 친구들과 토론하고 공동 작업해 텍스트에 대한 이해도와 감상력을 높이려면 어떻게 해야 하는가?	
독서 체력을 키우는 데 도움이 되는 가장 좋은 전략은 무엇인가?	
독서를 할 때 새로운 아이디어와 사고방식에 열린 마음을 가지려면 어떻게 해야 하는가?	
독서를 할 때 유창성과 이해력을 높이기 위해 어떤 전략을 사용할 수 있는가?	

중요하다. 블렌디드 러닝 모델을 사용해 학생들에게 경로, 속도, 장소에 대한 유연성을 제공하므로 자기 인식과 자기 조절은 학생들이 성공적으로 학습하기 위해서 필수적이다.

그렇다면 학급 전체를 대상으로 한, 종이책으로 소설을 읽는 수업 방식에서 워크플로를 바꾸려면 어떻게 시작해야 할까? 이를 위해 다섯 가지 전략을 소개한다. 모든 전략은 채택된 커리큘럼과 함께 사용하거나 커리큘럼을 보완하는 데 사용할 수 있다. 모든 교사가 교육과정 자료를 자율적으로 선택할 수 있지는 않다는 점을 잘 안다. 또한 채택된 많은 교육과정 수업이 교사 주도형 수업과 교사 속도로 진행되는 전체 수업을 위해 작성되었다는 점도 알고 있다. 따라서 이러한 전략들은 당신이 채택된 교육과정을 어떻게 사용할지에 관해 창의적으로 생각해야 할 수도 있다. 그럼에도 이 전략은 교육 프로그램, 학년, 과목에 상관없이 필수 독서 프로그램이나 교과서를 사용하면서도 학생들에게 주도권을 이양하게 한다.

전략 1: 텍스트 공유 시 접근하기 쉬운 형식으로 설정하기

대부분 학생들이 직접 텍스트를 선택할 수 있도록 권장하지만, 그렇다고 해서 텍스트를 항상 학생들이 선택한다는 의미는 아니다. 주요 원본 문서는 복제할 수 없으며, 때로는 텍스트가 너무 강렬해서 발췌본의 형태로 학급 전체와 공유하고 싶을 때도 있음을 안다. 또한 학생들에게 특정 텍스트를 읽도록 요구하는 교육과정이 있다는 사실도 잘 안다. 보편적 학습 설계와 블렌디드 러닝을 적용한 교실에서는 텍스트를 지정할 수 없다는 의미가 아니다. 오히려 보편적으로 설계된 블렌디드 러닝은 접근 가능한 형식으로 공유되는 고품질의 다양한 텍스트와 학생이 직접 선택한 텍스트의 균형을 맞추기 위해 노력한다. 또한 학생이 주도권을 발휘할 수 있도록 우선순위를 부여할 뿐만 아니라 텍스트를 통해 읽는 속도를 조절할 기회를 제공한다.

우리가 주장하는 바와 같이, 모든 학생은 읽기 수준에 관계없이 해당 학년 수준의 텍스트를 접할 수 있어야 한다. 연구자들은 학생들에게 책 때문에 좌절감을 느끼더라도 어려운 텍스트를 소리로 들으면 어려운 어휘에 익숙해지는 데 도움이 된다고 조언한다.[7] 많은 교사는 전통적인 텍스트 읽기에 어려움을 겪는 학생들에게 오디오 북이 필요하다는 사실을 알지만, 모든 학습자에게 더 쉽게 접근할 수 있도록 선택지를 늘리는 데 어려움을 겪고 있다. 보편적 학습 설계 실무자로서 우리는 일부 학생에게 필요한 것이 모든 학습자에게 제공할 수 있는 좋은 선택지라는 점을 기억해야 한다.

독해력이 뛰어난 학생에게 오디오 북을 제공하면 부정행위가 되거나 그들을 '게으르게' 만들 수 있으므로 제공해서는 안 된다는 이야기를 가끔 듣지만 이는 연구 결과로 뒷받침되지 않는 주장이다. 《타임(*Time*)》에서는 "오디오 북이 독서만큼 좋은가?"라는 제목의 기사를 실었다. "전문가들은 이렇게 말한다."로 시작하는 기사를 소개한다.

> 펜실베이니아주 블룸즈버그대학교의 교육학부 교수인 베스 로고프스키Beth Rogowsky는 "나는 오디오 북을 좋아했지만 항상 속임수라고 생각했다." 라고 말한다. 2016년 연구를 위해 로고프스키는 자신의 가설을 실험했다. 연구에 참여한 한 그룹은 제2차 세계대전을 다룬 논픽션 도서인 로라 힐렌브랜드Laura Hillenbrand의 『언브로큰(*Unbroken*)』의 한 부분을 들었고, 다른 그룹은 같은 부분을 전자책으로 읽었다. 그리고 세 번째 그룹은 읽기와 듣기를 동시

에 했다. 그 후 모든 참가자는 자료를 얼마나 잘 받아들였는지 측정하기 위해 고안된 퀴즈를 풀었다. 로고프스키는 "읽기, 듣기, 또는 읽기와 듣기를 동시에 했을 때 이해도에 큰 차이가 없다는 것을 발견했다."라고 말했다.[8]

그러나 이 기사에서는 독자가 멀티태스킹을 시도한다면 오디오 북이 독해력에 장애가 될 수 있다고 경고한다. 우리 모두 가끔 그럴 때가 있다! 저녁 식사를 준비하면서 북 클럽 선정 도서를 듣는 것은 얼마나 멋진 일인가? 하지만 멀티태스킹을 하면 학생들에게 독서의 목적과 '두 가지 일을 하면서 배우려고 하면 제대로 배우지 못한다.'는 점을 상기시켜 줄 수 있다.[9]

오디오 버전의 텍스트를 쉽게 사용할 수 없는 경우도 있지만, 텍스트를 들을 기회를 제공할 방법은 여전히 있다. 교사 또는 학생이 텍스트를 읽고 녹음하거나 학생이 조용히 읽거나 짝과 함께 큰 소리로 읽는 선택 사항을 제공할 수 있다.

학생들이 시각이나 청각을 이용해 텍스트를 인식할 수 있게 되면, 모든 학습자를 위해 함께 읽는 내용을 토대로 한 비계를 제공하는 것이 중요하다. 다양한 문해력 영역에 대해 효과가 입증된 비계 설정 전략을 적용하면 모든 학생이 풍부하고 학년에 정확하게 맞는 수준의 텍스트를 읽고 반응할 수 있는 기회를 가지게 된다. 〈표 6〉에 제시된 과제와 해결책을 검토하고 모든 학습자에게 어떤 비계와 지원을 선제적으로 제공할지 생각해 보라. 아직 실무에 적용하지 않은 비계를 기

〈표 6〉 독서 장벽, 비계, 지원

장벽 극복하기 1: 독립적으로 텍스트 읽기 및 이해력 문제 풀기

읽기 전

- 읽기 전에 미리 확인해야 할 필수 안내 질문으로 시작해 읽기의 목적을 설명한다.
- 텍스트와 일치하는 그림이나 이미지를 포함한다.
- 다양한 교육 활동으로 일련의 어휘를 가르친다.
- 도움이 된다면 텍스트를 읽거나 듣기 전에 배경 정보를 쌓도록 텍스트와 관련한 요약된 정보를 제공한다.

읽는 동안

- 텍스트 외에도 반 친구, 교사, 오디오 북, 음성 텍스트를 통해 소리 내어 읽기를 제공한다.
- 학생들이 텍스트를 읽거나 듣기 전에 배경 정보를 쌓도록 모국어로 된 번역본을 제공한다.

장벽 극복하기 2: 텍스트에 대한 응답으로 글쓰기

- 학생들이 읽은 내용에 대해 글을 쓸 수 있도록 문장 또는 단락 틀을 제공한다.
- 문장 틀과 함께 그림이나 단어 목록을 제공한다.
- 그래픽 조직자와 같은 언어 기반 지원 도구를 사용해 학생에게 필요한 지원을 제공한다.
- 학생들이 참고할 수 있도록 글쓰기 예시를 제공한다.
- 손으로 쓰기, 타이핑, 음성-텍스트 변환 옵션을 제공한다.
- 소규모 모둠 또는 짝을 구성해 학생들이 텍스트에 반응해 글쓰기의 다양한 측면을 함께 작업하고 이야기할 수 있는 기회를 제공한다.

장벽 극복하기 3: 친구와 학습에 대해 토론하기

- 효과적인 모델을 위해 또래의 대화 동영상을 보고 반 전체가 성찰한다.
- 토론을 준비하기 위해 학생들에게 조용히 글을 쓰거나 그림을 그릴 시간을 준다.
- 모든 학생이 집중적으로 토론에 참여할 수 있도록 문장 시작 문구를 제공한다.
- 모든 학습자가 친구와 대화하고 대화에 기여할 수 있는 기회를 갖도록 절차를 공동으로 만들거나 사용한다.

록해 두는 것도 좋다. 다음 단계로, 당신의 전략을 되돌아보고 포괄적인 실천을 하기 위한 목표를 설정하라.

전략 2: 학생의 텍스트 선택 허용하기

교사가 도서관에 있는 텍스트만 사용하던 시절에는 텍스트 선택에 대한 획일적인 접근 방식이 필요했지만, 기술과 온라인 자료 덕분에 교사들은 전통적인 접근 방식을 재고할 수 있게 되었다. 지금은 학생들이 독립적인 활동으로 '확고한 목표'를 향해 나아가거나 커리큘럼을 보완하기 위해 스스로 텍스트를 선택하도록 허용하는 경우가 많다. 이렇게 하면 모든 학생이 '거울, 창문, 미닫이 유리문'*을 접할 수 있다. 이 표현은 루딘 심스 비숍Rudin Sims Bishop이 학생의 정체성을 기념하는 동시에 공감과 다양성을 구축하는 문학의 힘을 강조하는 데 도움이 되는 중요한 글에서 언급한 내용이다.[10] 학생들의 놀라운 다양성을 고려할 때, 자신의 정체성을 공유하는 사람들이 쓴 텍스트와 삶의 경험을 이야기하는 인물이 쓴 텍스트를 학생들이 선택할 수 있도록 하는 것이 매우 중요하다. 가르치는 주제와 관계없이 학생들이 배우는 내용과 연관된 영역에서 성공한 인물이나 실존 인물의 이야기를

* 책이 독자의 모습과 경험을 반영하는 거울 역할, 다른 세계와 경험을 들여다볼 수 있는 창문 역할, 상상력을 통해 다른 세계로 들어갈 수 있는 미닫이 유리문 역할을 한다는 이론이다.

찾도록 장려할 수도 있다. 학생들이 호기심을 가지고 다양한 자원을 활용해 자신의 생생한 경험을 들려주는 작가를 찾도록 격려하라.

학생들에게 독서와 관련해 의미 있는 선택권을 제공하는 이러한 자유는 흥미로워야 하지만, 많은 교사는 학생들이 서로 다른 텍스트를 읽을 때 어떻게 가르쳐야 하는지 확실히 알지 못한다. 교사들은 모든 학생이 완성해야 하는 단일 독서 과제를 할당하는 데 익숙하며, 이는 종종 교과서 끝에 나오는 문제 혹은 소설을 배울 때 제공되는 독후 질문들과 함께 제시된다. 이러한 전통적 읽기 및 이해력 평가 방식은 평생 독서에 대한 애정을 불러일으키기 어렵고, 교사가 부담감을 느낄 정도로 많은 양의 작업(온라인에서 하는 일과 실물을 다루는 일 모두)을 낳게 된다. 읽기 능력과 독서의 즐거움을 키우기 위해서는 선택적 읽기가 절대적으로 필요하다. 연구에 따르면 학생들이 어떤 유형의 책이든 열성적으로 읽게 되면 엄청난 발전을 이룰 수 있다.[11] 이 글을 읽으며 '문해력에 대한 애정을 심어 주는 것은 내 일이 아니며 국어 교사의 책임'이라고 생각하는 사람도 있을 것이다. 내용 리터러시content area literacy*는 모든 과목에서 읽고, 쓰고, 말하고, 들을 수 있는 능력이 요구되며, 구체적인 내용의 텍스트, 멀티미디어, 이야기를 균형 있게 제공하면 학생들이 각 과목이 과학적이면서도 예술적이라는 점을 인식하는 데 도움이 된다. 모든 과

* 국어과에서 읽기를 잘 가르치면 사회나 과학 등을 학습할 때 읽기 전략을 적용할 수 있다는 개념이다. 반면 교과 고유의 인식론, 어휘 및 전공 지식, 담화 관습 등이 전공별로 상이하므로 개별 교과의 입장에서 읽기, 쓰기 교육에 접근해야 한다는 학문 리터러시(disciplinary literacy) 관점도 존재한다.

목은 사람에 의해 만들어졌다. 해당 분야의 선구자, 그들이 살았던 삶, 탐험한 장소, 열정을 쏟은 일에 대해 더 많이 배우는 것은 학습자에게 기쁨이 될 수 있다.

학생이 어떤 텍스트를 읽을지 선택할 수 있다면, 이제는 학생이 텍스트에 참여하고 이해도를 입증하는 접근 방식을 재구성해야 한다. 모든 학생에게 똑같이 질문하고 똑같은 답을 요구하는 대신, 학년 수준의 성취 기준에 도달하기 위해 학습할 때 선택한 텍스트에 어떻게 참여하고, 해당 텍스트의 이해도를 어떻게 입증할지에 대한 선택권을 학생에게 제공해야 한다.

학생들에게 전기, 정보를 전달하는 글, 단편 소설 네 편을 미리 보고 선택하게 했다고 가정해 보자. 아마도 수업이 끝날 때 이러한 선택 사항을 〈그림 12〉와 같이 디지털 수업 종료 활동의 형태로 제시하게 될 것이다.

학생들이 다음 수업에 참여하면 〈그림 13〉처럼 같은 텍스트를 선택한 다른 학생들과 모둠으로 배치한다. 이 접근 방식은 학생에게 관심 있는 텍스트를 선택할 권한을 부여할 뿐만 아니라 학생들이 읽는 동안 또래의 지원을 받고 사회적으로 참여할 수 있게 한다.

모둠이 읽기를 시작하기 전에 〈그림 14〉와 같이 협력해 능동적으로 읽기 선택판의 형태로 몇 가지 전략을 제공할 수 있다. 일부 모둠원은 협력 작업이 가능한 디지털 문서에 주석 달기와 같은 보다 전통적인 접근 방식을 선호할 수 있다. 일부 모둠원은 더욱 예술적인 접근

〈그림 12〉 수업 종료 활동: 수학 분야의 유명한 인물에 대해 알아보기 위한 독서

수학 분야의 유명한 사람들: 누구에 관해 읽고 싶나요?

다음 시간에는 수학에 영향을 미친 사람들에 대해 배웁니다. 누구에 관해 읽고 싶나요?

이름

수업 시간

□ 1차시

□ 2차시

□ 3차시

더 알아보고 싶은 사람을 선택하세요.

○ **앨버트 프랭크 콕스:** 미국에서 최초로 수학 박사 학위를 받은 아프리카계 미국인

○ **앨런 튜링:** 영국의 수학 암호 해독가이자 컴퓨터 과학의 아버지

○ **아말리에 뇌터:** 추상대수학에 공헌한 독일의 수학자

○ **윌리엄 플레이페어:** 스코틀랜드 엔지니어이자 그래픽 통계학의 창시자

제출하기

〈그림 13〉 수학의 관심사를 기반으로 한 읽기 모둠

방식을 선호해 이미지를 스케치하고 읽으며 '중요한 부분'을 찾아내기를 원하기도 한다. 다른 모둠원은 텍스트에 제시된 아이디어를 다루기 위해 토론을 기반으로 한 접근 방식을 선호할 수도 있다. 이상적으로는 모둠이 다양한 전략을 탐색하고 토론하는 데 시간을 할애하는 것이 좋다. 그런 다음 가장 관심이 가는 읽기 활동을 파악하고 선택판에서 선택한 전략에 따라 짝을 이루거나 소규모 모둠을 만들 수 있다.

어떤 전략을 사용하든 학생들이 공유된 결과를 만들면 교사의 업무량은 현저히 줄어든다. 그리고 공유된 결과물을 공식적으로 평가할 필요가 없다. 대신, 교실을 돌아다니거나 소회의실을 들락날락하며 듣고, 관찰하고, 도움을 제공하는 데 시간을 쓸 수 있다. 보고 듣는 단순

〈그림 14〉 협력해 능동적으로 읽기 선택판

협력해 능동적으로 읽기 선택판

구글 문서에 공유하고 협력해 주석 달기

· 구글 클래스룸에서 주석 양식을 복사해 모둠원과 공유한다.
· 각 모둠원은 입력할 글꼴의 색상을 선택한다.
· 읽으면서 떠오르는 생각(예: 주요 아이디어, 연관성, 질문)을 공동 작업 문서에 기록한다.

스케치 노트 작성하기와 중요한 부분 찾기

· 모둠 중앙에 큰 종이를 깐다.
· 글을 읽으면서 본문 속 주요 아이디어나 사건을 나타내는 사물과 이미지를 스케치한다.
· 화살표와 기타 기호를 사용해 아이디어와 사건 사이의 연관성을 표시한다.

읽기, 일시 정지, 토론, 반복

· 모둠에서 토론을 위해 얼마나 자주 읽기를 멈출 것인지를 결정한다.
· 잠시 멈출 지점을 결정한 후에는 조용히 읽고 그 지점에 도달했을 때 토론하고 싶은 질문이 있으면 메모한다.
  - 주요 아이디어

  - 중요한 인물
  - 주요 쟁점

한 행위만으로도 어떤 모둠이나 모둠원이 읽기를 이해하는지 혹은 어떤 모둠원이 어려움을 겪는지 파악하는 데 도움이 되는 귀중한 형성평가 데이터 수집이 가능하다. 모둠 또는 모둠원이 선택한 텍스트 이해에 어려움을 겪는다면 해당 모둠원 또는 모둠에게 읽기를 안내하고 모둠이 토론에 참여하도록 유도하고 혼란스러운 부분을 명확히 하는 등 지원을 제공할 수 있다.

전략 3: 학생과 함께 수업용 자료 만들기

리터러시 디자인 공동체Literacy Design Collaborative에서는 21세기의 텍스트를 인쇄물, 시각물, 멀티미디어 유형을 포함한 다양한 인공물로 정의한다.[12] 수업용 자료는 모든 학습자가 배경지식과 어휘력을 쌓을 수 있도록 특정 주제에 초점을 맞춘 텍스트 모음이다. 종종 '짧고 심오한 텍스트'가 앵커 텍스트*로 사용되며 지도, 예술 작품, 데이터, 동영상, 타임라인과 같은 멀티미디어 및 시각적 텍스트를 포함한 다른 짧고 심오한 텍스트와 짝을 이룬다.

교사는 수업용 자료를 직접 만들어야 한다는 부담을 느끼기도 하지만, 보편적으로 설계된 블렌디드 러닝 환경에서는 학생과 함께 수업

* 웹페이지에서 하이퍼링크 클릭이 가능한 텍스트를 말한다. 본문에서는 수업 시간에 다루는 주된 텍스트를 가리키는 용어로 쓰였다.

용 자료를 공동으로 만들 놀라운 기회가 있다. 학생과 함께 수업용 자료를 기획하면 업무 부담이 줄고 학생에게 관련 있고 진정성 있으며 의미 있는 텍스트 제공이 가능하다. 먼저, 수업의 중심이 될 짧고 심오한 텍스트(예: 교과서의 한 장, 단편 소설, 그림, 음악 작품, 1차 자료)를 소개한 다음, 학생들이 수업용 자료에 보충 자료를 추가할 모둠을 구성하도록 유도한다. 한 모둠은 학습 중인 성취 기준 또는 콘텐츠와 연관 있는 시각적 이미지를 찾고, 다른 모둠은 관련 팟캐스트, 테드TED 강연, 디지털 미디어를 탐색할 수 있다. 일부 교사는 학생들이 관련 있는 확실한 텍스트를 찾지 못할까 걱정하기도 한다. 이럴 때는 선택에 대한 루브릭을 공동으로 작성해 장벽을 최소화하거나 학생들이 짝을 이루는 텍스트를 찾을 때 탐색할 평판 좋은 웹사이트 목록을 공유할 수 있다.

예를 들어,《뉴욕타임스(*New York Times*)》는 주간 특집 '이 사진에서 무슨 일이 일어나고 있는가?'에 디지털 이미지의 힘을 공유하며,[13] 구독자가 탐정이 되어 무슨 일이 일어나고 있는지 알아내도록 유도하는 사진을 매일《뉴욕타임스》아카이브에 올린다. 여기에서는 다음과 같은 질문을 권장한다.

- 이 사진에서 무슨 일이 일어나고 있는가?
- 어떤 점에서 그렇게 생각하게 하는가?
- 무엇을 더 찾을 수 있는가?[14]

편집자들은 "글이든 그림이든 자세히 읽으려면, 학생들은 더 천천히, 체계적으로 진행하며 세부 사항을 파악하고 연결하고 질문해야 한다. 이는 연습이 필요하다. 하지만 학생들이 텍스트를 읽을 때 확실히 도움이 된다. 실제로 이렇게 이미지로 하는 시각적 사고 기능 연습은 재미있고 빠른 활동이지만 다른 텍스트로 옮겨 가는 중요한 기능을 연마할 수도 있다."고 말한다.[15] 시각적 이미지 찾기를 담당하는 모둠에 사진 아카이브를 검토할 권한을 부여하는 것은 수업용 자료의 소유권을 구축하는 동시에 학생들이 연결망을 형성하고 조사 및 협업 기능을 개발하도록 돕는 훌륭한 활동이 될 수 있다.

어린 학생들을 가르친다면 학부모 자원봉사자, 고등학교의 우등생, 지역 대학의 예비 교사에게 도움을 요청해 문화적으로 반응이 좋은 실제 수업용 자료를 만들 수 있다. 수학과 과학 수업에서는 학생들에게 사례 연구, 연구 논문, 실제 수업용 자료를 찾도록 권장할 수 있다. 음악 수업에서 학생들은 오디오 파일, 공연 영상, 음악가의 흥미로운 전기를 찾을 수 있다. 체육 시간에 학생들은 온라인에서 '사람들은 대단하다People Are Awesome'*를 보고 보통 사람의 몸으로는 불가능해 보이는 일을 성취한 사람들의 사례를 찾을 수 있다. 학생의 탐구에 필요한 '텍스트'를 생각해 보고, 배경지식을 쌓고, 연결 고리를 만들고, 디지털 미디어를 활용하는 데 필요한 추가 자료와 결합시켜 깊이와 풍성

* 일반 사람들이 비범한 능력을 발휘하는 모습을 담은 다양한 영상을 공유하는 유튜브 채널이다.

함을 더하도록 학생들에게 권한을 부여하라.

복잡한 텍스트를 다루는 수업에서는 수업 시간에 비계를 제공하더라도 수업의 중심이 되는 텍스트가 학년 수준 이상이어야 한다. '학년 수준' 텍스트 결정에 사용되는 주요 정량적 평준화 도구는 렉사일Lexile* 이다. 텍스트에는 질적 복잡성도 있다. 복잡한 텍스트를 찾는다면 고품질의 텍스트를 무료로 이용 가능한 곳이 몇 군데 있다.

- 코먼리트CommonLit: 수업용 자료의 추가 텍스트 및 멀티미디어와 짝을 이루는, 학년 수준의 고품질 텍스트 도서관이 있다.
- 공통 핵심 기준Common Core의 부록 B: 학년별 난이도가 있는 예시(짧고 심오한 텍스트)를 제공한다.
- 스미스소니언 트윈 트리뷴The Smithsonian Tween Tribune: 다양한 수준으로 작성된 기사 모음이 있다.
- 리드웍스Readworks: 모든 주제의 콘텐츠를 무료로 제공한다.
- 의회 도서관: 권장 학년(3~12학년)별로 검색 가능한 무료 1차 자료가 있다.
- 뉴욕타임스: 잘 알려진 고품질의 텍스트와 《뉴욕타임스》 기사가 짝을 이룬 '텍스트 대 텍스트'가 있다. 고등학생 독자를 위한 짝을 이루는 텍스트를 찾을 수 있는 좋은 곳이다.

* 미국의 교육 평가 연구 기관인 메타메트릭스에서 개발한 읽기 능력 평가 체계다.

〈그림 15〉 활동 목록 만들기

경로	선택지와 선택권
앵커 텍스트 읽기 시를 읽거나 들으면서 작품 속 배경과 겨울이 화자에게 어떤 영향을 미치는지에 주의 집중하기	로버트 프로스트의 「눈가루(Dust of Snow)」를 읽거나 듣는다. 시를 읽으면서 상상되는 배경을 그리거나 상상과 일치하는 이미지를 온라인에서 찾는다.
동영상 탐색하기	다음 동영상 중 하나를 선택해 눈에 관해 자세히 알아본다. · PBS 학습 미디어*에 소개된 "고드름이 얼마나 많은가?" · PBS 학습 미디어에 소개된 "겨울에 살아남기"
스스로 하기 전 세계의 장소를 선택하고 해당 장소의 겨울 날씨를 탐색해 보기	「눈가루」의 배경과 선택한 장소의 12월 한 달간의 날씨를 비교 및 대조해 본다. 일일 평균 날씨를 확인하거나 일기예보를 보거나 날씨가 충분히 추워지면 눈이 쌓이는 양을 살펴본다. 벤다이어그램을 만들거나 글을 쓰거나 동영상을 녹화하거나 오디오로 녹음해 비교할 수 있다.
선생님과 확인하기! STOP	시를 쓴 작가에게 「눈가루」의 배경과 겨울이 어떤 영향을 미쳤는지, 다른 사람들이 겨울에 영향을 받는 방식과 어떻게 다른지 공유할 준비를 한다.
스스로 하기 관련된 수업용 자료 읽기	다음에 제시된 겨울 폭풍 중 하나를 자세히 조사하고 겨울 폭풍의 영향에 관한 논픽션 기사를 찾아본다. 탐색하면서 폭풍이 사람들과 생활 방식에 미친 영향을 생각해 본다. · 1888년 미국 북동부의 눈보라 · 1993년 미국 동부에서 발생한 세기의 폭풍 · 2008년 티베트 동부 룬체현의 눈보라 · 1972년 이란의 눈보라

* 교육자와 학생들을 위한 무료 디지털 교육 콘텐츠 플랫폼이다.

스스로 하기 시각적 이미지 살펴보기	미술관을 열고 겨울을 묘사한 예술 작품을 전시하고 싶다고 상상해 보자. 최소 두 가지 예술 작품(회화, 조각, 춤 등)을 찾아 겨울이 예술가에게 미친 영향을 기록한다. '선생님과 확인하기!'를 준비하기 위해 메모를 작성하고 분석을 공유할 수 있다.
선생님과 확인하기! STOP	자신이 탐구한 예술 작품과 예술가가 겨울로부터 어떤 영향을 받았는지에 대한 분석을 공유한다.
평가하기	겨울은 사람들에게 어떤 영향을 미치는가? 수업용 자료의 예, 자신의 경험, 문학, 예술, 역사를 답변에 인용한다. 글로 작성하거나 녹음할 수 있다.

〈그림 15〉는 다양한 문화적 배경에 맞게 디자인된 수업용 자료를 준비할 때 모델로 사용할 수 있는 예다. 이와 같은 활동 목록을 만들어 학생들이 앵커 텍스트를 자세히 읽고 각 형식에서 하나 이상의 텍스트를 선택해 자신의 속도에 맞게 수업용 자료를 만들어 진행하면서 교사와 함께 확인하는 것이 좋다.

전략 4: 읽기 속도에 대한 통제권 학생에게 넘기기

학습자의 다양성을 고려해, 장벽을 없애고 학생들이 자신에게 맞는 속도와 경로로 과제를 완료할 수 있도록 설계해야 한다.

대부분의 교사와 마찬가지로 우리도 사용하고자 하는 하나의 텍스트를 찾고, 책을 대출하거나 해당 텍스트를 복사해 학급 전체가 함께 읽도록 지도하는 것으로 교직 생활을 시작했다. 하지만 교사가 주도하는 학급 전체 읽기 방식은 대부분의 학생에게 효과적이지 않음을 안다. 이러한 획일적인 접근 방식은 교사를 교실 앞쪽에 가두고 궁극적으로 학생들에게 질문을 하거나 중요한 정보를 강조하는 등 많은 작업을 교사에게만 맡기게 된다.

교사가 주도하는 학급 전체 읽기 모델에서는 교사가 개인 또는 소규모 모둠의 읽기 요구를 만족시킬 시간이나 공간을 확보할 수 없다. 학생은 텍스트의 여러 측면에서 어려움을 겪을 수 있으며 다양한 비계와 지원이 필요하다. 바로 이 점에서 보편적으로 설계된 블렌디드 러닝이 도움이 된다! 블렌디드 러닝 모델은 학생들이 다른 학생들을 따라잡아야 한다는 부담감 없이 자신의 속도에 맞춰 텍스트를 읽을 시간과 공간을 제공한다. 익숙하지 않은 어휘를 찾아보거나, 생소한 부분을 다시 읽거나, 강렬한 문장이나 인용문에서 잠깐 멈추고 생각할 수 있다. 블렌디드 러닝 모델을 사용하면 교사가 학생과 함께 텍스트를 읽으며 학생의 진도를 지원하는 것이 가능하다. 이러한 지원은 텍스트를 주제로 한 대화, 추가적인 읽기 비계(예: 그래픽 조직자), 오디오 북이나 번역본과 같은 보다 접근하기 쉬운 매체의 형태로 이루어질 수 있다.

모든 학생이 동일한 텍스트를 읽도록 할 때 블렌디드 러닝 모델을 사용하면 학생에게 더 많은 자율성과 선택권을 부여할 수 있다. 블렌디드 러닝은 학습 속도의 통제권을 바꾸고 때로는 학생들에게 학습 경로를 제시해 학생들의 의미 구성 능력과 개념 이해 능력에 긍정적인 영향을 미친다.[16]

〈그림 16〉과 같은 활동 목록은 학생이 스스로 속도를 조절할 수 있는 일련의 학습 활동을 제시한다. 이 활동 목록은 특정 텍스트에 맞게 사용자를 지정하거나 관심 있는 텍스트를 선택한 학생의 참여를 유도하는 데 사용한다. 이 목록은 학생들이 요점 파악하기, 능동적으로 읽기, 낯선 어휘 정의하기와 같은 특정 읽기 기능을 개발하도록 설계되었다. 이는 모든 과목에서 학생들이 연습하고 연마해야 하는 중요한 기능이다. 주제나 방법, 적절한 비계, 시간만 주어진다면 처음부터 독해력이 뛰어난 학생뿐만 아니라 모든 학생이 학습을 위해 읽을 수 있게 된다.

활동 목록 만들기에는 시간이 걸리지만 효율성이 상당하다. 수업 중에 학생이 스스로 속도를 조절하며 활동 목록의 학습 활동을 수행하는 동안 교사는 개별 또는 소규모 모둠의 학생을 지도하고 지원할 시간이 생기게 된다. 이 시간에는 학습자와 소통하고, 형성 평가 데이터를 수집하고, 활동 목록을 수정해 학습자가 독자로서 계속 발전하고 성장하도록 할 수 있다.

〈그림 16〉 짧은 읽기 활동 목록

읽기 전략 선택판	
지침	**작업**
성찰 · 이 텍스트를 선택한 이유(예: 제목, 표지, 장르, 주제)는 무엇인가? · 이 주제에 관해 이미 알고 있는 내용은 무엇인가? · 무엇을 배우고 싶은가?	[텍스트 또는 링크 삽입]
능동적으로 읽기 · 읽으면서 주석을 다는 것과 그림 그리기 중 어느 쪽이 나을까?	[주석 또는 스케치 노트 이미지 삽입]
주요 아이디어 · 읽고 있는 텍스트의 주요 아이디어를 파악한다. · 주요 아이디어를 명확하게 서술하고 이를 발전시키는 데 도움이 되는 텍스트의 세부 사항 세 가지를 제시한다.	[텍스트 또는 링크 삽입]
연결 짓기 · 텍스트를 읽으며 배운 내용이 사전 지식과 어떻게 연결되는가? · 책을 읽으며 어떻게 이 주제에 대한 이해를 발전시키거나 사고의 폭을 확장했는가? · 읽으면서 궁금했던 점은 무엇인가?	[개념 지도, 텍스트, 오디오 녹음 링크 삽입]
어휘 개발 · 시간을 들여 공부하고 싶은 새로운 단어 다섯 개를 고른다. · 사전이나 온라인에서 각 단어를 찾아본다. · 단어와 정의를 노트에 추가한다. · 어휘 성취도 선택판에서 선택한 단어로 완성할 활동을 선택한다.	어휘 성취도 선택판

요약 · 텍스트에 관한 요약문을 작성한다.	 [텍스트 또는 링크 삽입]

전략 5: 학생이 집중하고 싶은 읽기 기능 파악하도록 장려하기

학생마다 필요한 것이 다르고 중요한 기능을 개발하는 데는 더욱 긴 시간이 필요하지만, 여전히 많은 교실이 모든 학생에게 똑같은 교육과 연습을 제공하도록 설정되어 있다. 학생들에게 필요하지도 않은 연습을 요구하면 학생들은 좌절하고 지루해 하며 읽기 활동에 환멸을 느끼게 된다. 추가 지도, 비계, 연습이 필요한 학생은 학급 전체 수업을 따라가지 못할 수 있다. 그 결과 학생들은 자신의 기능과 능력이 뒤처졌고 길을 잃었으며 불확실하다고 느낄 수 있다. 페이지나 화면에서 단어를 읽을 때 학생마다 소요되는 시간이 다른 만큼 학생들이 읽기 전략을 능숙하게 사용하려면 더 많은 시간, 연습, 지원이 필요하다. 어떤 학생에게는 텍스트에 관해 질문하고 답하는 것이 자연스럽게 느껴지는 반면, 제시된 정보를 바탕으로 추론하기는 더 어려운 과제로 느껴질 수 있다. 학생들에게 읽기 전략을 처음 가르칠 때 다변화 수업, 문답식 시범 보이기, 안내된 연습*을 이용하면 좋다. 그다음 기능을 연습

* 교사가 학생의 오류에 즉시 피드하면서 과제를 연습시키는 것을 말한다.

할 기회가 주어져야 하며 일부 학생에게는 교사와의 추가 시간이 필요할 수 있다.

〈그림 17〉과 같은 선택판은 텍스트를 접할 때 학생들이 어떤 읽기 전략에 집중할지 스스로 결정할 기회를 제공한다. 교사는 학생들이 '더 쉬운' 전략을 선택하거나 항상 같은 전략을 선택할까 봐 걱정하지만, 독서 전문가 양성이 우리의 목표라면 학생들이 이러한 결정을 내릴 기회가 필요하다. 학생들의 선택을 이해하고 메타 인지 기능을 향상시키도록 장려하기 위해 특정 읽기 전략을 선택한 이유를 설명하도록 요청할 수 있다. 학생에게 간단한 사전/사후 자기 평가 작성을 요청해 특정 읽기 기능이 연습을 통해 어떻게 발전하고 있는지 비판적으로 생각하도록 장려하는 것 또한 가능하다. 선택권이 주어졌을 때 학생들이 무엇을 결정할지 두렵다는 이유로 학생의 주도성을 제한해서는 안 된다. 대신, 특정 선택을 하는 이유와 그 선택이 그들의 능력에 어떤 영향을 미치는지를 생각하도록 장려하는 방법을 고민해야 한다.

학급에서 다양한 활동 단위(개별, 짝, 모둠)로 텍스트를 읽고 선택판의 선택지 모음에서 특정 읽기 전략이나 학습 활동에 집중하면, 교사는 '특정 기능 선택 정거장'을 만들 수 있다. 이것은 이름 그대로 선택적이다. 교사는 혼자서 수행하는 정거장을 만들거나 특정 기능에 어려움을 겪는 학생이 숙련될 수 있도록 추가 지도, 지원, 안내된 연습, 실시간 피드백을 제공한다. 이 정거장 활동의 선택적 특성으로 학생은 자신의 특정 요구 사항을 충족할 수 있는지 여부를 결정한다. 어려

〈그림 17〉 읽기 전략 선택판

읽기 전략 선택판

텍스트를 읽으면서 연습하고 싶은 읽기 전략을 선택한다. 텍스트에 주석을 달 때(오프라인 또는 온라인), 선택한 읽기 전략을 적용하면서 생각한 내용을 기록으로 남긴다.

예측하기

학습한 내용을 생각하기 위해 정기적으로 멈추고 그 정보를 사용해 텍스트에서 어떤 일이 일어날지 예측한다.

질문하기와 질문에 답하기

호기심 많은 독자가 되자. 누가, 언제, 어디서, 무엇을, 어떻게, 왜 했는지 자주 멈춰서 질문한다. 그런 다음 질문에 대한 답을 찾을 수 있을 때 다시 멈춘다.

추론하기

텍스트의 각 단락이나 절이 끝날 때마다 잠시 멈추고 수집한 정보에 대해 생각해 본다. 그 정보를 바탕으로 사람, 사건, 장소와 관련해 어떤 결론을 내리거나 추론할 수 있는가?

텍스트 요약하기

텍스트의 각 절이 끝나면 마지막에 다시 한번 멈춰서 요점을 생각해 본다. 주요 아이디어를 자신의 말로 요약한다.

연결 짓기

읽으면서 다음을 연결한다.

- 제시된 다양한 아이디어
- 등장인물, 사건, 장소, 자신의 인생 경험
- 텍스트와 다른 수업에서 배운 내용

문맥을 통해 낯선 단어 정의하기

낯선 단어가 나오면 잠시 멈춘다. 문장을 주의 깊게 다시 읽는다. 문맥을 통해 모르는 단어에 대해 무엇을 알 수 있는가? 단어가 사용된 방식을 볼 때 그 단어가 무엇을 의미한다고 생각하는가?

시각화와 그리기

읽으면서 머릿속에 등장인물, 사건, 장면을 그림으로 그린다.
텍스트의 감각적인 디테일을 활용해 머릿속 이미지에 생명을 불어넣는다. 잠시 멈추고 머릿속에 떠오르는 것을 그린다.

명시적 의미와 암시적 의미 파악하기

각 단락이 끝날 때마다 멈추고 텍스트에 명시적으로(또는 직접적으로) 언급된 정보 목록을 작성한다. 그런 다음 (직접 언급되지는 않았지만) 암시된 내용을 목록으로 작성한다. 결론을 내리지 않고도 무엇을 알 수 있는가? 암시된 내용은 무엇인가?

사전 지식 활용하기

글을 읽으면서 자신의 인생 경험에 대해 생각해 본다. 사전 지식과 과거 경험이 텍스트를 이해하는 데 어떻게 도움이 되는가?(예: 등장인물, 상황, 감정, 동기, 주제)

움을 겪는 기능이라면 활동에 참여해 또래 학생과 교사의 지원을 받아 과제를 완료한다. 어려움을 겪지 않는 경우에는 적용하는 데 연습이 필요한 다른 기능에 집중할 수 있다.

선택판 과제를 시작하기 전에 특정 읽기 전략을 대상으로 하는 특정 기능 선택 정거장이나 여러 기능을 익히는 정거장을 운영할 것임을 학생에게 알려줄 필요가 있다. 형성 평가 데이터를 사용해 여러 학생이 어려움을 겪는 읽기 전략을 파악하고 학생들에게 추가 지도, 연습, 지원을 제공하기 위한 정거장을 마련할 수 있다. 예를 들어, 학생이 과학 기사를 요약하거나 1차 자료를 읽으면서 추론하는 데 어려움을 겪는다면, 소규모 모둠을 대상으로 '교사가 하기, 교사와 학생이 하기, 모둠이 하기, 학생 혼자 하기'의 진행 과정을 안내해 학생들이 이 전략을 사용할 수 있는 능력에 대한 자신감을 키우도록 돕는다. 소규모 모둠의 역동성을 활용하면 부족한 부분에 대한 격차와 오해를 쉽게 파악하고 해당 모둠의 요구 사항을 충족하기 위해 필요한 조정이 가능하다.

추가 지도와 지원을 제공하는 이러한 접근 방식의 '선택적' 특성 때문에 일부 교사들은 "학생에게 특정 읽기 기능에 대해 더 많은 교육이나 지도가 필요하면 어떻게 해야 하나요?"라고 질문할 수 있다. 우리는 그런 우려를 이해하며, 교사들이 이러한 전략이 자신과 학생들에게 효과가 있도록 만들어야 함을 알고 있다. 따라서 특정 학생에게 특정 영역에서 더 많은 지도가 필요하다고 데이터에 나타나면, 일부 학생에게는 기능 익히기 활동을 '필수'로 설정하고 다른 학생들에게는 '선택'으로 설정하면 된다. 그러나 목표는 학생들이 자신과 자신의 기능 및 요구 사항을 잘 이해해, 특정 기능 선택 정거장이 수업 시간을 가장 잘 활용하는 방법인지 스스로 결정할 수 있도록 돕는 것이어야 한다.

정리하기

전통적인 읽기 접근 방식은 학습자에게 무수히 많은 장벽을 제공할 수 있다. 학생들은 읽어야 하는 텍스트 유형을 좋아하지 않을 가능성이 있다. 텍스트를 이해하기 위해 필요한 어휘나 배경지식이 부족할 수도 있다. 특정 텍스트를 이해하는 데 시간이 더 필요할 수도 있다. 흥미, 읽기 능력, 사전 지식, 언어 능력, 속도 등 모든 요소와 그 이상의 요인으로 학생들은 읽기 자료에 접근하기 어려울 수 있다. 하지만 기술과 블렌디드 러닝 모델은 더욱 유연한 경로를 제공한다. 교사는 수업을 단일 텍스트를 통해 획일적으로 진행하는 대신 학생의 주도성과 자율성을 우선시하고, 교사가 일관되고 효과적으로 교육과 지원을 차별화할 수 있는 더 많은 기회를 제공하며, 학습자가 자신의 읽기 속도를 더 잘 제어할 수 있는 블렌디드 러닝 모델을 사용해 보편적 학습 설계를 실행에 옮길 수 있다.

성찰과 토론하기

1. 일반적으로 할당하는 읽기 과제에 관해 잠시 생각해 보자. 학생들은 어떤 유형의 텍스트를 읽는가? 이 텍스트에 대한 학생들의 이해도를 어떻게 평가하는가? 이 워크플로를 적용하는 데 상당한 시간과 에너지가 필요한가?

2. 모든 학생이 읽기에 참여하거나 할당된 읽기 과제를 완료하는 데 어려움을 겪게 하는 잠재적인 장벽에는 무엇이 있는가? 접근성을 높이기 위해 구체적으로 조정할 수 있는 사항은 무엇인가?
3. 디지털 텍스트와 인쇄 텍스트를 얼마나 자주 사용하는가? 학생에게 텍스트 크기 변경, 오디오 녹음에 대한 접근 권한 제공 등 자신의 경험을 더 잘 제어하도록 하는 온라인 자원에는 무엇이 있는가? 오디오 녹음과 같은 리소스를 사용할 수 없다면 사용하려는 텍스트의 오디오 트랙을 녹음할 수 있는 조교 또는 학생이 있는가?
4. 학생들에게 주제별 텍스트를 읽는 방법을 가르칠 때 가장 큰 어려움은 무엇인가? 이 장에서 제시된 전략이 이러한 어려움을 완화하거나 제거하는 데 어떻게 도움을 줄 수 있는가?
5. 독서 전문가들이 생각해 볼 수 있는 질문이 포함된 〈표 5〉를 검토하고 잠시 시간을 내어 이 질문에 답해 보자. 예상하지 못한 답변이 있는가? 목록에 추가하고 싶은 질문이 있는가? 학생들의 성찰을 포착하고 공유하기 위해 학생들에게 어떤 선택지를 제공할 수 있는가?
6. 〈표 6〉에서 텍스트 읽기에 따른 어려움과 이를 해결하기 위한 몇 가지 해결책을 살펴보자. 학생들을 가르칠 때 가장 자주 관찰되는 도전 과제는 무엇인가? 제안된 해결책을 어떻게 생각하는가? 현재 무엇을 적용해 보고 있는가? 이전에 해 보지 않은 것 중에서 무엇을 시도해 볼 수 있는가?

실천하기

이 장에 제시된 다섯 가지 전략 중 가장 공감되는 전략을 하나 선택하자.

- **전략 1**: 텍스트 공유 시 접근하기 쉬운 형식으로 설정하기
- **전략 2**: 학생의 텍스트 선택 허용하기
- **전략 3**: 학생과 함께 수업용 자료 만들기
- **전략 4**: 읽기 속도에 대한 통제권 학생에게 넘기기
- **전략 5**: 학생이 집중하고 싶은 읽기 기능 파악하도록 장려하기

교사 중심의 획일적인 접근 방식에서 학생 중심의 경험으로 워크플로를 전환할 수 있도록 학생을 위한 학습 환경을 설계하자. 보편적으로 고안된 블렌디드 러닝 환경을 설계할 때는 학생이 학습 시간, 장소, 속도, 경로를 더 잘 제어할 수 있는 방법을 생각해 본다. 수업에 존재하는 장벽을 고려하고 지원, 비계, 의미 있는 선택을 통해 이를 충족하기 위해 노력한다. 수업에서 자신의 역할에 대해 생각해 본다. 학생의 요구에 더 효과적으로 부응하려면 시간을 어떻게 사용해야 하는가?

이러한 전략 중 하나를 사용하는 강의 초안을 작성한 다음에는 동료에게 보내거나, 부서 회의에서 공유하거나, 블로그를 작성하거나, 동영상을 녹화하거나, 팟캐스트를 녹음해 피드백을 받는다.

| 계획 템플릿 3 | 연결을 위한 읽기 수업

학습 목표 또는 원하는 결과 · 학생들이 이 글을 통해 무엇을 알고 이해하고 할 수 있기를 바라는가? · 이 활동에 참여함으로써 학생들이 어떤 특정 읽기 기능 또는 이해 전략을 개발하기를 바라는가?	
모둠 만들기 전략 · 무엇을 기준으로 모둠을 편성할 것인가?(예: 읽기 수준, 관심사) · 학생들에게 혼자서 작업할지, 짝과 작업할지, 모둠으로 작업할지 결정하도록 요청할 것인가?	
사용하려는 읽기 전략 선택하기 · 텍스트 공유 시 접근하기 쉬운 형식으로 설정하기 · 학생의 텍스트 선택 허용하기 · 학생과 함께 수업용 자료 만들기 · 읽기 속도에 대한 통제권 학생에게 넘기기 · 학생이 집중하고 싶은 읽기 기능 파악하도록 장려하기	
텍스트는 어디에서 찾을 수 있는가? 다양한 수준의 독자가 더 쉽게 접근할 수 있는 오디오 녹음과 같은 기능이 있는가?	
학생에게 통제권을 넘기기 위해 어떤 블렌디드 러닝 모델 또는 전략을 사용하고자 하는가? · 정거장 순환 모델 · 활동 목록 모델 · 선택판	
다음 질문 고려하기 · 학생들에게 학습 시간, 장소, 속도, 경로에 관해 더 많은 통제력을 부여하기 위해 어떤 블렌디드 러닝 모델을 사용할 것인가? · 수업 중 시간을 어떻게 활용해 영향력을 극대화할 것인가? · 학생들의 지식과 이해를 측정하기 위해 어떤 형성 평가 자료를 수집할 것인가? · 학생들이 유연한 경로를 갖도록 어떻게 보장할 것인가? 학습 장벽을 제거하기 위한 의미 있는 선택을 제공할 수 있는 지점은 어디인가?	

5장

새로운 시작 4

한 명의 청중에서
실제 청중으로 전환

테드를 학교 무대에 올리기

캐틀린 나는 2014년에 캐나다 밴쿠버에서 열린 테드 컨퍼런스에 초대받았다. 테드는 청소년과 교육을 위한 프로그램인 테드 에드TED-Ed를 새롭게 기획해 내놓은 터라 프로그램에 대한 피드백을 받고자 교육 관련 종사자들을 모았다. 창작가로서 정체기에서 벗어나 어떻게 다시 영감을 찾았는지를 주제로 한 싱어송라이터 스팅Sting의 강연을 포함해, 밴쿠버에 머무는 동안 여러 강연을 보았다. 영감을 주는 재능 있는 연사들이 테드 무대에 올라 자신의 이야기를 열정적으로 나누는 모습을 보면서 "내 학생들도 이걸 하면 좋겠다!"라고 생각했다.

나는 테드 에드 동아리를 시험 삼아 운영해 보기로 했다. 이는 학생들이 열정을 갖고 있는 주제나 이슈를 파악해 역동적인 강연으로 만드는 과정을 안내하기 위해 기획했다. 나는 학생들이 테드 스타일의 강연을 하리라는 기대에 한껏 부풀어 있었다. 교실에 들어가 "여러분 모두 테드 강연을 할 거예요!"라고 신나게 이야기했다. 학생들은 입을 벌리고 나를 바라보았다. 열정 가득한 내 제안에 학생들이 동의하고 있지 않다는 것이 분명했다.

마침내 한 학생이 어색한 침묵을 끝내며 "누가 우리의 테드 강연을 보고 싶어 할까요?"라고 말했다. 그때 가슴이 철렁 내려앉았던 기억이 난다. 아이들은 할 얘기가 없다고 믿었다. 나는 낙담했다. 학생들이 목소리를 찾고, 이를 사용할 수 있도록 돕는 것이 교사로서 내 일이라고 생각했다. 학생들이 자신의 목소리와 아이디어가 가치 있다고 믿지 않는다면, 우리는 이 교실에서 한 해 동안 무엇을 한 것일까?

학생들의 분명한 거부에도 불구하고 나는 훌륭한 교사라면 당연히 해야 할 일을 계속했다. 나와 학생들은 테드 에드 동아리의 계획에 맞춰 활동하기 시작했다. 학생들은 관심 있는 주제와 열정을 가진 주제를 선택했고, 선택한 주제에 관해 더 자세히 알아보고자 조사와 인터뷰를 진행했다. 두려움과 의심이 지배했던 교실 분위기는 강연을 준비하면서 곧 열정과 흥분으로 바뀌었다.

나는 행사를 위해 학교 강당을 예약하고, 가족을 초대하고, 영화 과목 담당 선생님과 조율해 학생들의 선배가 강연을 녹화하도록 했다. 행사 당일이 다가오자 학생들은 친구들과 리허설을 할 시간을 요청했다. 피드백을 통해 강연을 개선하기를 원했고, 강연을 준비하기까지 상당한 시간을 투자했다. 나는 학생들이 프로젝트에 이토록 몰입하는 모습을 본 적이 없었다. 실제 청중을 대상으로 발표하고 자신의 강연이 녹화된다는 사실을 알았기 때문에 최선을 다할 동기가 생긴 것이다.

나는 청중석에 앉아 학생들의 강연을 지켜보며 뿌듯한 마음을 감추지 못했다. 학생들은 '페미니즘'이라는 단어를 재정의하는 일부터 더 많은 여성 만화 캐릭터의 필요성, 삶의 혼란 포용하기에 이르기까지 다양한 주제를 다뤘다. 그들은 침착했고 지식이 풍부했으며 열정적이었다. 나는 깜짝 놀랐다.

학생들은 자신의 강연을 유튜브 채널에 업로드했고, 나는 강연 목록을 테드 에드 운영팀에 전달했다. 몇 달이 지난 후 테드 측으로 부터 예상치 못한 전화를 받았다. 발표자 중 한 명인 안나와 연결해 달라는 요청이었다. 혼란 포용하기에 관한 안나의 강연에 깊은 인상을 받았다고 했다. 북캘리포니아주에 사는 안나와 안나의 아버지가 비행기를 타고 뉴욕으로 와 테드 무대에 강연자로 서도록 초대한 것이다! 그녀는 초대를 받고 깜짝 놀랐다. 권위 있는 무대에서 강연을 해야 한다는 부담감에도 불구하고 안나는 강연을 훌륭하게 마쳤다. 뉴욕에 있는 동안 안나는 뉴욕의 매력에 빠져 뉴욕대학교에 입학하기로 결심했다. 이 프로젝트는 안나의 인생 궤도에 큰 영향을 미쳤다.

실제 청중이 학생들의 동기부여와 작업의 질에 미치는 영향을 목격한 후, 나는 학생들의 작업을 반드시 여러 사람이 볼 수 있게 해야 한다고 믿게 되었다. 교사인 우리뿐만 아니라 실제 청중이 보아야 한다고 말이다. 테드 강연을 경험한 후, 학생들에게 무언가를 만들라고 하면 그 작업의 관객이 누가 될지를 생각하게 되었다. 수업 시간에 전시장 관람Gallery Walk* 형태로 작품을 선보일까? 가족과 친구들을 위한 전시회를 열까? 전문가나 지역사회 구성원을 패널로 초대할까? 학생들의 작품을 유튜브나 디지털 노트에 게시할까? 나는 학생들의 작품을 최대한 많은 사람이 볼 수 있게 하고 싶었다. 그렇게 함으로써 학생들이 자신이 하는 일의 가치에 대한 관점을 바꿔 자신의 작업이 '충분히

* 전시장에서 작품을 감상하듯이 개인 또는 모둠의 결과물을 이동하며 감상하고 피드백하는 협동 학습 활동이다.

좋은 것'이 아니라 '탁월한 것'이 되기를 원하도록 만들 수 있다.

이 순간을 보편적 학습 설계와 블렌디드 러닝이라는 렌즈를 통해 되돌아보니, 테드 강연이 모든 학생에게 자신의 열정을 세상과 공유하는 최선의 방법은 아니었다는 점을 깨달았다. 그렇다. 일부 학생은 이 경험을 통해 성장하고 즐거워했지만 또 다른 학생은 강연을 녹화하거나, 애니메이션 영화를 만들거나, 인포그래픽을 디자인하거나, 기사를 쓰거나, 모형을 만들어 자신의 아이디어를 전 세계와 공유하기를 선호했을 수 있다. 그 당시 나는 포용적이고 형평성 있는 학습 경험을 보장하기 위해 유연한 경로와 의미 있는 선택지를 일관되게 제공하지 못했다. 만약 학생들과 다시 이 프로젝트를 진행하게 된다면, 이 프로젝트가 적절하고 접근하기 쉽도록 실제 청중과 아이디어를 공유할 수 있는 다양한 방법을 제시할 것이다.

연구와 실제: 참신하고 두려움 없는 사람으로 거듭나기

그랜트 위긴스Grant Wiggins는 흔히 '백워드 설계'라고 불리는 교육과정 설계 프레임워크인 『디자인을 통한 이해*(Understanding by Design)*』의 공동 저자 중 한 명이다. 《잉글리시 저널*(English Journal)*》에 실린 글에서 그는 학생 평가에서 실제 청중을 확보하는 것이 중요하다고 이야기한다. 아니, 오히려 진정한 청중이 없는 평가를 맹비난한다는 표현이 맞을 것이다. 그는 평가의 목적이 단순히 교사를 기쁘게 하는 데 있는 경우가 많다고 지적한다. 그가 쓴 글에는 "대부분의 글쓰기 채점 기준은 설령 글 쓰는 일이 지옥처럼 지루하더라도 그저 순응하기를 요구하는 게 일반적이기 때문에 평가에서는 우리가 바라는 생생하고 대담한 글과는 정반대인 지루하고 무난한 글을 어렵지 않게 보게 된다."라는 순금만큼이나 중요한 대목이 있다.[1]

학생 과제와 평가 때문에 실망했다면, 평가의 목적을 학점 따기가 아니라 영감을 주고 의미 있으며 대중에게 공개되는 뭔가를 만드는 것으로 바꿀 기회다.

비영리 교육재단인 이엘 에듀케이션EL Education의 최고 학술 책임자인 론 버거Ron Berger도 교사가 유일한 청중인 상태에서 과제를 제출할 때의 문제점을 말한다. 《에듀토피아(*Edutopia*)》에 게재된 "심층 학습: 학생 작품 강조하기"라는 글에서 다음과 같이 언급한다.

> 명문 공립학교 학생으로서 교실에 앉아 보낸 모든 세월 동안, 나는 한 번도 실제 세상의 일과 비슷하거나 수업에서 요구하는 사항을 넘어서는 가치를 가진 어떤 것도 만들지 않았다. 나의 시간은 학습지, 보고서, 수학 문제 풀이, 실험 보고서와 같이 개인적으로 완성한 짧은 과제를 제출하는 일을 끊임없이 되풀이하는 것으로 채워졌다. 내가 제출한 과제 중에서 큰 의미가 있거나 실제 사회에서 해 온 일과 닮은 것은 전혀 없었다. 비록 좋은 성적은 받았지만, 나는 학창 시절에 만든 작업물을 간직하지 않고 있다. 내가 한 작업 중 특별히 독창적이거나 중요하거나 아름다운 것이 없었기 때문이다.[2]

학생들이 평가를 독창적이고 중요하고 아름답다고 생각한다고 상상해 보자. 지금 우리 교실에 얼마나 더 많은 목적이 있을까? 학생들이 우리의 활동이 진짜라고 믿는 지점에 도달하도록 순응에서 참여로, 교사를 유일한 청중으로 두는 활동에서 대중을 청중으로 두는 활동으로 전환해야 한다.

존 스펜서John Spencer는 실제성의 층위를 이해하는 데 도움이 될 만한 관점을 소개한다.[3] 때때로 결과물을 공개적으로 공유할 때 개인 정보 보호가 우려되기도 하므로 그의 관점은 아주 어린 학생들을 가르칠 때 유용할 수 있다. 스펜서에 따르면, 1단계 수준에서 학생들은 개인적으로 결과물을 만들며 다른 사람과 공유하지 않는다. 2단계 수준에서는 결과물이 교실 내에서 공유되지만 그 이상은 아니다. 2단계 수준은 대부분의 학교 평가에서 볼 수 있는 전형적인 모습이다. 이 수준에서는 부분 공개semiprivate인 만큼 짝 또는 모둠원, 선생님과 공유된다. 3단계 수준에서 학생들의 결과물은 교실 벽 너머로 공개 범위가 확대되면서 다른 학급 또는 학교 전체와 공유된다. 스펜서에 따르면, 3단계에서 결과물이 완전히 일반 대중에게 공개되지는 않지만 청중은 바로 옆 교실 학생들보다 더 많을 수 있다. 이러한 점은 어린 학생들의 목표가 될 수 있다고 언급한다. 4단계 수준에서는 블로그, 팟캐스트, 테드 강연, 작품에 대해 비평과 의견을 줄 수 있는 사람들과의 협업을 통해 결과물이 세상에 공개적으로 공유된다. 학생들은 4단계에서 공개적으로 자신의 결과물을 공유함으로써 다음과 같은 다양한 혜택을 경험한다.

- 다른 사람들에게 좀 더 공감할 수 있게 된다.
- 작업에 깊은 의미를 두기 때문에 더 열심히 작업한다.
- 성장 마인드셋을 기르게 된다. 수정 과정에 참여하면서 회복 탄력성이 발달한다.
- 비판에 귀 기울이는 법을 배운다. 실제로 학생들은 수정 과정의 일부로 비판할 점을 명백하게 찾아 나선다.
- 창작 활동에 있어서 두려움이 없어진다.
- 작업을 개선하기 위해 수정 작업을 하면서 반복적으로 아이디어를 검토하고 수정하는 사고 과정에 참여한다.
- 학습과 자신의 세계를 연결한다.
- 창조적인 목소리를 찾는다.[4]

학생의 참여도와 목적의식을 높이고 싶다면, 학생들이 자신의 활동 결과물을 실제 청중과 공유할 진정한 기회를 만들어야 한다. 처음에는 전시장 관람 활동과 교내에서 진행하는 학생 작품 기념행사를 만들어 2단계에서 3단계로 전환이 가능하지만, 작업을 더 공개적으로 공유하면 목적의식과 자부심을 극대화할 수 있는 놀라운 기회가 생긴다. 실제 청중이 생기는 것은 '새로운 시작 10: 교사가 설계하는 프로젝트에서 학생이 주도하는 프로젝트 기반 학습으로 전환'에서 논의하게 될 프로젝트 기반 학습의 핵심 구성 요소지만, 실제 청중을 확보하기 위해 전체 프로젝트 기반 단위를 설계할 필요는 없다. 이 장에서 우리는 단순히 피드백이나 성적을 위해서가 아니라, 작업이 공개될 기회를 갖기 위해 결과물을 교사에게 제출하는 전략에 대해 논의한다.

전략 1: 역할-청중-형식-과제 활용하기

학생들이 역할 – 청중 – 형식 – 과제Role-Audience-Format-Topic: 이하 RAFT 평가를 함께 설계하게 하라.[5] 학생들은 RAFT에 따라 창작자로서 자신의 역할이 무엇인지, 청중이 누구인지, 어떤 형식을 사용하기를 원하는지, 평가의 목적이나 어떤 과제를 완수할지 등을 학습 중인 기준에 맞추어 선택한다.

RAFT에서 역할이란 평가를 완료할 때 어떤 사람이 될지를 나타낸다. 흔히 학생들은 자신의 시점에서 글을 쓰거나 창작을 하지만, 특정 상황에서는 효과를 높이기 위해 다른 역할을 맡을 수도 있다. 예를 들어, 기후변화의 영향을 사람들에게 알리고 싶다면, 지구의 관점에서 편지를 쓸 수도 있다.

청중은 글을 쓰거나 창작하는 대상을 의미한다. 학생들이 비공식적으로 소셜 미디어에 게시하는 것인지, 중요한 인물에게 공식적으로 편지를 쓰는 것인지 고려해야 한다. 이때 학생들은 청중을 생각하고,

청중의 필요를 고려하기 위해 공감 능력을 키워야 한다.

형식은 반응하는 양식, 즉 형태를 의미한다. 학생들이 편지를 쓸지, 공익광고 영상을 녹화할지, 소셜 미디어 페이지를 만들지, 지역 스튜디오를 위한 예술 작품을 창작할지, 테드 에드 무대에서 공개 연설을 할지 등은 청중에 따라 크게 달라진다. 청중에게 다가가 학생들이 의도한 목적을 달성하게 할 가장 좋은 방법은 무엇일까?

마지막으로 학생들은 과제를 고려해야 한다. 전통적인 RAFT 틀에서 T는 '주제topic+강한 동사strong verb*'를 의미하는데, 이는 실제로 "무엇이 핵심인가?"라는 질문이다. 왜 이 평가를 수행하는가? 특정한 행동 방침을 따르도록 설득하기 위해 글을 쓰는가? 아니면 단지 청중에게 새로운 기회를 알리기 위함인가? 학생들은 목적을 선택할 필요가 있을 뿐만 아니라 왜 자신이 개인적으로 이 평가를 완수하려는지를 한 걸음 더 나아가 고려할 필요가 있다. 이는 단순히 성적을 받는 것보다 더 중요하다.

〈그림 18〉의 RAFT 계획 양식을 복사해 쓰거나 수정해 제공함으로써 학생들이 역할, 청중, 형식, 과제를 생각할 때 도움을 줄 수 있다. 학생들은 청중을 대상으로 하는 글쓰기나 창작을 준비하는 초기 단계에서 RAFT의 각 부분 요소를 생각하며 추가적인 도움을 받게 된다. 과제 수행이나 프로젝트 초기 단계에서는 이 양식에 소개된 질문에 학생들

* '설득하다', '알리다', '제안하다', '비교하다'와 같이 강력하고 명확한 의미의 동사로, 행동의 강도를 높이고 의도를 분명하게 전달하는 데 도움이 된다. '있다', '영향을 준다' 등과 같은 '약한 동사'와 반대된다.

이 제출한 답변을 토대로 개인 또는 모둠 단위로 회의하도록 시간을 할애하는 것이 좋다.

한 중학교에서 분뇨가 환경에 미치는 영향과 혁신적인 기술로 그

〈그림 18〉 RAFT 계획 양식

RAFT	
역할은 평가를 완료할 때 어떤 사람이 될지를 나타낸다. 당신 자신으로 글을 쓰겠는가? 아니면 효과를 높이기 위해 누군가 또는 다른 무엇이 되겠는가?	
청중은 글을 쓰거나 창작하는 대상을 의미한다. 비공식적(예: 소셜 미디어상의 청중) 또는 공식적 청중(예: 명성 있는 출판사나 유명 인사)을 위해 글을 쓰거나 창작을 하는가? 청중을 위해 글을 쓰거나 창작하려면 청중에 관해 무엇을 알아야 하는가?	
형식은 목표로 하는 청중에게 도달하기 위해 글을 쓰거나 창작하는 양식, 즉 형태다. 편지를 쓰거나, 소셜 미디어 페이지를 만들거나, 공익광고 영상을 녹화하거나, 지역 스튜디오에 출품하기 위해 예술 작품을 창작할 것인가?	
과제는 주제를 의미하는데, 이는 실제로 "무엇이 핵심인가?"라는 질문이다. 왜 이 평가를 수행하는가? 이 평가는 어떤 의미가 있는가? 특정한 행동 방침을 따르도록 설득하기 위해 글을 쓰는가? 아니면 새로운 기회를 알리기 위함인가?	

영향을 완화하는 방법을 다루기 위해 여러 학문 분야가 연관된 단원 하나를 구현한다고 상상해 보자. 전통적인 단원 구성 방식을 따른다면 학생들이 최종 프로젝트를 완성하고 그것을 교사와 나머지 학급 학생들과 공유하며 단원을 마무리할 것이다. 태양에너지로의 전환이나 분뇨 퇴비화의 중요성과 같은 특정한 핵심 영역이 하나씩 있을 수 있다. RAFT에서는 학생들이 역할, 청중, 형식, 과제를 선택한다. 정거장 순환 모델에서는 소규모 모둠과 함께 작업할 수 있는 템플릿을 사용할 수 있다. 개별 학생에게는 역할, 대상, 프로젝트를 공유 문서에 활동 목록의 구성 요소로 추가하기를 권장할 수 있다. 예를 들어, 어떤 학생은 단일 수거 재활용single-stream recycling* 으로의 전환을 촉구하는 제안서를 작성해 재활용 및 폐기물 담당 부서에 보낼 수 있다. 또 어떤 학생은 지구의 관점에서 이야기를 구성하고 단편 애니메이션 영화로 만들어 학생 영화 축제에 출품할 수도 있다.

〈표 7〉은 RAFT 작성의 예다. 학생들은 이를 참조해 요소들을 섞고 서로 연결함으로써 수백 가지의 프롬프트를 만들 수 있다. 사전에 교사가 모든 작업을 해 놓기보다는 학생들과 함께 RAFT 활동 양식을 완성하기를 추천한다.

* 재활용 가능한 모든 자원을 분리하지 않고 혼합해 수거하는 시스템이다.

〈표 7〉 RAFT 작성 예

역할	청중	형식 (반드시 공개적인 공간에 게시하기)	과제
나	재활용 및 폐기물 담당 부서	형식에 맞춰 쓴 편지	상호작용 촉구하기
지구	마을의 유권자	테드 에드 사무국에 보낼 강연	필요한 조치를 강구하거나 습관 또는 관행을 바꾸도록 설득하기
지구의 미래 시민	각 가정의 성인들	미래 시민으로서 조치를 취하지 않으면 어떤 일이 일어나는지에 관한 미래 시점으로 된 이야기(예: 시나리오, 무대 각본, 도서 출판 제안서)	이전과는 다르게 생각하도록 설득하기

전략 2: 실제 청중을 대상으로 공감대 형성하기

학생은 한 명의 청중(교사)을 대상으로 글을 쓸 때 실제 청중의 중요성을 고려하기보다는 흔히 루브릭에 따른 결과에 초점을 맞춰 쓰기 쉽다. 위긴스는 청중을 위해 글을 쓰는 가장 좋은 방법을 결정할 때 공감을 이끌어 낼 수 있는 질문을 다음과 같이 소개한다.

- 글을 보는 청중은 누구인가?
- 청중의 기대, 요구, 관심사는 무엇인가?(섣부른 가정과 예측이 아니라 현실 고려하기)[6]

〈표 8〉 청중에 관해 자세히 알아보기

청중에 관해 자세히 알아보기	
1. 목표로 하는 청중에게 기대하는 행동은 무엇인가?	
2. 목표로 하는 청중의 인구통계학적 특성은 무엇인가? 목표로 하는 청중에 대한 소개서를 작성해 보자.	
3. 목표로 하는 청중의 가치, 관심사, 취미, 생활양식은 무엇인가?	
4. 목표로 하는 청중은 어떤 필요, 어려움, 좌절을 가졌는가? 이를 어떻게 알 수 있는가?	
5. 목표로 하는 청중에게 당신이 제안한 아이디어, 행동, 결과물은 어떤 도움이 되는가?	
6. 목표로 하는 청중에게 어떻게 다가가고자 하는가?	

이 두 가지 질문은 학생들이 사회 정서 학습의 핵심 요소인 관점 갖기perspective taking를 형성하는 데 도움이 될 뿐만 아니라 루브릭을 넘어서는 목적을 제공한다. RAFT를 사용하는 경우라면, 학생이 선택한 대상에 기초해 소규모 모둠을 구성할 수 있다. 두 질문에 답하기 위해서 학생들은 청중을 더 많이 조사하거나 청중의 관점을 알아보고자 청중의 구성원을 인터뷰하는 데 전념해야 한다. 학생들이 청중에 관해 자세히 알아볼 수 있도록 비영리단체에서 사용하는 질문 생성 목록을 수정해 〈표 8〉을 만들었다.[7] 다양한 행동 및 표현 방법을 사용해 질문에 답하도록 학생들을 격려하라. 그리고 질문의 결과가 학생들의 결

과물을 향상시키는 데 어떤 영향을 미칠지 분석하도록 하라.

전략 3: 전시장 관람 활동, 박람회 활동, 청중 참여 유도하기

학생들이 실제 청중을 대상으로 글을 쓰거나 창작하는 데 필요한 기능을 발전시키려면 학생들을 위한 지원과 훈련이 필요하듯이, 다른 사람들과 작업을 공유하고 청중이 작업에 참여하게 하는 것 역시 작은 발걸음부터 시작해야 한다. 전시장 관람 활동과 박람회 활동은 학생들의 활동 결과물을 공유하는 간단한 전략을 제공하는 동시에 그 결과물을 볼 수 있는 사람의 범위를 제한한다. 누구를 초대하기로 선택하느냐에 따라, 학생 활동 결과물을 공개적인 장소에 전시하는 접근 방식은 스펜서의 2단계 수준(교실 내 공유) 또는 3단계 수준(다른 학급이나 학교 안 공동체에서의 공유)에 해당할 수 있다. 우리는 학생 결과물을 부분 공개 상태로 유지하고 학생들이 서로의 완성된 결과물을 보고 반응하기를 권장하는 전시장 관람 활동을 개최해 왔다. 또한 다른 학급, 심지어 학부모를 초대해 학생들의 활동 결과물을 보게 함으로써 좀 더 공개적인 활동이 되게 했다.

전시장 관람 활동을 통해 개별 학생 또는 모둠이 활동 결과물을 게시할 공간을 마련한다. 학생들이 방해받지 않고 결과물을 보도록 깨끗이 치워진 이동 공간을 확보하는 게 이상적이다. 몇몇 교사는 학생들이 결과물을 관람하면서 전시된 멀티미디어적인 구성 요소와 상호작용하고 서로에게 사려 깊은 피드백을 제공하도록 전시장 안에서 정숙을 요청하기도 한다. 만약 학생들이 학습 관리 시스템에 포트폴리오를 올리거나 디지털 공유 공간에 슬라이드를 게시한다면 전시장 관람 활동은 온라인에서도 진행될 수 있다. 일단 활동 결과물을 전시하면, 전시장의 예술 작품처럼 학생들의 작품은 스스로 입을 열어 말하게 된다. 청중이 다양한 결과물과 상호작용하도록 학생들에게 자신의 작업물 옆에 QR 코드를 인쇄해 게시하도록 권장한다. 이렇게 하면 청중은 QR 코드를 통해 작품 소개 영상을 보거나 학생들이 작품에 대해 청중으로부터 답변을 듣고 싶어 하는 질문이 담긴 디지털 설문지에 접근할 수 있다. 피드백 양식은 개별 학생의 선호도에 따라 종이로 인쇄된 양식이나 디지털 양식을 활용할 수 있다. 전시장에서 또래의 결과물을 둘러볼 때 최소한 몇 개의 피드백을 하도록 제시하는 것이 좋다.

박람회 활동은 일반적으로 학생들이 작업물 옆에 서서 청중에게 자신의 결과물을 '발표'하기 때문에 전시장 관람 활동과는 약간 다르다. 학생들은 과정 혹은 모형의 요소들을 설명하거나 자신이 수행한 실험 및 수집한 자료를 토대로 발견한 내용을 제시하기도 하고, 시범을 보이거나 독창적인 작품을 공연할 수도 있다. 박람회 활동을 통해 학생들에게 말하기(결과물 발표)와 듣기(결과물 관람) 기능을 연습하도록 촉구하기도 한다. 학생들은 박람회 기간에 보다 역동적인 방식으로 청중과 소통한다. 일반적으로 교사는 박람회 시간을 반으로 나누어 절반 동안에는 발표를 하고, 나머지 시간에는 학생, 학부모, 지역사회 구성원과 함께 청중 역할을 한다. 그런 다음 두 그룹이 역할을 바꾸는데, 이번에는 발표자가 청중이 된다.

전시장 관람 활동이나 박람회 활동은 총괄 평가 과정의 마지막 단계이므로, 전통적인 동료 피드백을 제공하는 대신에 프로젝트 제로*의 사고 루틴thinking routines** 중 하나를 사용해 전시된 활동 결과물에 대해 학생들이 보다 깊이 생각하게 할 수 있다.[8] 피드백은 학생들이 활동 중간에 결과물을 개선하고자 사용할 때는 훌륭한 도구가 되지만, 최종 마무리를 앞둔 작업물에 적용할 때는 그 효과가 떨어진다. 이와는 대조적으로 프로젝트 제로의 사고 루틴은 학생들이 자신의 사고를 가시화하도록 설계되었다.

우리가 전시장 관람 활동이나 박람회 활동과 잘 어울린다고 생각해 즐겨 사용하는 사고 루틴은 '보기, 생각하기, 궁금해 하기', '연결하기, 확장하기, 도전하기', '예전 생각, 지금 생각'이다. 우리는 이 세 가지 사고 루틴을 각각 옮겨 적고 수정해 학생들과 함께 사용할 슬라이드 자료를 만들었다. 이 슬라이드는 PDF로 저장하거나 종이로 인쇄할 수 있다. 학생들에게 디지털 형태로 제공해 생각을 적게 할 수도 있

* 하버드대학교 교육대학원에서 학습, 사고, 윤리, 지능, 창의성과 같은 인간의 잠재력을 이해하고 키우는 것을 목표로 진행하는 프로그램이다.

** 학생들이 스스로 질문하고 생각하도록 돕는 사고 가시화 전략이다.

〈그림 19〉 보기, 생각하기, 궁금해 하기 루틴을 위한 슬라이드 자료

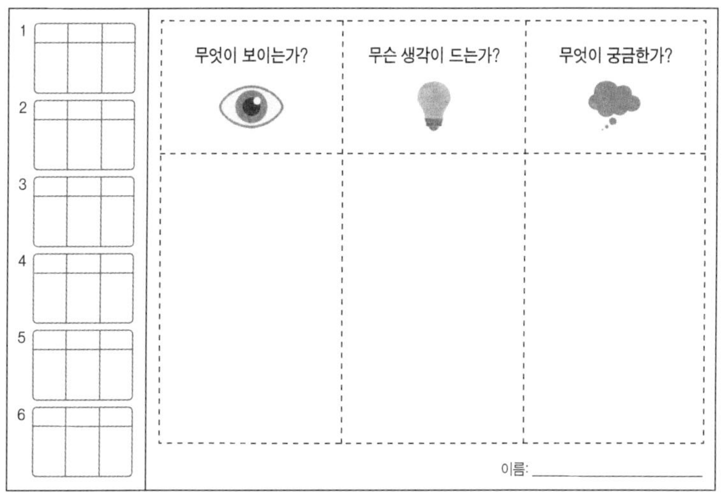

고 종이에 직접 쓰게 할 수도 있다.

'보기, 생각하기, 궁금해 하기' 루틴(〈그림 19〉)은 모든 학년에서 사용할 수 있으며 특히 인포그래픽, 디지털 스토리, 예술 작품, 그래픽 노블이나 만화, 정보 전달형 동영상이나 3D 모델과 같은 시각적 창작물에 효과적이다. 학생들은 서로의 결과물을 관찰하면서 자신이 보는 것을 묘사하고, 생각을 드러내고, 궁금한 점이나 의문을 표현하도록 권장받는다. 이를 통해 학생은 결과물의 명확성과 선택한 루틴의 효과는 물론 청중에게 미친 영향에 대한 귀중한 통찰력을 얻을 수 있다. 청중은 무엇에 주목했는가? 시각적으로 눈에 띈 부분은 어디인가? 이 작품이 청중에게 어떤 아이디어나 느낌을 불러일으키는가? 청중이 궁

〈그림 20〉 연결하기, 확장하기, 도전하기 루틴을 위한 슬라이드 자료

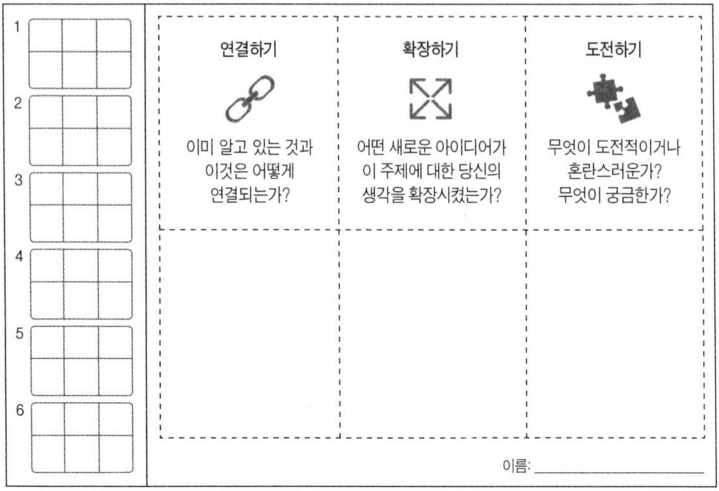

금해 하거나 호기심을 가진 점은 무엇인가? 청중이 작품에 참여하면서 불분명하게 느낀 점이 있었는가?

'연결하기, 확장하기, 도전하기' 루틴(〈그림 20〉)은 새로운 정보와 다른 관점을 제시하거나 주제와 관련된 사고를 자극해 확장하는 과제에 이상적이다. 예를 들어, 학생들은 자신의 아이디어를 검증하기 위해 고안한 실험이나 사회적 이슈에 관한 탐구를 기반으로 한 논증적 에세이를 바탕으로 연구 결과를 제시할 수 있다. 학생들은 새로운 아이디어를 접할 때 지금 배우는 내용을 전시장 관람 활동이나 박람회 활동을 하기 전부터 알던 지식과 연결해야 한다. 학생들은 이 주제에 관한 어떤 사전 지식을 가지고 있었는가? 이 주제에 대해 알고 있는 정

〈그림 21〉 예전 생각, 지금 생각 루틴을 위한 슬라이드 자료

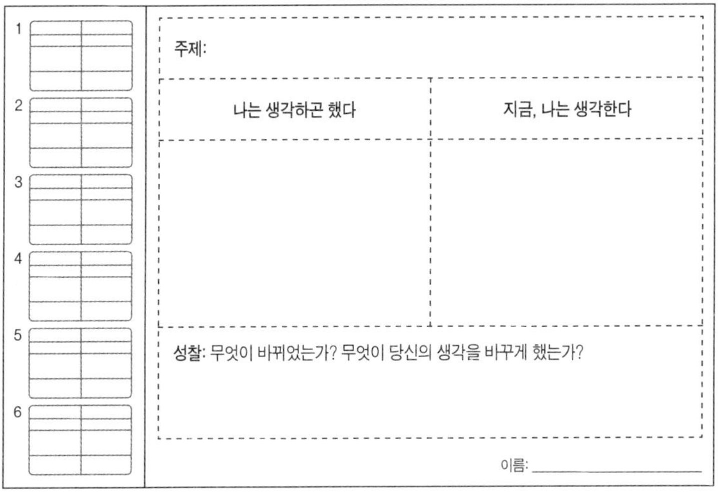

1
2
3
4
5
6

주제:

나는 생각하곤 했다

지금, 나는 생각한다

성찰: 무엇이 바뀌었는가? 무엇이 당신의 생각을 바꾸게 했는가?

이름: ____________

보를 어디서 얻었는가? 그런 다음 이 정보가 생각을 어떻게 확장시키고 있는지 고려해야 한다. 마지막으로, 무엇이 혼란스럽거나 불분명한지, 무엇이 생각의 확장에 자극을 주는지, 무엇이 궁금한지 명확하게 표현해야 한다. 이를 통해 창작자는 자신의 작품이 특정 주제, 이슈에 관한 청중의 사고와 이해에 미치는 영향을 파악하는 데 도움을 받을 수 있다.

'예전 생각, 지금 생각' 루틴(〈그림 21〉)은 학생들의 메타 인지 근육을 키우는 데 탁월하다. 이 루틴은 학생들이 전시장 관람 활동이나 박람회 활동을 하기 전에 해당 주제나 이슈에 대해 어떻게 생각했는지 검토하고 이를 명확히 표현하게 하고 특정 작업물을 접한 후 생각이

어떻게 바뀌었는지 설명하게 한다. 이 활동 결과물로 학생들의 생각이 바뀌었는가? 그렇다면 이 결과물이 학생들의 사고에 어떤 영향을 미쳤는가? 주제나 이슈에 대한 생각이나 의견에 동의하는가? 그렇다면 그 이유는 무엇인가? 이 사고 루틴은 창작자가 자신의 결과물이 주제나 이슈에 관한 청중의 사고에 어떤 영향을 미쳤는지 이해하는 데 도움이 된다. 이를 통해 창작자는 수업 시간에 만드는 학습 결과물의 힘과 다른 사람들에게 미치는 잠재적인 영향을 파악하게 된다.

학생은 활동 결과물을 게시하거나 공유할 때 어떤 전략을 사용하든 간에 청중의 참여를 유도하는 방법을 배워야 한다. 청중의 참여는 학생이 자신의 목소리와 창작물의 힘을 인식하는 데 도움이 된다. 청중의 피드백은 학생들에게 동기를 일으켜 '충분히 좋은'(교사 한 사람만 결과물을 볼 때 흔히 나타나는) 결과물이 아니라 탁월한 결과물을 목표로 삼도록 변화시킨다.

학기가 시작되고 처음 몇 달 동안은 학생들이 다양한 피드백 전략과 사고 루틴에 적응하도록 시간을 할애하는 것이 좋다. 그런 다음 점차적으로 학생에게 특정 대상의 참여 유도에 사용할 전략을 선택하도록 책임을 이양할 수 있다. 학생이 활동 목적을 파악하고 목표로 하는 청중을 이해하는 데 익숙해지면 청중 참여에 관한 의사 결정을 학생에게 넘기는 것이 목표가 되어야 한다.

정리하기

교사라는 한 명의 청중을 위해 글을 쓰거나 창작할 때, 학생들은 성적에만 관심을 가질 수 있다. 하지만 대상을 실제 청중으로 전환하면 자신의 작업과 결과물이 다른 사람들에게 어떤 영향을 미칠지 생각하기 시작한다. 또한 학생들이 실제 청중으로부터 피드백을 받고 그 피드백에 영감을 받아 활동 결과물을 수정할 수 있기 때문에 피드백 제공에 필요한 교사의 작업량을 분산하는 데 도움이 된다. 실제 청중이 자신의 결과물에 관해 비평하리라는 사실을 아는 것은 목적의식, 주인의식, 공감, 결과물의 질 향상으로 이어진다. 교사의 채점 부담이 줄어드는 것은 보너스다!

성찰과 토론하기

1. 현재의 평가 중 몇 개가 한 명의 청중을 대상으로 설계되었는가? 실제 청중을 대상으로 한 평가가 되도록 바꿀 수 있는 한 가지 과제는 무엇인가? 이러한 전환을 위해 이번 장에 소개된 전략들을 어떻게 사용할 수 있는가?
2. 학생들이 자신의 결과물을 공유할 실제 청중을 선택할 수 있도록 RAFT 형식을 어떻게 사용하거나 조정할 수 있는가?
3. 청중의 공감 이끌어 내기가 중요한 이유는 무엇인가? 학생들에게 특

정 청중과 공감하는 연습을 제공하기 위해 어떤 활동이나 루틴을 구현할 수 있는가? 대규모 과제나 프로젝트를 시작하기 전에 학생들이 이러한 기능을 연습할 수 있도록 〈표 8〉을 어떤 방식으로 사용할 수 있는가?

4. 전시장 관람 활동이나 박람회 활동 경험이 있는가? 그렇다면 어떤 전략을 사용했는가? 경험을 설명해 보라. 학급 밖 사람들을 초대해 경험에 참여하게 했는가? 그렇지 않다면 다른 학급, 가족, 지역사회 구성원을 초대하면 어떤 효과가 있겠는가?
5. 전시장 관람 활동이나 박람회 활동 중 청중의 참여를 유도하는 전략으로 프로젝트 제로의 생각 루틴을 사용하는 것에 대해 어떻게 생각하는가? 이러한 생각 루틴은 창작자와 청중 모두에게 어떤 식으로 도움이 되는가?

실천하기

이제는 한 명의 청중을 대상으로 한 평가에서 실제 청중을 대상으로 한 평가로 전환해야 할 때다. 과제 또는 프로젝트 중 하나를 학생과 실제 청중을 연결할 수 있는 기회로 바꾸자. 이 장의 전략 중 하나를 사용해 첫걸음을 내딛자!

- **전략 1:** 역할-청중-형식-과제 활용하기
- **전략 2:** 실제 청중을 대상으로 공감대 형성하기
- **전략 3:** 전시장 관람 활동, 박람회 활동, 청중 참여 유도하기

| 계획 템플릿 4 | 실제 청중

과제 또는 프로젝트 설명 · 학습 목표는 무엇인가? · 이 과제 또는 프로젝트에 기대하는 바는 무엇인가?	
어떤 전략을 사용하고자 하는가? · 역할-청중-형식-과제 활용하기 · 공감대 형성하기 · 전시장 관람 활동 · 박람회 활동 · 사고 루틴으로 청중 참여 유도하기	
이 과제 또는 프로젝트를 수행할 때 학생에게 통제권을 넘기기 위해 어떤 블렌디드 러닝 모델 또는 전략을 사용하고자 하는가? · 정거장 순환 모델 · 활동 목록 모델 · 선택판	
피드백 · 학생들이 과제나 프로젝트를 진행할 때 지원할 시간과 공간을 어떻게 만들 수 있는가? · 청중이 피드백을 제공하도록 어떻게 장려할 것인가? 학생들은 어떤 유형의 피드백이 가장 유용한지 결정할 수 있는가?	
학생의 주도성 · 학생이 내용, 과정, 결과물에 관한 의사 결정을 할 수 있는가? · 학생은 자신의 활동 결과물에 가장 적합한 청중을 결정하는 데 목소리를 낼 수 있는가?	

6장

새로운 시작 5

교사가 만드는 복습 및 연습 문제에서 학생이 만드는 복습 및 연습 문제로 전환

프로 미식축구 리그의 경기 영상

캐틀린 내 여동생과 나는 열렬한 미식축구 팬이다. 여동생은 로스앤젤레스에서 자랐음에도 그린베이 패커스*를 열광적으로 응원하며 나는 시애틀 시호크스와 샌프란시스코 포티나이너스를 좋아한다. 우리는 다양한 팀의 선수들을 스카우트해 각자의 팀을 구성한 후 가상으로 경기를 하는 판타지 풋볼** 리그에 참여할 정도다. 그래서 일요일에는 레드존***을 시청하면서 여러 경기의 주요 장면을 살펴본다.

여담이지만 레드존을 처음 기획한 사람이 천재라는 점을 짚고 넘어가지 않을 수 없다. 상업적인 광고가 전혀 없고, 여러 경기가 동시에 진행될 때에도 각 경기의 득점 기회 장면을 오가며 보여 주기 때문에 흥미진진하다. 진행자인 스콧 핸슨Scott Hanson은 어떤 선수와 팀이 잘하고 있는지, 그렇지 않은지 등 경기 장면을 능숙하게 해설해 준다.

핸슨의 제3자적 관점은 게임에 대한 통찰력을 제공하지만 대부분의 선수는 경기 영상을 반복 시청하면서 스스로 학습한다. 프로 미식축구 리그National Football League: 이하 NFL 선수들은 다음 경기 대비에 도움이 되는 영상이 담긴 태블릿을 가지고 있다. 뉴올리언스 세인츠의 수

* 위스콘신주의 연고 팀이다.

** 팬들이 프로 미식축구 리그 선수들로 가상의 팀을 구성하고, 실제 경기에서의 선수 실적을 기반으로 점수는 매기는 게임이다.

*** NFL 네트워크가 소유 및 운영 중인 미국의 스포츠 텔레비전 채널로, 프로 미식축구 리그 정규 시즌에 일요일 오후 1시부터 8시까지 방송한다.

비수인 맬컴 젱킨스Malcolm Jenkins는 팀 미팅에서 보는 경기 영상 외에도 매일 2~3시간 분량의 경기 영상을 혼자서 시청한다고 한다. 미식축구 선수들, 특히 수비 라인은 경기 당일에 상대 팀과 맞붙을 때 무엇을 해야 하는지 알아야 한다. 상대의 성향, 역할, 포메이션과 경로를 이해해야 한다. 상대 팀의 쿼터백은 직접 볼을 들고 뛰어 전진해 올 것인지, 아니면 패스 플레이를 할 것인지, 어느 쪽으로 달릴 것인지, 공격 라인의 약점은 무엇이며 나는 그 약점을 어떻게 활용할 것인지 등을 분석하고 예상해야 한다.

NFL의 최고 선수들 중 상당수는 경기를 앞두고 팀 미팅과 연습 이후에도 경기 영상을 보는 데 상당한 시간을 할애한다. 그런데 경기 영상 시청을 얼마나 선호하는지는 선수마다 다르다. 어떤 선수는 매일 몇 시간씩 시청하지만, 어떤 선수는 한 번에 45분으로 제한해 시청한 내용을 소화할 시간을 갖는다. 연습 후 욕조에 몸을 담그고 시청하는 선수도, 집에서 대형 스크린으로 경기를 보는 선수도 있다. 그리고 선수마다 자신의 특정 포지션과 관련된 경기의 여러 부분을 공부한다. 경기 당일 자신의 임무를 숙지하고, 맞닥뜨릴 상대 선수들을 공부한다. 그들은 경기 준비를 위해 모든 경기 장면을 볼 필요가 없다. 이는 귀중한 시간을 낭비하고 영상으로 경기를 학습하는 효과를 저해할 수 있다. 대신 자신의 포지션을 비롯해 자신이 맞설 특정 선수들과 관련된 장면에 집중하면, 예상되는 시나리오를 상상하고 머릿속으로 경기를 복습해 정신적으로 준비하는 데 도움이 된다.

NFL 선수들이 경기를 준비하면서 영상을 보고 경기와 상대 선수들을 공부하듯이, 학생들도 정기적으로 기억을 인출시키는 연습과 복습으로 내용 지식에 대한 이해를 높이고 기능을 연마해야 한다. 이는 일회적인 이벤트가 아니라 교육과정과 수업에 통합되어 학생 각자에게 필요한 영역에 집중되고 개별화될 때 효과적이다.

그러나 이러한 연습은 대부분 시험 며칠 전으로 미뤄지고, 학생들은 벼락치기로 뇌에 정보를 주입하기 시작하는데, 뇌 기반 연구에 따르면 이때에는 정보를 넣기보다는 정보 인출에 초점을 맞추는 것이 훨씬 더 효과적이다.

연구와 실제: 파워 업을 위한 도구

학생은 학교 수업에서 개념, 과정, 기능을 지속적으로 경험해야 한다. 푸자 아가월Pooja K. Agarwal과 파트리스 베인Patrice Bain은 『파워풀 티칭: 학습 과학을 활용하라*(Powerful Teaching: Unleash the Science of Learning)*』에서 뇌 기반 연구를 교육에 적용해 교사가 수업 방식을 개선하고 학생의 학습을 촉진하도록 돕는다. 이들은 '파워 도구'라고 부르는 네 가지 증거 기반 전략인 '인출 연습retrieval practice', '간격화spacing', '끼워 넣기interleaving', '피드백을 기반으로 한 메타 인지feedback-driven metacognition'를 설명한다.[1]

인출 연습: 우리가 이미 알고 있는 정보를 의도적으로 떠올리는 과정이다. 요리할 때를 생각해 보자. 파프리카나 마늘 가루가 든 소금을 찾기 위해 향신료 수납장을 자주 사용할수록 예전보다 원하는 것을 빨리 찾을 수 있다. 마찬가지로 책장에 있는 특정한 책을 다시 찾을수록 다음에는 찾기가 쉬워진다. 학생들이 인출 연습에 참여할 때도 그렇다. 기억에서 정보를 꺼내는 연습을 의도적이고 반복적으로 하면 인출을 더욱 잘하게 된다.

간격화: 복습 및 연습을 교사에 의한 이벤트가 아닌 수업의 정기적인 과정으로 만들 수 있다. 축구 선수들이 큰 경기를 준비하기 위해 매주 영상을 보면서 경기와 선수를 분석하듯이 학생들도 시간이 지남에 따라 반복적인 연습이 필요하다. 학생들이 개념과 기능을 더 자주, 지속적으로 복습하고 연습할수록 더 오랫동안 기억하고 향후 그 기능을 성공적으로 적용할 가능성이 높아진다.

끼워 넣기: 서로 다른 개념, 주제, 연습 유형을 혼합해 학습하는 기법이다. 이는 응용력이 낮은 기계적인 암기 학습을 피하는 것을 목표로 한다. 축구 선수들은 한 번에 하나의 경기 형태로만 연습하는 것이 아니라 어떤 일이 일어날지 모르는 경기에 더 잘 대비하기 위해 여러 상황을 혼합해 연습한다. 만약 한 가지 시나리오만 준비한다면 다양한 경기 대응에 그다지 효과적이지 않을 것이다. 마찬가지로 학생

들은 "패턴을 이해하고 연결을 형성"하기 위해 다양한 주제와 유형의 질문으로 연습해야 한다.[2] 끼워 넣기 기법을 사용해 복습과 연습을 혼합할 때 "학습 과제는 더 많은 지적 노력을 요구하며 시간이 더 많이 소요된다. 이 때문에 학생들은 많은 정보를 서로 연결 지어야 하므로 학습 속도를 늦추고, 학습 과제를 해결하기 위한 적절한 전략을 수립하기 위한 다양한 생각을 창출해야 한다." 따라서 끼워 넣기의 원리에 따르면 적게 배울수록 많이 배운다.

피드백을 기반으로 한 메타 인지: 『파워풀 티칭』에 설명된 네 번째이자 마지막 파워 도구다. 이것은 학생이 스스로 아는 것과 모르는 것을 구분하여 자신의 내용 지식과 기능, 능력에 대한 인식의 발달을 목표로 한다. 인출 연습에 대한 피드백은 학생에게 어떤 답변이나 응답의 정오 여부를 알려 주기 때문에 학생은 자신의 강점, 더 많은 시간과 주의가 필요한 부분을 보다 명확하게 알 수 있다. 이 피드백은 기계가 제공하든, 교사가 제공하든, 자기 평가를 통한 것이든, 학습자로서 학습에 대한 이해를 높인다.

이 네 가지 뇌 기반 파워 도구는 학습 경험의 중심에 학생을 두는 효과적인 복습 및 연습을 위한 접근 방법을 안내할 수 있다. 학생들이 복습 및 연습에 더 많은 주인의식을 가질수록 특정 요구에 맞춘 개별화된 학습이 될 가능성이 높아지고 이는 교실에서 지속 가능한 부분이 된다.

학생들을 인출 연습에 참여시키는 전통적인 접근법은 여러 측면에서 문제가 있다.

1. 복습 및 연습은 종종 모든 일상적 수업에서 필수적으로 다루어지지 않고 시험 준비에만 초점이 맞춰진다.
2. 복습 및 연습은 종종 학생들에게 적응력과 유연성을 기르도록 요구하는 대신 암기를 부추긴다.
3. 인출 연습을 위한 복습 문제 및 연습 활동을 만들거나 학습 안내서에 포함할 항목의 목록을 작성하는 등 대부분의 일을 교사가 한다.
4. 복습 게임이나 학습 안내서는 일회성에 그쳐서 용어나 개념의 이해, 기능 향상의 기회를 제공하지 않는다.
5. 교사가 복습 게임이나 연습 문제, 학습 안내서를 만들기 때문에 학생이 아닌 교사가 학습 내용에 관해 사고한다.

전략 1: 학생이 복습 문제 만들기

온라인 복습 게임은 학습을 게임화해 학생들에게 복습과 연습 기회를 제공하는 인기 있는 방법이다. 학생들에게는 맞고 틀림에 관한 즉각적인 피드백을 제공하고, 교사에게는 학생 성과에 대한 데이터를 신속히 제공한다. 카후트Kahoot와 같은 복습 소프트웨어를 사용해 온라인상에서 복습하거나 모둠 간 게임을 하거나 형성 평가 도구를 활동 목록에 포함해 사용할 수 있다.

복습 게임을 위한 다양한 양질의 문제를 생성하는 일은 많은 시간이 소요되며 고차원적인 사고를 필요로 한다. 이 과제는 너무 자주 교사의 몫이 된다. 우리는 이것이 잃어버린 학습 기회라고 생각한다. 교사는 복습 게임용 문제를 만드는 데 시간을 쓰는 대신, 학생들을 모둠으로 편성하고 그들이 협력해 퀴즈를 직접 만들도록 할 수 있다. 퀴즈의 중심이 되는 내용과 퀴즈 유형을 학생들이 직접 결정하게 해 교육과정의 여러 개념, 과정, 어휘 및 기능을 복습할 수 있도록 촉진한다.

학생이 문제를 개발할 때는 자신이 배운 내용을 비판적으로 생각하고 필수 어휘, 개념, 기능의 습득을 목표로 삼아야 한다. 이 협력 활동은 모둠으로 하는 정거장 순환 또는 학급 전체 순환 수업의 일환으로 이상적이다. 〈그림 22〉처럼 퀴즈를 종이나 디지털 슬라이드에 공동으로 작성하는 과제를 모둠에 요청해 보라. 그러면 학생들은 슬라이드 내부 기능을 사용해 다양한 유형의 문제를 만들고 단답형, 연결형(배합형), 선다형, 순위 매기기, 참과 거짓 등 여러 형식을 결합할 수 있다.

학생들이 퀴즈를 만든 후에는 교사가 우수한 문제를 골라 반 전체를 위한 복습 게임을 만들 수 있다. 학생들이 좀 더 주도적으로 복습 연습을 하게 하려면 모둠별로 만든 퀴즈를 다른 모둠과 공유하고 일정한 양의 문제를 선택하게 한다. 이렇게 하면 주요 개념, 어휘 및 기능을 복습하는 데 가장 도움이 되는 문제에 집중하게 된다. 복습 과정

〈그림 22〉 학생이 제작한 복습 문제 슬라이드

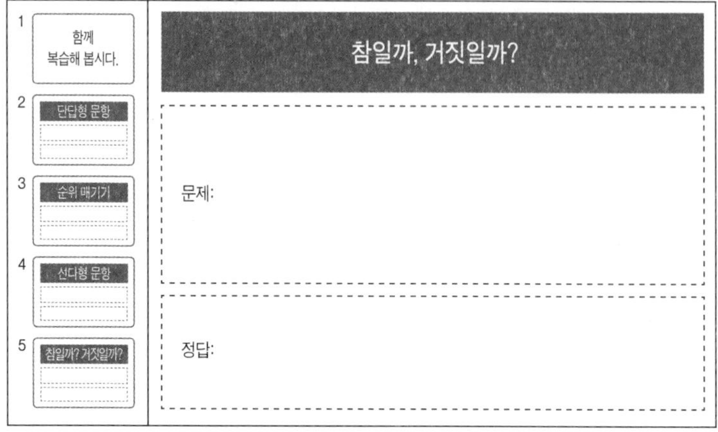

에서 개념을 섞어 사용하면 더 많은 지적 노력이 필요하므로, 효과적인 연습이 되게 하기 위해서는 많은 양의 문제가 필요하지 않다는 점을 기억해야 한다. 오히려 학생이 선택한 문제와 함께 특정 문제에 집중한 이유를 설명하도록 요청하는 성찰적 프롬프트를 제시하는 것이 더 효과적일 수 있다.

학생들이 자신의 선택을 되돌아보고 연습을 완료하면, 교사 또는 문제를 만든 모둠은 학생이 작업의 정확성을 평가해 잘한 점, 정답을 맞힌 문제, 복습이 필요한 문제를 확인할 수 있도록 답안을 제시한다. 이러한 연습은 배운 내용을 성찰하게 한다. '어떤 개념, 과정, 공식 등을 기억하고 이해했는가?', '연습에 더 많은 시간을 할애해야 하는 부분은 어디인가?', '어떤 부분에서 성장하거나 향상했음을 발견할 수 있는가?', '어떤 추가 지원이나 도움이 필요한가?'와 같이 성찰은 다양한 형태를 취하므로 학생들에게 자신의 성찰을 공유할 방법을 결정하는 주도성을 부여하라.

전략 2: 학생이 복습 및 연습 선택판 만들기

선택판은 학생의 주도성을 우선시해 학생이 직접 활동을 결정하게 하지만 만들기까지 시간이 많이 걸릴 수 있다. 선택판의 목적이 학생들에게 평가 전에 복습하고 연습할 개념, 어휘 및 기능을 선택할 기회를 주는 것이라면, 교사는 학생들에게 〈그림 23〉에서처럼 복습 및 연습 선택판을 설계하기 위해 협력적으로 작업하도록 요청하는 것이 좋다. 학생이 설계한 선택판은 교사가 만든 기존의 학습 안내서를 대체할 수 있는 훌륭한 대안이다.

또래들을 위한 복습 및 연습 선택판 만들기는 학생들에게 인지적으로 어려운 과제다. 학생들은 학습 주기나 단원을 생각하고 좋은 평가를 받는 데 필요한 주요 개념, 어휘 및 기능을 파악해야 한다. 그리고 다른 유형의 학습자가 흥미를 느낄 만한 다양한 활동을 설계해 또래들이 의미 있는 선택을 하도록 이끌어야 한다. 이는 정밀한 작업이므로 짝 활동이나 모둠 활동이 적절하다.

만약 정거장 학습을 한다면 정거장에서의 과제 수행 시간과 학생들의 진행 상황에 따라 이 과제를 수행하는 두세 개의 정거장을 만들어 볼 것을 제안한다. 학생들은 종이나 디지털 문서로 선택판을 만들고, 교사는 완성된 학생들의 결과물을 모아 내용을 검토한 후 복습 및 연습에 사용할 가장 우수한 것을 선택한다. 그런 다음 학급의 모둠이 돌아가면서 또는 활동 목록 일부로 선택판의 항목을 완료하게 한다. 학생이 선택판에서 학습 활동을 완료하는 동안 교사는 개별, 모둠, 모둠 내 일부 학생을 대상으로 개인별 맞춤 지도를 하거나 활동을 지원한다.

〈그림 23〉 학생이 만드는 복습 및 연습 선택판

복습 및 연습 선택판		
각 열에서 한 문항을 선택해 평가를 준비한다.		
용어	핵심 개념	기능

전략 3: 표준화된 평가 준비하기

학생들이 내신 평가를 준비하도록 하는 일도 매우 중요하지만, 우리는 표준화된 시험, 대학입학자격시험SAT, 국제공통대학입학자격시험IB, 대학 과목 선이수제AP 시험 및 기타 중대한 시험의 현실 또한 알고 있다. 이때 학생들은 한 단원의 수준에 중점을 두기보다는 여러 해 동안 배운 모든 것을 종합적으로 평가받게 된다. 그럼에도 불구하고 보편적 학습 설계와 블렌디드 러닝은 학생들이 자신이 아는 내용을 공유할 때 자신감을 가지도록 돕는다. 시험 준비 방법에는 다음과 같은 요소가 포함된다.

- 가능한 한 많은 모의고사 문제
- 시험 문제를 출제하는 기관에서 제공하는 실제 응시생들의 예시 답안
- 주관식 답안 채점에 사용되는 루브릭
- 객관식 문항 설계 방식에 대한 연구
- 시험 불안test anxiety과 이를 해소하는 방법에 대한 연구

물론 이 모든 자료를 직접 찾아볼 수도 있지만, 이 책을 충분히 읽었으니 그 작업은 학생들에게 맡기는 편이 좋다. 한 가지 아이디어는 소규모 모둠을 편성하고 모둠별로 과제를 부여하는 것이다. 〈표 9〉는 학생들에게 지시 사항을 전달할 때 사용하거나 조정해 적용할 수 있다.

〈표 9〉 표준화 시험을 위한 모둠 편성 준비

블렌디드 러닝 모델 및 전략	
학생 여러분은 5월에 (　　) 시험을 치른다. 여러분은 질문에 답하기 위해 필요한 모든 지식과 기능을 준비하게 된다. 자신감을 가지려면 시험의 규칙을 아는 것 또한 중요하다. 표준화된 시험에서 성공하는 것은 퍼즐 풀기와 같다. 따라서 이 수업에서는 모둠 간에 협력해 퍼즐의 한 조각을 찾아낸 다음, 모든 조각을 하나로 모으는 실행 계획을 만든다!	
	지침
1 모둠	해당 학년 및 과목에 맞는 모의고사를 찾아본다. 해당 시험과 관련한 링크를 추가한다. 가능한 한 많은 문제를 찾은 후, 모든 문제를 검토하고 공통점을 파악한다. 각 모의고사 문제의 특징을 강조하는 개념 지도, 짧은 발표 자료 또는 글을 작성해 반 친구들과 공유한다.
2 모둠	응시 과목에서 수준 높은 학생이 작성한 답안의 예시를 찾아본다. 다섯 개 이상의 예시를 확인한 후, 모든 예시를 검토하고 공통점을 파악한다. 그런 다음, 우수한 글쓰기의 특징과 패턴을 개념 지도, 간단한 발표 자료, 또는 '레시피' 형태로 정리한다.
3 모둠	주관식 답안 채점에 사용되는 루브릭을 찾는다. 루브릭을 찾으면 예와 반례가 모두 존재하도록 각 수행 범주에 학생 작업을 연결하는 자료를 만든다. 2 모둠에서 수준 높은 예는 얻을 수 있지만 다른 모든 수행 능력 범주의 예는 직접 찾아야 한다. 각 범주와 관련된 예시를 찾은 후, 무엇이 부족했는지 설명문을 작성한다.
4 모둠	수준 높은 객관식 문제 개발은 예술이자 과학이다. 출제자가 응시자를 혼란스럽게 하거나 함정을 파 놓는 방법에는 어떤 것들이 있는가? 객관식 문제를 까다롭게 만드는 방식과 이러한 문제를 효과적으로 풀기 위한 전략을 발표 자료, 동영상과 오디오, 글쓰기를 통해 공유한다. 모둠에서 수준 높은 객관식 문제를 작성하는 방법을 자세히 알아본다.

5 모둠	일부 사람들은 표준화된 시험에 응시할 때 시험 불안을 느끼기도 한다. 모둠에서 시험 불안에 대해 더 깊이 연구하고 이를 최소화하기 위한 방법을 알아본다. 시험 불안이 무엇이며 이를 피하기 위해 노력하는 방법을 발표 자료, 동영상과 오디오, 글쓰기를 통해 공유한다.

각 모둠이 조사를 마친 후에는 발표, 수업 활동, 복습 게임 등을 준비해 표준화된 시험을 치르는 과정에 대한 투명성을 더욱 높인다. 또한 학생들에게 연중 활용 가능한 문서를 제공해 자신만의 복습 문제를 제작하고, 예시 답안을 다시 살펴보며 자신의 글과 비교하거나 대조하고, 객관식 문제를 만드는 팁과 요령을 학습하도록 독려할 수 있다. 이를 통해 시험 전략을 깊이 이해하고 자신감을 가지도록 학생들을 지원할 수 있다.

정리하기

학생들이 더 전문적이고 성찰적으로 학습하기를 원한다면, 우리는 복습 및 연습에 대한 책임을 그들에게 이양해야 한다. 교사로서 우리는 학습 안내서, 복습 문제, 복습 게임을 만드는 데 많은 시간을 쏟는다. 생각해 보라. 밤새워 〈제퍼디!〉* 를 만드는 대신 실제 쇼를 볼 수 있는 것이다! 학생들 스스로 주인의식을 갖고 복습하고 연습하도록 도와주면 평가 과정이 더욱 투명해지고 자신감을 키울 수 있다. NFL 선수들이 지속적으로 영상을 복습하는 것처럼, 학생들도 그들의 학습을 계속 검토하고, 어떻게 평가될지 예측하고, 표준화된 시험의 세계를 탐색해야 한다.

성찰과 토론하기

1. 평소 자신의 복습 및 연습 방식은 인출 연습, 간격화, 끼워 넣기, 피드백을 기반으로 한 메타 인지와 어떤 점에서 같고 다른가?
2. 보편적으로 설계된 교실에서 학생이 만든 선택판으로 어떻게 학생들의 복습 및 연습을 개별화할 수 있는가?
3. 학생들이 좀 더 표준화된 평가를 받을 수 있도록 준비하는 기존의

* 미국의 장수 퀴즈쇼다.

방법을 고려해 보자. 이 장에서 설명한 전략을 실행한다면 어떻게 달라지는가?

실천하기

복습 및 연습 전략을 보편적 학습 설계와 블렌디드 러닝으로 바꿀 때다. 직접 학습 안내서를 만들고 복습 게임을 하는 시험 복습의 날을 정하는 대신 다음 전략 중 하나를 시도해 보자.

- **전략 1**: 학생이 복습 문제 만들기
- **전략 2**: 학생이 복습 및 연습 선택판 만들기
- **전략 3**: 표준화된 평가 준비하기

학생들과 함께 학생 주도형 수업으로의 변화가 얼마나 효과적으로 이루어졌는지, 총괄 평가에서 알고 있는 것을 서로 공유할 때 그들의 참여도와 준비도에 어떤 영향을 미치는지 성찰한다.

| 계획 템플릿 5 | 학생이 만드는 복습 및 연습 문제

학생들은 어떤 내용으로 복습 및 연습을 하고 있는가? · 단원 · 학습 주기 · 대학 과목 선이수제 시험 · 표준화된 시험	
어떤 전략을 사용하고 싶은가? · 학생이 복습 문제 만들기 · 학생이 복습 및 연습 선택판 만들기 · 표준화된 평가 준비하기	
학생들에게 주도권을 넘기기 위해 어떤 블렌디드 러닝 모델 또는 전략을 사용하고자 하는가? · 정거장 순환 모델 · 선택판 · 활동 목록 모델 · 학급 전체 순환 모델	
학생들이 서로를 위해 복습 및 연습 과제를 만드는 동안 시간을 어떻게 활용할 것인가? · 맞춤형 교육 및 지원 제공 · 복습 및 연습에 대한 집중적이고 실행 가능한 피드백 제공 · 학생의 진행 상황과 관련한 상담 진행	
이 활동이 자신의 참여와 평가 준비에 미친 영향을 학생 스스로 성찰하게 하려면 어떻게 격려해야 하는가?	

7장

새로운 시작 6

교사용 도구로서의 형성 평가에서 학습자를 위한 메타 인지 도구로 전환

애플 워치에 굴복하다

케이티 나는 애플 워치의 구입을 최대한 오랫동안 미뤄 왔던 사람 중에 하나다. 친구들이 소형 컴퓨터를 그들의 손목에 들일 때 나는 반대했다. 피트니스 앱은 서 있는 시간, 하루 활동량, 운동량을 나타내는 세 가지 색상의 동심원으로 상징되었고, 친구들은 열광했다. 각 카테고리의 목표를 달성해 매일 '고리들을 완성하는'* 것이 이 앱의 아이디어다. 솔직히 나는 이 아이디어가 말도 안 된다고 생각했다. 그러던 어느 날 밤, 친구의 사무실에 모여 와인 한잔을 마시며 하트 게임을 하는 동안 상황은 더욱 심각해졌다. 하트가 깨지고 한참 후,** 친구는 피트니스 앱에서 일어날 시간이 되었다는 알림을 받았다. 그다음에 어떤 일이 벌어졌을지 알 것이다. 그녀는 자리에서 일어섰다. 그렇다, 이제는 확실하다. 애플 워치는 절대 사지 않을 것이다.

이 이야기를 하는 지금 내 왼쪽 손목에는 애플 워치가 있다. 솔직히 말해서 내가 직접 산 것은 아니다. 어느 날 위층의 내 방에 가보니 침대 옆 탁자 위에 포장된 상자가 놓여 있었다. 이제 나는 애플 워치에 푹 빠졌다.

애플 워치를 처음 알게 되었을 때 애플이 내 정보를 얻는다는 측면

* 목표를 달성하면 동그라미 모양이 닫힌다.

** 하트 게임에서 다른 무늬의 카드를 낼 수 없을 때 하트 카드를 내면 하트가 깨진다고 표현하며 시간이 많이 지났음을 의미한다.

에서 피트니스 앱을 생각했다. 나에 대한 데이터를 수집하는 마케팅 도구로만 여겼지, 나를 위한 도구라 여기지 않았던 것이다. 워치의 정보가 나에게 어떤 식으로든 영향을 미치거나 습관을 바꿀 수 있다고는 생각하지 못했다. 내가 틀렸다.

나는 워치를 받자마자 대부분의 알림 기능을 껐다. 전화를 받거나 이메일에 접속하거나 문자가 왔다는 지속적인 알림을 받고 싶지 않았기 때문이다. 이런 알림은 휴대전화를 사용하거나 컴퓨터에 로그인할 때 이미 많이 받고 있었으니까. 나는 워치를 그냥 시계로 사용했다. 나에게는 아주 잘 맞았다. 스마트 워치에 합류한 지 며칠 후, 열 살 난 딸과 마주 앉아 대화를 나누던 중 갑자기 손목에서 진동이 느껴지면서 불편한 느낌이 들었다. 워치를 내려다보니 숨을 쉬라는 알림이 표시되어 있었다. 워치는 맥박이 빨라지는 것을 감지하고(그리고 그 밖의 다른 신호도 감지했다) 이완하라는 신호를 보냈다. 나는 웃으며 심호흡한 후, 머리를 빗는 것이 왜 선택 사항이라고 생각하는지에 대한 딸과의 대화에 훨씬 더 잘 대처할 수 있었다.

일어나라는 알림도 고마워지기 시작했다. 대학원 과정에서 글 쓰고, 발표하고, 지도하고, 평가에 대한 피드백을 제공하느라 몇 시간씩 앉아 있는 날이 있다. 나는 몰입하면, 일어나서 스트레칭하거나 물을 한 잔 마시거나 개를 산책시켜야 하는 일을 완전히 잊곤 한다. 나는 고리를 완성하는 데 욕심부리지 않고 이메일이나 휴대전화의 알림을 받지 않지만, 워치는 내게 호흡, 앉는 습관, 활동량과 같은 정보를 더 잘 인식할 수 있도록 돕는 도구가 되어 주었다.

나는 30년 넘게 달리기를 해 왔지만 달리기 도중 피드백을 수집하는 것에 대해 크게 생각하지 않았다. 워치를 착용하기 전에는, 오디오북을 다운로드하고, 무선 이어폰을 꽂고, 휴대전화를 러닝 벨트에 넣고 달렸는데, 달린 거리 외에는 달성의 척도가 없었기 때문에 페이스를 고려하지 않고 무리하게 달리기를 시도했다. 워치를 구입한 후에는 달리기 생활에 좀 더 목적의식을 갖고 동기부여를 하기 시작했다. 평균 페이스를 파악하고 자신감이 생겼을 때 페이스를 끌어올렸다. 심박수 모니터로 내가 너무 맹렬하게 뛰고 있는지를 확인하고, 워치가 숨을 돌리라고 알려 주면 이제는 속도를 늦추고 스트레칭을 한다. 가장 좋은 점은 더 이상 거추장스러운 러닝 벨트가 필요 없고 오디오북을 손목에 차고 다닐 수 있다는 사실이다!

나는 애플 워치를 도구로 사용하게 되었다. 그 일이 얼마나 빨리 일어났는지 되돌아보면서 형성 평가가 가져올 변화의 잠재력을 생각해 본다. 형성 평가는 종종 학생을 위한 것이 아니라 학생에 대한 데이터를 수집하는 것처럼 보인다. 퀴즈, 수업 참여도, 과제 등은 학습에 필요한 성적으로 간주되기도 하지만, 그 의도는 학습이 아니라 오히려 책임감, 규정 준수를 위한 도구일 때가 많다. "성적을 매기지 않으면 학생들이 진지하게 받아들이지 않을 것"이라는 말을 듣기도 한다. 형성 평가를 '당근'으로 사용할 때 그 목적은 성적표에 적힐 숫자를 채우는 것 이상으로 확장되지 않는다.

형성 평가의 목적을 설명할 때 내 애플 워치 이야기를 기억하라. 평가는 학생이 자신의 학습을 되돌아보고 행동을 취하도록 스스로 맞춤 설정을 하고 사용할 수 있는 도구로 설계해야 한다. 심호흡 혹은 동네 산책이 아닐지라도, 형성 평가는 학습자로서 자신에 대한 데이터를 사용해 성공의 '고리를 완성'하기 위한 자기 인식, 자기 성찰, 실행 기능을 구축하게 한다.

연구와 실제: 학습으로서의 평가

학창 시절을 떠올려 보자. 선생님이 깜짝 퀴즈가 있다고 미리 알려 준 경험이 있는 사람이 얼마나 될까? 퀴즈를 풀 준비가 되어 있고 실제로 이런 유형의 알림을 즐긴 사람들도 있을 테지만, 많은 사람은 깜짝 퀴즈 소식에 완전히 패닉 모드에 빠졌으리라고 짐작할 수 있다. 우리가 학교에 다닐 때 깜짝 퀴즈, 과제 및 다른 형성 평가는 두렵고 무서운 대상이었다. 성공 여부와 상관없이 그 깜짝 퀴즈를 통해 무엇을 배웠는지 기억하는 사람이 있을까? 그것들의 목적은 정확히 무엇이었을까?

『보편적 학습 설계와 블렌디드 러닝』에서는 학습에 대한 평가가 아닌 학습으로서의 형성 평가에 대해 논의했다. 평가는 너무 자주 성찰 도구가 아닌 측정 도구로 사용된다. 우리 모두는 가르치는 일을 하고 있기 때문에 우리의 형성 평가가 수업을 유도하고 학생을 학습 전문가로 만들 수 있도록 하는 것이 중요하다.

형성 평가에 관한 많은 연구는 폴 블랙Paul Black과 딜런 윌리엄Dylan William의 『블랙 박스 내부: 교실 평가를 통해 성취 기준 도달하기*(Inside the Black Box: Raising Standards through Classroom Assessment)*』에서 정보를 얻었다. 그들은 학습자와 기준 공유하기, 수업 중 대화하기와 질문 개발하기, 적절한 피드백 제공하기, 또래 및 자기 평가하기를 형성 평가의 주된 특징으로 꼽았다.[1]

학습자와 기준 공유하기

학습자와의 기준 공유는 확고한 목표에 대한 보편적 학습 설계의 강조점과 연결된다. 학생들과 함께 성공 기준을 정의하려면 모든 학습자가 무엇을 알고 무엇을 할지 명확히 해야 한다. 전통적으로 교사가 성공 기준을 만드는 데 앞장서지만, 학생을 학습 전문가로 양성하기 위해서는 학생 스스로 성공이 무엇인지 정의 내리도록 권한을 부여하는 것이 좋다.

학생 스스로 성공 기준을 만들면 교사가 학생에게 기대하는 지식과 행동을 더 잘 이해할 수 있고, "학생들이 공유된 기대치와 비교해 학습을 정확하고 적절하게 평가하고 학습에 필요한 조정을 할 수 있도록 도와줌으로써 서로를 지원하고 자신의 학습에 대한 책임을 질 수 있다. 학생들은 학습자로서 활성화된다."[2]

수업 중 대화하기와 질문 개발하기

형성 평가가 성과를 판단하는 측정 도구로 사용되면, 학생들이 잘못된 점을 토론하고 개선할 계획을 세울 수 있는 환경이 조성되지 않는다. 오히려 학생들은 주변 사람들의 시선과 호기심으로부터 자신을 보호하기 위해 자신의 퀴즈 성적을 몸으로 가린다.

학생들이 형성 평가의 결과를 공유하도록 장려하려면, 평가와 토론의 목적은 성찰과 협력적 계획이라는 점을 강조해야 한다. 우리가 가장 좋아하는 동영상 중 하나는 중학교 수학 교사 리아 앨칼라Leah Alcala의 영상이다. "실수 강조하기: 채점 전략"이라는 영상에서 그녀는 퀴즈를 형성 평가로 활용하는 전략을 보여 준다. 그녀는 더 이상 평가에 성적을 매기지 않고, 대신 실수한 부분에 표시를 해 피드백을 제공한다. 왜 표시했는지는 알려 주지 않는다.[3] 실수한 부분에 오직 표시만 해 준다면 학생들이 수정을 얼마나 빨리 할 수 있을지 상상해 보라(빨리 할 수 없을 것이다).

앨칼라는 말한다. "나는 아이들과의 모든 상호작용이 배움의 순간이 되기를 바랍니다. 예전 방식으로 성적을 매기고 시험지를 돌려줄 때 느낀 점은 아이들이 성적을 보고 자신이 수학을 잘하는지 아닌지 판단한 다음 다시는 보지 않는다는 것이었어요." 우리 모두에게 그런 순간이 있다고 생각한다. 우리는 피드백을 제공하는 데 너무 많은 시간을 할애하지만, 우리의 노력은 곧바로 재활용 쓰레기통으로 버려지거나 파일 바인더 안으로 들어가 결코 다시는 볼 수 없게 된다.

앨칼라는 형성 평가의 성적이 학습에 장애가 된다는 점을 인식하고 형성 평가를 실수와 오개념을 강조하는 방식으로 전환해 학생들이 모둠을 이루고 힘을 합침으로써 실수가 무엇인지, 이를 해결하기 위해 어떻게 협력할 수 있는지 결정하도록 독려했다. 그녀는 모둠이 동시에 작업하도록 했지만, 교사가 각 모둠을 관찰하고 오개념을 해결하도록 정거장 순환 모델을 사용할 수도 있다.

영상 속에서 학생들은 모둠별로 작업하면서 형성 평가의 결과를 공유하고 "여기서 뭘 한 거니?"와 같은 질문을 하면서 답을 비교하고, 학습지를 성찰하고, 서로를 가르친다. 앨칼라는 평가한 것을 돌려주면서 "너희들은 계속 배우고 있어."라고, 이것이 평가의 목적이라고 말한다. 학생들이 퀴즈를 풀고 난 후에는 평가에 다시 응할 수 있다. 이 영상은 수업, 협력, 지속적인 학습을 촉진할 수 있는 형성 평가의 잠재력을 보여 주는 훌륭한 사례다.

적절한 피드백 제공하기, 또래 및 자기 평가하기

앨칼라의 수업에서는 학생들이 오개념과 실수했다고 표시된 곳에 대해 토론하면서 서로에게 피드백을 제공한다. 여기서 중요한 것은 피드백이 결과 중심이 아닌 과정 중심이라는 점이다. 피드백이 결과 지향적일 때는 학습자가 다시 작업하거나 다시 생각할 여지가 적으므로 성과의 질이 변할 가능성이 낮다.[4] 앨칼라가 형성 평가 과정에서 모둠 토론을 촉진할수록 교사와 친구들에게 받은 피드백이 생산적이었고 학생들의 성찰은 더 나아졌다.

이러한 기능에도 불구하고 많은 형성 평가는 '보다 통합적이고 공생하는 과정'이 아닌 퀴즈 풀기나 토론과 같은 이벤트로 간주된다.[5] 형성 평가가 학생의 성찰, 자기 평가, 피드백 및 실행 계획의 과정으로 간주될 때, 학생은 학습 과정에 대한 주인의식을 더 많이 갖게 된다.

형성 평가에 투명한 기준이 포함되고, 수업 중 대화를 장려하며, 과정에 대한 피드백이 제공되면 학생은 이해와 기능을 쌓으면서 결과를 실행으로 옮길 수 있다.[6] 이러한 요소를 포함하지 않으면 형성 평가로 둔갑한 총괄 평가에 불과해지며, 이는 우리가 변화시켜야 할 관행이다.

이 장에서는 형성 평가의 내용 바꾸기는 형성 평가의 과정 바꾸기 만큼 초점을 맞출 필요가 없다는 사실을 알게 된다. 여전히 형성 평가로 기존에 했던 퀴즈나 체크인 제공하기가 가능하지만 형성 평가를 채점이나 규정 준수를 위한 도구가 아닌 자기 성찰, 토론 및 피드백을 위한 촉매제로 사용할 수 있다. 이 장에서 설명하는 전략은, 연구를 통해 소개한 형성 평가의 핵심 기능에 보편적 학습 설계와 블렌디드 러닝을 가미한 것이다.

전략 1: 다양한 방법 사용해 학습자와 함께 기준 만들기

교사로서 우리는 종종 학생들에게 모범 사례를 탐구하고 스스로의 성공 모습을 결정할 수 있도록 힘을 실어 주기보다는, 성공이 어떤 모습인지 알려 주곤 한다. 평가나 프로젝트에 대한 우리의 기대치를 보여 주는 모범 사례를 공유할 때, 우리는 때때로 무엇이 그 결과물을 탁월하게 만드는지 학생들이 알게 될 것이라 생각한다. 그렇다고 해서 모범 사례를 제공할 수 없다는 뜻은 아니다. 오히려 모범 사례를 공유할 때는 학생들에게 그것이 왜 성공 사례인지 협력해서 설명하도록 요청해야 한다. 이는 학생을 학습 전문가로 만드는 데 매우 중요하다. 당신이 교육 간행물에 실릴 원고를 제출하려 한다면 먼저 출판사의 이전 작업 사례를 읽어 보는 것과 같은 원리다. 성공 기준을 결정하는 데 도움이 되는 훌륭한 예로는 제레미 도노반Jeremy Donovan의 『TED 프레젠테이션: 세계가 감동하는 TED, 12가지 비밀*(How to Deliver a TED Talk: Secrets of the World's Most Inspiring Presentations)*』이 있다. 그는 이렇게 말한다.

> 이 책의 초판에 대해 한 리뷰어는 다음과 같은 글을 남겼다. "상위 열 개의 테드 강연을 시청한 후, 그다지 인기 없는 강연을 시청해 직접 차이를 확인하고 분석한다면 이 책을 구매할 필요가 없다." 그 리뷰어의 말이 맞다! 내 목표는 비결을 알려 줘, 당신이 대중 강연을 공부하는 20년을 아끼고, 훌륭하고 평범한 수많은 테드 강연을 분석하는 데 필요한 셀 수 없는 시간을 아끼게 하는 것이다.[7]

이 대답은 다소 도발적이지만(우리는 그 점이 좋다), 그는 독자가 스스로 할 수 있는 일을 기꺼이 모두 해 주고 있다는 점을 지적하고 싶다. 이 상황에서는 타당하지만, 당신의 교실에서는 그렇지 않다. 우리는 교사가 모든 것을 다 하는 데에서 벗어나 학생이 보편적 학습 설계 원리를 사용하는 것으로 인지적 부하를 전환해야 한다고 주장한다.

이를 위해 다양한 방법을 사용할 수 있다. 학생들은 텍스트, 팟캐스트, 동영상, 예술적 표현, 수업 프레젠테이션에서 적절한 예와 그렇지 않은 것을 분석한다. 벤다이어그램, 개념 지도, 글쓰기, 스케치 등을 사용해 연결 고리 만들기도 가능하다. 성공 기준을 결정하기 위해 노력한 후에는 자신의 기준을 다른 사람의 것과 비교하고 대조해 성공의 '레시피'를 만든다. 간단히 말하면 자신만의 기준을 만드는 것이기 때문에 해야 할 일이 많아진다. 하지만 이 과정을 통해 학습자는 목표와 성공 기준, 자신의 성과, 격차를 줄이려면 무엇을 해야 하는지를 더 잘 이해하게 된다.

적절한 예와 적절한 예가 아닌 것을 탐색하고 명확한 성공 기준을 만들기까지는 시간이 걸린다. 이 과정을 의미 있게 진행하고 양질의 결과를 얻으려면 서두르지 않아야 한다. 〈그림 24〉와 같은 일련의 학습 활동을 설계할 때 활동 목록 모델을 도구로 사용해 혼자서 하거나 짝과 하거나 모둠원과 하면서 학생들이 이 과정을 스스로 하게 할 수 있다.

활동 목록 모델은 작업 시간을 가변적으로 활용하는 모든 과정 또

〈그림 24〉 활동 목록: 나만의 성공 기준 만들기

<table>
<tr><th colspan="2">활동 목록: 나만의 성공 기준 만들기</th></tr>
<tr><th>지침</th><th>작업</th></tr>
<tr><td>성찰
· 나만의 성공 기준 만들기가 중요한 이유는 무엇인가?
· 나만의 성공 기준을 정의하는 것이 작업의 질에 어떤 영향을 미치는가?</td><td>[텍스트 또는 링크 삽입]</td></tr>
<tr><td>적절한 예와 적절한 예가 아닌 것 탐색하기
· 자신에게 맞는 형식으로 적절한 예와 적절한 예가 아닌 것을 탐색한다.
<table><tr><td>적절한 예</td><td>적절한 예가 아닌 것</td></tr><tr><td>[링크 삽입]</td><td>[링크 삽입]</td></tr></table>
탐색하면서 눈에 띄는 부분을 기록한다.

· 벤다이어그램
· 글쓰기
· 개념 지도
· 스케치</td><td>[텍스트, 이미지 또는 링크 삽입]</td></tr>
</table>

토론하기

· 짝과 함께, 모둠의 일원으로, 또는 온라인 토론에서 친구들과 배운 내용을 공유한다.
  - 이 사례들의 공통점은 무엇인가? 살펴본 예시에서 특히 인상 깊었던 특징은 무엇인가?
  - 적절한 예가 아닌 것에서 눈에 띈 점은 무엇인가?

· 적절한 예들과 어떻게 다른가?

· 토론에 참여한 후에는 배운 내용을 되돌아본다.

토론 이후의 성찰 전략			
요점 정리하기	시 쓰기	스케치 노트 만들기	동영상 녹화하기
오디오 녹음하기	인포그래픽 디자인하기	개념 지도로 연결하기	항목에 맞게 저널 쓰기

________ 에 관한 성공 기준				
기준	1 기초적인	2 발전 중인	3 능숙한	4 탁월한

[텍스트, 이미지 또는 링크 삽입]

성공 기준 만들기

· 짝과 함께 모둠의 일원으로 루브릭을 설계할 때 집중하고 싶은 성공 기준 세 가지를 찾아본다.

· 탁월한 수준에서 성공 기준이 어떤 모습일지 협업해 논의한 다음 설명한다.

성찰하기

· 이 활동에서 무엇을 배웠는가? 이 과정이 작업에 접근하는 방식에 어떤 영향을 미치리라고 생각하는가?

는 일련의 단계에 이상적이다. 적절한 예와 적절한 예가 아닌 것을 탐색하여 각각의 주요 특징을 이해하고 파악하는 데 걸리는 시간이 학생마다 다르므로, 학습자는 작업 속도를 더 잘 제어할 수 있다는 이점을 누리게 된다.

활동 목록을 설계하려면 온라인 학습과 오프라인 학습을 병행해야 한다. 대부분의 활동 목록은 디지털 형식을 사용해 온라인으로 생성되지만, 학생들이 화면에서 벗어나 필요한 휴식을 취하고, 친구들과 소통할 수 있는 기회를 제공하는 활동을 포함하기를 원한다.

온라인과 일부 오프라인 활동의 균형을 맞추는 것 외에도, 개별 과제 및 짝과 함께 성공 기준을 표현하는 과정과 같은 공유 과제를 중심으로 학생들이 협력할 기회를 제공하면 학생들의 참여도를 높일 수 있다. 이러한 공동 과제를 통해 학생들은 학습 내용을 공유하고 서로에게서 배울 수 있는 기회를 얻는다.

활동 목록은 일련의 정거장 순환 또는 학급 전체 순환 수업에 통합하거나 단독으로 사용할 수 있다.

전략 2: 형성 평가에 대한 교실 내 토론 촉진하기

일단 학생 스스로 성공이 무엇인지를 이해한다면, 서면 답변, 동영상 녹화, 멀티미디어 프레젠테이션 또는 퀴즈 등 보다 전통적인 평가와 같은 형성 평가를 완수할 수 있다. 모든 학생이 형성 평가를 끝내면 교사나 또래가 평가하거나 미리 정해진 성공 기준과 관련해 학생 스스로 자신의 작업을 평가할 수 있다. 이때부터 토론이 시작된다. 토론을 유도하기 위해 시험 전후 활동exam wrapper의 개념을 적용하는 것이 좋다.

시험 전후 활동은 고등교육에서 흔히 사용하는 기법으로, 학생이 평가를 치르기 전과 평가에 대한 피드백을 받은 후 다시 한번 자신의 학습 능력과 학습을 생각하게 함으로써 성찰할 수 있도록 프롬프트를 제공한다. 이 질문은 학습에 대한 메타 인지적인 성찰을 강화하고자 평가를 '감싸고wrap' 있다. 이러한 연습은 학생들이 자신의 성과를 비판적이고 건설적으로 생각하도록 유도하여 메타 인지를 강화하고, 자신의 강점을 이해하고, 추가 개발이 필요한 영역을 파악하고, 앞으로 더 성공적인 접근 방식을 계획하도록 안내한다.[8] 시험 전후 활동은 일반적으로 주요 시험을 볼 때 사용된다. 그러나 배운 것을 적용하는 총괄 평가 전, 형성 평가에 이를 사용한다면 학생은 자신의 학습과 준비 전략을 성찰할 시간을 가지게 된다. 전통적인 시험 전후 활동에서는 〈그림 25〉와 같은 질문을 할 수 있다. 여기서는 형성 평가에 사용된다는 점에 유의하라.

'평가 전' 질문은 학생들이 형성 평가를 준비할 때 모둠 토론 또는 개별 성찰을 촉진하는 데 사용한다. 학생들이 결과를 확인한 후에는 자신이 만든 성공 기준과 비교한 다음 '평가 후' 질문에 대해 토론하거나 성찰한다.

〈그림 25〉 시험 전후 활동 질문

시험 전후 활동에 대한 토론 및 성찰을 위한 프롬프트 질문	
 형성 평가 전	 형성 평가 후
· 형성 평가를 받을 준비가 얼마나 되었는가? · 평가의 주안점과 관련된 이 수업에서 우리가 한 학습 경험은 무엇인가? · 아는 내용을 공유하기 전에, 어떤 분야에 자신감을 느끼는가? · 아는 내용을 공유하기 전에, 어떤 구체적인 개념이나 기능에 확신이 서지 않는다고 느끼는가? · 평가를 준비하기 위해 무엇을 했는가? 전략이 얼마나 도움이 되었는가?	· 배운 내용을 공유하는 데 어려움을 겪었다면 주된 이유는 무엇인가? · 형성 평가의 결과가 총괄 평가 준비에 어떤 영향을 미치는가? · 형성 평가 결과를 검토한 후에도 여전히 궁금한 점이 있는가? · 결과를 검토하며 놀란 점이 있는가? · 어떤 부분에서 성장했거나 개선되었다고 느끼는가? · 형성 평가 결과에 따른 다음 단계는 무엇인가?

〈그림 26〉과 같이 일련의 온라인 및 오프라인 학습 활동을 통해 학급을 하나의 단위로 이동시키는 학급 전체 순환을 설계할 때 시험 전후 활동 방식을 사용할 수 있다. 수업은 환영 과제welcome task*(예: 이 주의 목표 정하기) 또는 종 울리기bell ringer**(예: 인출 연습)로 시작 가능하다. 이

* 수업을 시작할 때 해야 하는 과제다.

** 교실에 들어오자마자 하는 짧은 평가, 활동, 과제다. 지난 시간에 배운 내용을 주어진 시간 안에 적고 종이 울리면 다음으로 넘어간다.

〈그림 26〉 시험 전후 활동을 사용한 학급 전체 순환

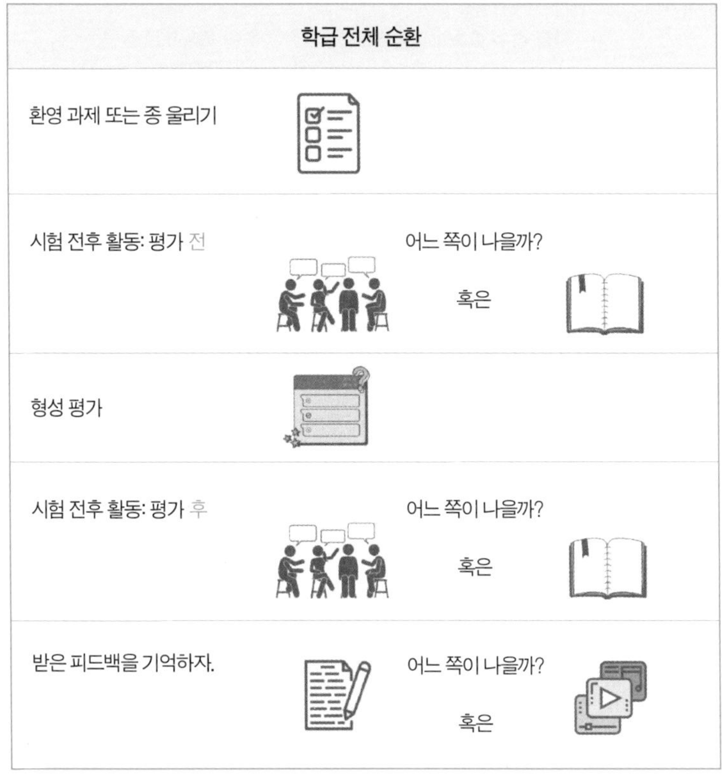

학급 전체 순환	
환영 과제 또는 종 울리기	
시험 전후 활동: 평가 전	어느 쪽이 나을까? 혹은
형성 평가	
시험 전후 활동: 평가 후	어느 쪽이 나을까? 혹은
받은 피드백을 기억하자.	어느 쪽이 나을까? 혹은

활동은 온라인 및 오프라인에서 혼자서 또는 짝과 함께 할 수 있다.

환영 과제 또는 종 울리기가 완료되고 출석을 점검해 수업 시작 시 할 일을 처리한 후에는, 학생들을 '평가 전' 활동으로 전환하게 한다. 학급 전체 순환을 하면서 '어느 쪽이 나을까?Would You Rather?'[*] 선택지를 추가하면, 학생 주도성과 의미 있는 선택권 부여하기를 수업 내내 간

단하게 할 수 있다. '어느 쪽이 나을까?'라는 선택지를 통해 학습 활동 참여의 장벽에 부딪히지 않도록 학습자는 수업 진행 경로에 대한 중요한 결정을 내릴 수 있다. 예를 들어, 소수의 모둠원과 함께 대면 또는 온라인으로 토론에 참여하도록 학생을 초대해 '평가 전' 질문에 답하게 하거나 자신의 일지에 스스로 성찰하게 한다.

학생이 토론하거나 성찰할 시간을 가진 후에는 형성 평가로 전환한다. 이상적으로는 학생이 형성 평가를 완료하는 속도를 어느 정도 제어할 수 있다. 학생이 일찍 끝내는 상황이 걱정된다면, 다른 학생이 완료하는 동안 선택할 수 있도록 '할 수 있는' 항목의 목록을 만들어 놓는다.

형성 평가를 완료한 학생은 다른 모둠 모임에 참여해 '평가 후' 질문에 답할지, 아니면 성찰 일지를 작성할지 결정한다. 이 결정은 자신의 성과를 어떻게 느끼는지에 따라 달라진다. 처음에 토론에 참여한 학생은 형성 평가에 이어서 성찰을 하고 싶을 수 있다. 학습자의 다양성은 학생들이 서로 다를 뿐만 아니라 개별 학습자의 선호도가 순간순간 또는 매일 달라진다는 점을 상기시켜 준다.

학급 전체 순환은 형성 평가처럼 학생들이 동시에 같은 과제를 수행하며 순차적으로 진행될 때 좋다. 학급 전체 순환을 통해 동일한 온라인 및 오프라인 학습 활동을 진행하더라도, 학생들에게 학습의 속

* 딜레마 혹은 재미있는 상황을 설정해 상대방과 대화를 나누거나 서로의 생각을 알아보는 활동으로, 한 사람이 'A와 B 중에서 어느 쪽이 나을까?'와 같은 형식으로 질문을 던지면 다른 사람은 두 가지 선택지 가운데 하나를 고르고 이유를 설명하는 게임이다.

도와 경로를 통제할 권한을 어느 정도는 부여하는 것이 중요하다. 또한 수업을 통해 학습자가 나아지도록 지원하고자 토론 또는 성찰을 위한 문장 틀과 같은 비계를 제공할 수도 있다.

전략 3: 다양한 피드백 수단 기억하기

학습에 대한 토론과 성찰 유도도 중요하지만, 시간이 지남에 따른 변화를 검토하고 알아차리도록 학생의 성찰을 기록하는 일도 도움이 된다. 디지털 포트폴리오 또는 기타 성찰 모음을 사용해 학생이 자신의 피드백을 기억하도록 장려할 수 있다. 학생은 학습을 성찰하고 학습 전문가로서 근육을 키우는 데 도움이 되는 피드백을 받을 때마다 자신의 학습을 성찰하는 항목을 추가한다.

각 항목에서 학생은 학업 및 개인적 성장을 위한 목표를 설정하고, 강점을 알아차리고, 개발이 필요한 영역을 식별하고, 향후 사용할 피드백을 요약한다. 〈그림 27〉의 선택판을 사용하거나 수정해, 학습 전문가로 성장하며 만들어 가는 포트폴리오에서 학생이 다양한 행동 및 표현 수단을 사용하며 메타 인지 과정을 포착하게 할 수 있다.

성찰문은 개별 학습자의 선호도에 따라 온라인 또는 오프라인 형식으로 작성할 수 있다. 형식에 관계없이 학생이 학습을 문서화하고 시간이 지나 이 문서를 다시 검토해 자신의 성장을 평가하고 학습자로

〈그림 27〉 피드백 기억하기 선택판

<table>
<tr><th colspan="2">피드백 기억하기</th></tr>
<tr><td colspan="2">친구들과 형성 평가 결과에 관해 이야기를 나눈 후, 자기 평가 과정과 친구 및 교사로부터 받은 모든 피드백을 되돌아본다. 다음 선택지 중 하나를 사용해 자신의 강점과 놀라운 성장을 위한 잠재력이 있는 영역을 요약한다. 작성을 마치면 디지털 포트폴리오에 추가한다.</td></tr>
<tr><td>레시피
성공의 레시피를 만들어 보자! 달성하고 싶은 구체적인 학습 목표(또는 요리!)가 있는가? 당신의 이해를 구축하기 위해 어떤 자료나 전략이 필요한가? 이 레시피에는 어떤 재료가 필요한가? 이 요리를 만들거나 목표를 달성하려면 어떤 단계를 거쳐야 하는가?</td><td></td></tr>
<tr><td>일기 쓰기
자신의 강점과 앞으로 성장에 집중할 분야를 일기 형식으로 작성한다. 피드백을 통해 자신의 강점에 대해 무엇을 배웠는가? 개선이 필요한 부분과 관련해 피드백으로 어떤 교훈을 얻었는가? 피드백에 따라 어떻게 행동할 계획인가? 일기는 손으로 쓰거나 디지털로 작성할 수 있다.</td><td></td></tr>
<tr><td>멀티미디어
학습 전문가로서 기량을 높일 수 있는 영역에 관해, 오디오나 동영상을 사용해 자신에게 도움이 될 만한 것을 기록으로 남긴다. 배운 것을 어떻게 활용하여 지속적으로 개선할 수 있는가? 유사한 과제에 접근하면서 미래에 어떤 자원과 전략을 사용할 것인가? 계속해서 향상하도록 도울 수 있는 지원에는 무엇이 있는가?</td><td></td></tr>
</table>

서 자신을 더 정확하게 이해하는 것이 목표다. 궁극적으로는 학생에게 자신의 학습을 입증하는 데 사용하는 형성 평가 전략의 유형을 선택하는 권한을 부여할 수도 있다.

정리하기

형성 평가를 학습 도구로 사용하는 것이 매우 중요하다. 형성 평가가 학생들이 학습하고 있는지 또는 그렇지 않은지를 '잡아내기' 위한 규제 도구로 사용될 경우, 개선과 변화를 이끄는 잠재력에 근접하지 못한다. 형성 평가를 작은 총괄 평가에서 전문적 학습을 위한 기회로 전환하면, 학생의 인지적 부담이 덜어지고 학생이 자신의 성공을 추진하는 데 더 많은 주도성을 갖게 된다. 형성 평가에 명확한 성공 기준이 있고, 의미 있는 교실 토론을 촉진하며, 지속적인 학습과 수정을 위한 즉각적인 피드백을 제공하는 것이 보편적으로 설계된 블렌디드 러닝 환경의 핵심이다. 교수-학습 주기에서 형성 평가가 사용되면, 학생은 한 번에 끝나는 평가가 아니라 시간이 지남에 따라 자신의 학습이 성장하는 과정을 지켜보게 된다.

성찰과 토론하기

1. 수업에서 형성 평가는 일반적으로 어떤 형태로 이루어지는가? 이를 학습으로서의 평가라고 설명하겠는가, 아니면 학습에 대한 평가라고 설명하겠는가?
2. 형성 평가 중에 수집한 데이터는 어떻게 활용하는가? 이 데이터를 학생들에게 얼마나 자주 제공하는가?

3. 형성 평가에 대한 메타 인지적 루틴을 구축하면 평가를 생각하는 학생들의 방식이 어떻게 달라질 수 있는가? 그것이 학습자로서 자신에 대한 이해를 비롯해 평가와 관련된 수업 문화에 어떤 영향을 미치리라고 생각하는가?
4. 블렌디드 러닝 모델을 활용하면 형성 평가 전략을 보다 효과적이고 일관되게 사용할 수 있는 시간과 공간을 어떻게 만들 수 있는가?

실천하기

형성 평가는 단순히 학생이 무엇을 알고, 모르는지를 헤아리는 것이 아니다. 형성 평가는 교사와 학습자가 확고한 목표를 두고 각 학생의 개별적인 진도를 더 잘 이해할 수 있는 귀중한 도구다. 또한 학습 전문가의 자질을 개발하도록 지원해 보다 수완이 풍부하고 전략적이며 자기 인식을 갖도록 학생을 도울 수 있다. 이 장에 설명된 전략 중 하나를 선택해 교실에서 학습에 대한 형성 평가에서 학습으로서의 형성 평가로 전환해 보자.

- **전략 1**: 다양한 방법 사용해 학습자와 함께 기준 만들기
- **전략 2**: 형성 평가에 대한 교실 내 토론 촉진하기
- **전략 3**: 다양한 피드백 수단 기억하기

| 계획 템플릿 6 | 학습으로서의 형성 평가

형성 평가를 통해 학습 목표를 기준으로 학생이 얼마만큼 성장했는지 알고 싶은가?	
형성 평가 데이터를 수집하기 위해 어떤 전략을 사용하는가? · 퀴즈 내기 · 비교 및 대조하기 · 비유 만들기 · 요약하기 · 오류 분석하기 · 3-2-1* · 기타	
형성 평가를 메타 인지 도구로 사용하기 위해 어떤 전략을 사용하는가? · 성공 기준 함께 만들기 · 수정된 '시험 전후 활동'으로 토론 또는 성찰 촉진하기 · 다양한 피드백 수단 기억하기	
학생에게 속도에 대한 통제권을 넘기기 위해 어떤 블렌디드 러닝 모델 또는 전략을 사용하고자 하는가? · 정거장 순환 모델 · 활동 목록 모델 · 선택판 · 학급 전체 순환 모델	
학생이 배운 내용을 성찰하도록 어떻게 격려하고 싶은가? · 자신의 강점에 대해 어떤 부분을 발견했는가? · 어떤 영역을 더 발전시키면 도움이 되겠는가? · 평가 준비에 도움이 된 효과적인 전략은 무엇인가?	

* 배운 내용을 세 개의 단어, 두 개의 질문, 한 개의 비유로 나타내는 방법이다.

8장

새로운 시작 7

결과 중심 피드백에서 과정 중심 피드백으로 전환

스위프의 힘

케이티 코로나19로 대면 교육이 원격 수업으로 전환되었을 때 나는 내 실력을 향상시켜야 한다는 것을 알았다. 처음에는 코로나19 이전에 온라인 회의에 몇 번 참여하면서 보았듯이 일방적으로 떠들었다. 정말 많이 말했다. 말을 많이 할수록 검은 화면이 더 많이 나타났다. 더 나은 방법이 있으리라고 생각했다. 나는 세 가지 간단한 질문이 담긴 구글 설문지를 만들어 피드백을 요청했다. 양식에는 학습자가 '매우 동의함'부터 '매우 동의하지 않음'까지 리커트 척도Likert scale로 동의 수준을 선택하는 두 가지 질문이 있었다.

- 발표자는 유능한 교사였는가?
- 이 프레젠테이션을 통해 수업에 도움이 되는 유용한 정보를 얻었는가?

그러고 나서 "더욱 의미 있는 경험을 위해 교사가 할 수 있는 일이 있다면 여기에 공유해 주길 바란다. '만약 ~라면 좋겠다'로 문장을 시작하자."라는 내용을 넣었다.

그랬더니 "수업을 여유 있게 진행하면 좋겠다.", "채팅에서 상호작용할 시간이 있으면 좋겠다.", "질문할 수 있는 시간이 있으면 좋겠다." 등의 의견이 달렸다. 나는 그들이 던지는 의견을 받아 적었다. 나는 아직도 배우는 사람에 불과하다.

나는 2분 간격으로 '채팅 알림'을 제공하기 시작했다. 잠시 멈추고 숨을 고르며 참가자들이 스트레칭과 질문을 하고, 채팅 창이나 친구에게 보내는 문자 또는 소셜 미디어의 게시글로 의견을 공유하도록 장려했다(당신도 우리와 소셜 미디어에서 소통할 수 있다! @KatieNovakUDL과 @Catlin_Tucker!). 나에 대한 호감도는 올라갔지만 아쉽게도 해야 할 일이 더 많아졌다.

피드백은 곧 "휴식과 수다는 좋았지만 어색한 침묵이 없으면 좋겠다."라는 의견으로 바뀌었다. 모두를 쳐다보는 케이티 노백의 모습은 다소 불안정해 보였다. 음악으로 해결하지 못하는 문제는 없다. 보편적 학습 설계의 정신에 따라 채팅 알림 중에 다양한 음악 클립을 사용했다. 채팅 알림 중에 타이머를 삽입해, 사람들이 처리하고 질문할 수 있는 선택지와 선택권을 제공했으며, 재생되고 있는 음악이 정신을 산만하게 하면 소리를 끄도록 유도하는 등 실행 기능을 지원했다.

피드백은 확실했다. 사람들은 춤을 추며 즐거워했다. 하지만 모든 일을 내가 했고 음악은 내가 원하는 공동체적인 연결을 만들지 못했다. 피드백이 음악적 요청으로 바뀌기 시작했다. "컨트리음악을 들려주면 좋겠다.", "어스, 윈드 앤드 파이어Earth, Wind & Fire의 〈9월〉을 들려주면 좋겠다."와 같은 제안을 받기 시작했다. 물론 다음 시간에 몇 개의 동영상을 삽입할 수는 있었지만 문제를 해결하지는 못했다. 하지만 나는 더 잘할 수 있음을 알았다.

나는 전 세계의 아티스트를 조사하고 각 프레젠테이션의 음악 테마를 고안하는 데 상당한 시간을 보냈다. 이러한 모든 노력에도 불구하고 많은 사람이 진정으로 좋아하는 노래를 듣지 못했으리라고 만 퍼센트 확신한다. 내가 뉴 키즈 온 더 블록New Kids On The Block을 좋아하는 만큼, 모든 사람이 나처럼 〈스텝 바이 스텝〉을 듣고 자리에서 벌떡 일어나지는 않았다.

2020년 12월에 나는 온라인 컨퍼런스에서 발표를 하면서 훌륭한 디제이인 스위프Swiff를 만났다. 스위프는 전직 라디오 및 나이트클럽 디제이였으며, 나는 지금 그를 '교육 디제이'라고 부른다. 그의 임무는 나를 소개한 후 카메라를 끄고 다음 발표자를 기다리는 것이다. 하지만 나는 그에게 짧게 음악을 들려줄 수 있는지 채팅으로 물었고, 그때마다 스위프는 요청을 받아들였다. 프레젠테이션의 에너지는 즉시 바뀌었고 그는 고정으로 출연하게 되었다! 프레젠테이션의 피드백이 어땠냐고? "모든 프레젠테이션에 디제이가 있으면 좋겠다.", "우리 학교의 모든 회의에 디제이를 위한 예산이 있으면 좋겠다!"라는 반응이 있었다.

나는 매일 스위프와 함께 프레젠테이션을 시작했다. 그의 존재 덕분에 참가자들은 자신만의 재생 목록을 만들 수 있었고, 프레젠테이션이 끝나면 그들과 재생 목록을 공유했다. 혼자서 음악을 트는 것에서 벗어나 참가자들이 좋아하는 노래를 통해 커뮤니티를 형성하고 소통하게 되었다.

각 프레젠테이션을 시작하기 전에 타이머를 설정하여 잠시 기다리는 시간을 둔다. 사람들이 듣고 싶은 노래를 선택하면 스위프가 재생 목록을 만든다. 모든 프레젠테이션은 각기 다르며 그룹의 에너지와 열정을 상징한다. 때로는 '슈퍼 마리오 브라더스'의 주제가인 〈아기 상어〉나 〈치킨 댄스〉와 같은 곡을 요청하기도 한다. 전 세계 여러 나라에서 다양한 언어로 요청받는다. 나는 항상 음소거 선택이 가능하다는 점과 모든 노래는 누군가의 마음을 행복하게 만든다는 사실을 사람들에게 상기시킨다.

나에게 이런 여정은 피드백에 열린 자세를 갖는 것의 힘을 반영한다. 물론 때때로 피드백을 받아들이기 어려울 때도 있다. 하지만 더 많이 묻고 관계를 맺을수록 내 강점과 성장 가능한 분야를 더 많이 살펴볼 수 있다.

보편적 학습 설계와 블렌디드 러닝을 실천할 때 '스위프' 사례처럼 당신의 수업에서 피드백을 어떻게 요청하고 받아들일 수 있을지 고려해 보자. 모든 피드백을 다 받아들여야 한다는 의미는 아니지만, 요청하고 경청할 때 배울 수 있다. 가끔은 학생들의 요청이 아니더라도 학습 경험을 제공해야 할 때도 있다. 아무도 '최고'를 요청하지 않는다고 해서 가만히 앉아 있을 수는 없다.

연구와 실제: 피드백의 함정 피하기

보편적 학습 설계에서는 '선택하기'와 '목소리 내기'의 중요성을 자주 이야기한다. 교사들은 선택의 중요성을 명확히 알고 있지만, 그 선택지를 교사들이 직접 만드는 경우가 많다. 학생들의 의견을 경청하고 학생들이 관점과 발언을 공유할 수 있도록 허용한다면 그들은 학습 경험을 교사와 함께 만들어 가는 데 도움을 줄 수 있다. 교사가 학생에게 질문할 때는 그들이 공유한 내용과 그들의 관점을 어떻게 활용해 수업을 개선시키고 다양한 선택지를 제공할지 투명하게 밝혀야 한다.

피드백은 학습 과정에서 학생들이 존중받고 지원받는다고 느끼는 방식이다. 시기적절하고 초점화되어 있으며 실행 가능한 피드백을 제공하는 것은 교사와 학생이 학습에 대해 책임을 공유함으로써 교사와 학습자 간 파트너십이 형성될 수 있다는 점에서 매우 중요하다. 안타깝게도 수업 시간은 '무엇을', '어떻게' 가르치는지에 사용되기 때문에 피드백은 종종 소홀히 다뤄진다.

예를 들어, 3학년 수학 교사는 '주어진 변의 길이를 활용해 둘레 구하기, 알 수 없는 변의 길이 구하기, 둘레가 같고 면적이 다른 직사각형 또는 둘레가 같고 면적이 다각형의 둘레와 관련된 실제 사례로 수학적 문제 해결하기'라는 성취 기준에 초점을 맞출 수 있다. 학생들이 다각형의 둘레를 사용해 실제 수학 문제를 성공적으로 풀도록 교사는 도형의 속성과 변의 길이로 다각형의 둘레를 구하는 과정을 가르칠 수 있다. 그러나 학생들이 이러한 교육을 받은 후 실제 문제나 수행 과제에서 배운 내용을 적용하려고 할 때 난관에 부딪히거나 의문이 생기면서 도움이 필요할 수 있다. 안타깝게도 전통적인 워크플로를 사용하는 교실에서는 시간 제약 때문에 대부분의 교사가 수업에 할애하는 시간만큼 또는 그 이상의 시간을 피드백에 할애하지 않는다. 하지만 교사는 수업 과정 중에 피드백을 통해 촉진자 또는 코치가 되어 개별 학생이 내용 지식과 기능을 숙달하도록 지원할 수 있다.

기존의 피드백 방식에서는 교사가 공강 시간(역동적인 학습 경험을 설계해야 할 때)에 혹은 집에서(휴식을 취하고 자기 관리에 집중해야 할 때) 학생의 과제를 수집하고 서면 피드백을 제공하는 데 시간을 할애한다. 이러한 워크플로는 시간이 많이 걸리고 비효율적이며 교사가 학생의 과제를 비판적으로 생각해야 한다는 부담을 준다. 전통적인 워크플로에서 피드백을 제공할 때 발생하는 세 가지 주요 문제를 살펴보자.

- 빈번하게 이루어지지 않고 사소한 부분에 집중한다.
- 고립된 상태에서 진행된다.
- 결과에 대한 피드백이 제공된다.

빈번하게 이루어지지 않고 사소한 부분에 집중한다

교사들은 피드백이 학습 과정에서 필수적임을 알고 있지만, 피드백 제공에 시간이 많이 걸린다는 이유로 소홀히 하기 쉽다. 대부분의 교사는 피드백을 위해 저녁과 주말에 시간을 할애해 학생 과제에 댓글을 남기지만 피드백을 해야 하는 범위가 너무 넓다. 그리고 범위가 넓을수록 교사는 학생 과제 하나하나에 더 많은 시간을 써야 한다. 대부분의 교사는 30명에서 160명 사이의 학생을 가르친다. 이러한 교사 대 학생 비율은 교사 한 명이 과제 하나당 3분(대부분의 교사 기준으로는 적은 시간이다!)을 할애한다고 가정하면, 학생에게 피드백을 제공하는데 90분에서 8시간까지 걸린다는 뜻이다. 피드백이 교사가 집으로 돌아가서 하는 작업이라고 한다면 교사가 피드백을 자주 제공하지 않는 것은 당연하다.

고립된 상태에서 진행된다

피드백은 교사와 학생 간에 대화를 나눌 수 있는 기회다. 하지만 학생은 집에서 '혼자서' 과제를 완료하고, 교사는 '혼자서' 피드백을 제공하며, 그 피드백은 다시 학생에게 전달되어 학생이 '혼자서' 소화한다. 이러한 전통적인 워크플로에서는 학생의 진도에 관해 대화할 수 있는 공간이 만들어지지 않는다. 또한 이 워크플로에서는 피드백이 불분명하거나 피드백을 학습에 어떻게 적용해야 할지 모를 때 학생이 질문하거나 추가 지원을 요청할 기회가 적다. 그 결과, 일부 학생들은 피드백을 받고도 아무 조치도 취하지 않는데, 이는 교사가 서면으로 피드백하기 위해 투자한 시간을 생각하면 매우 실망스러운 일이다.

결과에 대한 피드백이 제공된다

종종 피드백은 완성된 결과물에만 전달된다. 학생은 성적을 받기 위해 과제를 완료해 제출한다. 교사는 과제를 검토해 의견과 제안 및 수정 사항을 제공한다. 하지만 이 시점에서는 학생이 피드백에 어떤 반응을 할 유인이 전혀 없다. 그러나 학생이 교사의 피드백에 따라 행동하지 않으면 개념 이해나 기능 개발에 도움이 되지 않는다. 반면, 교사가 결과물이 아닌 학습 과정 중에 학생에게 피드백을 제공하면 과제 수행을 통해 학생의 성장과 발달을 지원할 수 있는 도구 제공이 가능하다. 이처럼 피드백은 학생들이 더 나은 결과물을 만드는 데 도움이 되기 때문에 더욱 중요하고 가치 있다.

피드백에 대한 기존의 접근 방식은 교사에게 산더미처럼 쌓이는 업무를 야기할 뿐만 아니라 투자한 시간에 비해 학생의 성장과 발달 측면에서 유의미한 결과를 얻지 못한다. 어떻게 하면 피드백을 더 효과적이고 지속 가능하게 만들 수 있을까? 과제를 비판적으로 생각하고 학생에게 피드백을 제공해야 할 책임이 교사에게만 있지 않도록 학생 과제에 더 많은 관심을 가지려면 어떻게 해야 할까?

존 해티John Hattie와 헬렌 팀펄리Helen Timperley는 피드백이 학생 성취도와 학습 질에 가장 강력한 영향을 미치는 요소 중 하나라고 말한다.[1] 그러나 피드백의 영향은 피드백의 유형과 시기에 따라 달라진다. 피드백을 잘 활용하면 다음과 같은 효과가 있다.

피드백은 현재 상태와 목표 사이의 불일치를 줄이기 위한 노력, 동기부여, 참여도를 증가시킬 수 있고, 자료를 이해하기 위한 대체 전략으로 이어질 수 있으며, 학생 자신이 옳은지 틀린지 또는 목표에 얼마나 도달했는지 확인할 수 있고, 더 많은 정보가 제공되어야 하거나 필요함을 나타낼 수 있고, 학생들이 추구해야 할 방향을 제시할 수 있으며, 결과적으로 이해의 재구조화로 이어질 수 있다.[2]

피드백은 동기부여와 참여도에 미치는 잠재적인 영향 외에도 학생들이 자신의 강점, 개선해야 할 부분, 학습 목표 달성 정도를 더 깊이 이해하는 데 매우 중요하다는 점은 분명하다.

해티와 팀펄리는 피드백의 수준을 네 가지로 구분한다. 첫 번째는 과제에 대한 피드백으로 "정답과 오답을 구분하고, 더 많은 정보 또는 다른 정보를 습득하고, 더 많은 표층 지식surface knowledge*을 쌓는 등 과제를 얼마나 잘 수행하거나 성취했는지"와 관련된다. 두 번째는 과제의 기반이 되는 과정에 대한 피드백이다. 세 번째는 자기 조절에 대한 피드백, 즉 "책무, 전념, 통제, 자신감 간의 상호작용이다. 이는 학생이 학습 목표를 향한 행동을 모니터링하고, 지시하고, 조절하는 방식을 다루며, 자율성, 자제력, 자기 주도성, 자기 규율"을 의미한다. 네 번째는 한 사람으로서의 자아에 대한 피드백으로, 일반적으로 교실에서 칭찬의 형태를 취한다. 연구자들은 "학생에게 동기를 부여하고 더 깊

* 경험으로부터 얻어진, 실제적인 문제를 해결하기 위해 사용하는 지식이다.

은 수준의 이해에 도달하고 학업 성취도를 향상시키는 데 가장 영향력 있는 피드백 유형"으로 과정에 대한 피드백과 자기 조절에 대한 피드백을 꼽았다.[3]

이러한 인식은 수완이 풍부하고 전략적이며 자기 인식을 갖춘 학습 전문가를 양성하는 데 매우 중요하다. 피드백은 학생들이 특정 개념과 기능을 습득하기 위한 여정에서 어느 단계에 있는지 투명하게 보여 준다. 이를 통해 학생은 과제를 개선하기 위해 어디에 더 많은 시간, 에너지, 노력을 투자해야 하는지 알게 된다. 학생은 자신의 실력이 향상되지 않거나 발전하지 않는다고 판단되면 교사에게 추가 지원을 요청한다. 과정 중심 피드백은 학생의 진도 및 학습과 관련해 보다 적극적이고 능동적인 자세로 전환할 수 있는 잠재력을 가지고 있다.

전략 1: 피드백으로 개선하기

기존의 워크플로에서는 종종 피드백이 일방적으로 이루어진다. 교사는 학생에게 피드백을 제공하는 데 상당한 시간을 할애하고, 학생은 잠재적으로 서로에게 피드백을 제공하지만, 교사와 학습 전략 및 수업에 관한 피드백을 지속적으로 공유할 기회는 많지 않다. 내가 온라인 컨퍼런스에서 한 것처럼 학습자에게 피드백을 요청하면 개선에 대한 피드백의 힘을 모델링할 수 있다. 연구에 기반한 실천을 통해 교실에서 학생들에게 피드백을 요청할 수 있는 다양한 방법이 있으며, 이로써 자유롭고 협력적이며 형성적인 피드백이 이루어지도록 할 수 있다.

대학 강의실에서는 학기 말에 학생들이 교수에게 피드백을 제공하는 일이 일반적이다. '완성된 결과물'에 대한 피드백이다. 이는 이 수업을 듣게 될 다음 학생들에게는 도움이 될 수 있지만, 다른 새로운 수업에 등록하는 수강생에게는 큰 도움이 되지 않는다. 이러한 교실에서는 교수가 학기 내내 지속적인 피드백을 요청하고 그 피드백을 바탕으로 수업이 어떻게 발전하고 있는지에 대해 대화를 나누는 것이 학생에게 훨씬 더 유리하다. "교육자가 필요한 피드백을 얻을 수 있는 간단한 방법"이라는 글에서 나와 레이니 로얼Lainie Rowell은 "만약 ~라면"으로 시작하는 문장의 힘을 공유한다.

('만약 ~라면'이라는) 비계를 사용하거나(시나리오 2) 사용하지 않는(시나리오 1) 다음 피드백 시나리오를 고려해 보라. 학급에 피드백을 요청하면 다음과 같은 결과를 얻을 수 있다.

시나리오 1: 수업이 너무 어렵다. 시간을 정하고 글쓰기만 하는데, 아무 의미가 없다.

시나리오 2: 시간제한이 있는 작문 시험에서 성적이 아닌 피드백을 받는다면 돌아가서 수정해 더 나은 작문을 할 수 있을 것이다. 최고의 글쓰기는 다시 쓰는 것이라고 말하지만 짧은 시간 안에 수정할 기회가 없다.

무슨 일이 일어났는지 보았는가? 불만 사항을 제기하는 것에서 해결책을 제안하는 수준 높은 피드백으로 바뀌었다! 불만을 들을 때 우리는 상황을 바라보는 우리의 시각에 따라 가정하는 경향이 있으며, 실제 문제와 개선의 기회를 놓치는 경우가 많다.[4]

교사로서 학생에게 평가, 정거장 순환 학습에서 모둠 협의, 활동 목록에 포함된 설문 조사 도구 등 다양한 방식으로 피드백할 기회를 제공하면 피드백을 소중히 여기는 문화와 분위기를 조성할 수 있다.

전략 2: 동료 피드백 선택판 활용하기

학습 모둠에서는 모든 구성원이 사려 깊고 실질적인 피드백을 제공해야 하지만, 친절하고 구체적인 피드백 제공 방법을 학생들이 항상 잘 아는 것은 아니다. 학생들이 가치 있고 건설적인 피드백을 하도록 동료 피드백을 제공하는 방법을 교육하고 연습시킬 필요가 있다.

동료 피드백은 초점이 분명하고 명확한 지침이 있을 때 가장 효과적이다. 〈그림 28〉과 같은 선택판은 학생들이 과제에 서로 집중하고 실질적인 피드백을 제공하려고 시도할 때 학생에게 주도성을 부여할 수 있다. 동료 피드백 과정에 주도성을 부여하면 장애물이 사라지고 학생들이 특정 렌즈를 통해 피드백을 제공하도록 장려할 수 있다. 학생이 검토하는 과제에서 무엇을 보느냐에 따라 선택판에서 한 가지

〈그림 28〉 동료 피드백 선택판

<table>
<tr><th colspan="2">동료 피드백 선택판</th></tr>
<tr><td colspan="2">지침: 동료 피드백 선택판에서 두 개의 프롬프트를 선택해 반 친구에게 구체적이고 의미 있고 친절한 피드백을 제공한다. 선택판 아래 공간에 피드백을 남기자!</td></tr>
<tr><td>가장 큰 강점
이 과제에서 가장 강력한 측면을 파악한다. 구체적으로 무엇이 강점이었는가? 이 요소가 특히 강력했거나 잘 수행되었다고 생각하는 이유는 무엇인가? 이 요소가 과제의 전반적인 완성도에 어떤 긍정적인 영향을 미쳤는가?</td><td>작은 조정
이 과제에서 약간의 수정이나 변경을 통해 얻을 수 있는 이점 한 가지를 파악한다. 학생에게 무엇을 재작업하거나 재구상하기를 제안하고 싶은가? 재작업하면 과제의 전반적인 완성도에 어떤 영향을 미치게 되는가? 또래의 수행 과제를 개선하기 위한 구체적인 제안 사항은 무엇인가?</td></tr>
<tr><td>놀라운 지점
과제를 검토하면서 어떤 점이 놀라웠는가? 작품에서 예상하지 못했거나 독창적이거나 틀에 박히지 않았거나 매력적이거나 생각을 자극하는 측면이 있었는가? 이러한 측면이 마음에 든 이유를 설명해 보자.</td><td>더 필요한 정보
과제를 개선하기 위해 필요한 부분이 무엇인지 파악해 보자. 어떤 부분에 대해 더 자세히 알거나 더 많은 정보를 얻고 싶은가? 더 자세히 설명하고 개발했다면 어떤 부분이 강화될 수 있었는가? 더 깊이 파고들어야 하는 부분을 파악할 수 있는가?</td></tr>
<tr><td>흥분되는 요소
과제에서 흡족해 보이는 부분과 완성된 과제를 보기 전에는 고려하지 못했던 부분을 찾아보자. 작업자가 과제를 완료하는 데 사용한 훌륭한 아이디어나 접근 방식 중 당신의 작업에 포함시키고 싶은 것이 있는가? 과제에서 이 요소가 마음에 들었던 이유는 무엇인가? 이 아이디어나 접근 방식을 작업에 어떻게 적용할 수 있는가?</td><td>명확히 할 부분
과제를 검토하면서 불분명하거나 모호하거나 궁금한 점이 있었는가? 이 과제의 내용 중에서 명확하게 설명하거나 더 구체적으로 설명했으면 하는 부분이 있는가? 단계나 진술 중 불명확한 부분이 있는가? 더 명확한 표현이나 더 많은 설명이 있으면 좋을 만한 특정 요소를 식별할 수 있는가?</td></tr>
</table>

선택판 선택하기 아래에 피드백을 적는다. 구체적이고 친절하게 작성한다.
피드백 프롬프트 1의 제목 :
피드백 프롬프트 2의 제목 :

선택지에 끌릴 수 있다.

어린 학생이나 제2언어 학습자와 함께 작업하는 교사는 문장 구조가 포함된 선택판을 만들어 학생들이 서로 집중적으로 피드백을 주고받을 때 추가적인 지원을 제공할 수 있다. 예를 들어, '가장 큰 강점'이라고 표시된 상자 아래에 교사는 빈칸 채우기 문장을 나열할 수 있다.

- 이번 원고에서 가장 강력한 부분은 ________입니다.
- 저는 ________이 잘 되었다고 생각했어요.
- 저는 ________이 정말 좋았어요.

선택판의 각 선택지는 어린 학생이나 활동을 완료할 때 추가 비계가 필요한 학생을 위해 빈칸 채우기 문장으로 구성할 수 있다.

또한 교사는 학생이 자신의 생각을 효과적으로 표현하도록 서면, 짧은 동영상 녹화 또는 오디오 녹음 등 피드백을 전달하는 방법에 다양한 선택지를 제공할 수 있다.

전략 3: 루브릭 사용해 동료 피드백하기

루브릭은 로드 맵과 같아서 학습 목표와 학생이 달성하고자 하는 목적을 명확하게 보여 준다. 평가할 과제, 작업, 프로젝트를 시작할 때 루브릭을 제공하면 채점 과정이 명확해지고 학생이 좋은 결과를 얻기 위해 무엇을 해야 하는지 이해하는 데 도움이 된다. 이러한 투명성은 과제를 더 쉽게 만들고, 과제를 계속 개선하고 발전시킬 동기를 부여하며, 학생이 루브릭의 기준이 무엇을 요구하는지 잘 모르는 경우 질문하거나 지원을 요청하도록 장려할 수 있다.

교사가 1(기초적인)에서 4(탁월한)의 척도로 각각의 수행 수준이 성취 기준과 어떻게 연계되었는지에 대한 기능이 포함된 루브릭을 생성하면, 학생은 〈그림 29〉처럼 해당 루브릭의 수정된 버전을 사용해 동료 피드백을 제공할 수 있다. 교사는 루브릭에 열을 추가해 학생이 짝에게 주는 각 점수에 대해 간단한 설명을 제공하도록 권장할 수 있다.

이렇게 동료 피드백을 구조화하면 교사가 완성된 결과물을 평가할 때 사용할 루브릭에 학생이 익숙해지는 데 도움이 될 수 있다. 루브릭을 읽고 또래의 과제를 평가하면서 자신의 작업에 부족한 부분이 있고 개선이 필요하다는 사실을 깨달을 수 있다.

동료 피드백은 학습 모둠원들이 자신이 하는 작업과 서로를 지원하는 방법에 관해 생각하는 과정에 참여하는 것을 목표로 한다. 이러한 동료 피드백 활동은 학생을 학습의 중심에 두고 서로의 작업에 대해 비판적으로 생각하도록 요구한다. 또한 동료 피드백 루틴에서는 교사가 더 이상 교실에서 구체적이고 실질적인 피드백을 제공하는 유일한 원천이 아니기 때문에 교사의 부담이 줄어든다.

〈그림 29〉 루브릭을 사용한 동료 피드백

동료 검토					
지침: 이 루브릭을 사용해 동료의 논증적 글을 평가한다. 글의 각 요소에 점수를 매기고 그 이유를 설명한다. · 각 평가 요소에서 이 점수를 준 이유는 무엇인가? · 작품에서 숙련도에 맞춰 어떤 점을 발견했는가? · 이 요소를 어떻게 개선하거나 개발할 수 있는가?					
기준	**1 기초적인**	**2 발전 중인**	**3 능숙한**	**4 탁월한**	**동료 검토**
주장	주장이 불분명하다. 명확한 이유가 제시되지 않는다.	주장은 명확하지만 이유가 불분명하거나 없거나 불완전하다.	주장과 이유가 명확하게 명시되어 있다.	주장이 명확하게 명시되어 있고 그 이유가 강력하다.	
근거	주장을 뒷받침하지 못한다. 근거가 제공되지 않는다.	주장과 이유를 사실로 뒷받침하려고 시도하지만 정보가 불분명하거나 부정확하거나 인용이 부족하다.	사실과 필요한 세부 사항 및 인용으로 핵심 주장과 이유를 뒷받침한다.	강력한 사실, 면밀한 세부 사항, 정확한 인용으로 핵심 주장과 이유를 뒷받침한다.	
설명	제시된 정보에 대한 설명이나 분석이 거의 또는 전혀 포함되어 있지 않다.	정보를 설명하고 분석하려고 시도하지만 설명이 불분명하거나 부정확하다.	제시된 대부분의 정보를 명확하게 설명하고 분석한다.	제시된 정보를 명확하고 간결하며 철저하게 설명하고 분석한다.	

전략 4: 수업 중에 피드백하기

시간은 일관되고 시기적절한 피드백 제공에 가장 큰 장애물이다. 교사는 항상 시간이 부족하다. 그러나 연구에 따르면 학생들은 "구체적이고 유용하며 시기적절한", "평가 기준 또는 성취 기준과 관련된" 피드백을 원한다.[5] 따라서 피드백을 유용하고 시기적절하게 제공하려면 피드백을 집이 아닌 교실에서 하는 방법을 찾아야 한다. 교사가 블렌디드 러닝 모델을 탐색하고 동영상 및 기타 멀티미디어 리소스를 활용해 온라인으로 정보를 전달할 때, 교사는 교실 앞에서의 전문가 역할에서, 진행 중인 작업에 대한 집중적이고 실행 가능한 피드백을 제공하는 촉진자 역할로 전환할 수 있다.

학생이 진행 중인 과제를 완료할 때, 즉 여러 단계를 거쳐야 하는 과제나 한 번에 완료하지 못할 가능성이 있는 과제를 완료할 때 과제 수행 중에 피드백을 받으면 도움이 된다. 이렇게 하면 결과에서 과정으로 초점을 전환해 학생에게 지속적인 개선을 지원하는 데 우선순위를 두고 있음을 알리고 성장 마인드를 강화할 수 있다.

교사는 블렌디드 러닝 모델을 사용해 피드백을 집으로 가져가는 대신 교실에서 피드백을 제공하는 시간을 만들 수 있다. 예를 들어, 정거장 순환 모델을 사용하는 교사는 〈그림 30〉과 같이 교사 주도형 정거장을 수업 중 피드백에 할애할 수 있다.

각 정거장에서 학생들은 글쓰기 과제, 다단계 프로젝트 또는 수행

〈그림 30〉 수업 중 피드백 정거장

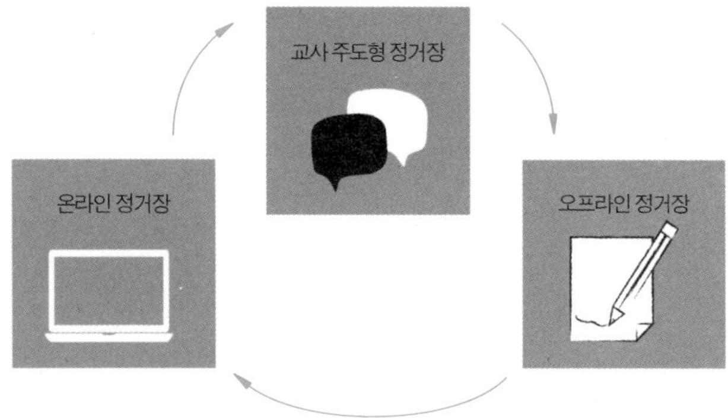

과제를 계속 작업할 수 있으며, 교사는 디지털 문서로 이동하거나 모둠을 직접 돌아다니며 오프라인 작업을 살펴보고 집중적인 피드백을 줄 수 있다. 이를 통해 학생들은 과제를 진행하는 시간을 확보하고 교사는 수업 중에 피드백을 제공한다.

정거장 순환 수업에서 교사가 주도하는 정거장을 사용해 수업 중인 학생들에게 피드백을 제공하려면 교사는 피드백 범위를 제한해야 한다. 교사가 여섯 명에서 여덟 명의 학생에게 피드백을 줄 수 있는 시간은 20~25분이다. 이는 한 과제당 약 3분으로 환산된다. 따라서 수업 중 피드백 시간에 앞서 과제의 어떤 요소에 초점을 맞출지 파악하고 학생에게 피드백으로 무엇을 기대할 수 있는지 명시적으로 알려주는 것이 중요하다. 학생이 작문 과제를 한다면 교사는 주어진 시간에 피드백을 제공할 작문 과정의 한 측면을 알아볼 수 있다. 그러나 학생의 모든 문법 오류를 수정할 시간이 없으므로 이를 명확히 하는 것이 중요하다. 대신 그래멀리Grammarly*를 사용해 문법을 확인하거나 짝과 과제를 교환해 추가 피드백을 제공하도록 제안하라. 반대로, 학생이 수학 수업에서 수행 과제를 진행하거나 역사 멀티미디어 프로젝트의 일부를 수행하는 경우, 해당 과정의 한 단계 또는 한 측면을 선택해 피드백을 제공할 수 있다. 해티와 팀펄리가 제안했듯이, 과정과 전략에 대한 피드백 제공은 학생들이 핵심 개념을 더 깊이 이해하고 특정 기능 적용에 능숙해지도록 돕는 데 가장 큰 영향을 미친다.

수업 중 피드백은 교사의 업무 부담을 덜어 주고 학생이 받은 피드백에 어떻게 행동해야 할지 잘 모를 때 질문할 수 있는 공간을 만들어 준다. 피드백 시간은 학생이 자신의 학습에서 지원받고 있다고 느끼도록 도와주며, 결과적으로 시간이 지남에 따라 더 높은 수준의 자기 효능감 개발에 도움을 준다. 이러한 자신감을 키우는 것은 학습 전문가 양성에 매우 중요하다.

전략 5: 피드백 읽고 성찰하기

피드백은 학생이 학습자로서 자신을 이해하는 데 도움이 되어야 한

* 문법, 철자, 구두점 등의 오류를 감지해 수정을 제안함으로써 사용자의 글쓰기를 향상시키도록 설계된 인공지능 기반의 글쓰기 도우미다.

다. 따라서 학생에게 정기적으로 피드백을 성찰하도록 요청하면 도움이 된다. 읽기 및 성찰 루틴은 몇 가지 중요한 목표를 달성하게 한다. 첫째, 학생들이 반 친구나 교사로부터 받은 피드백을 읽는 데 시간을 할애한다. 둘째, 성찰을 통해 학생들이 피드백의 결과로 자신에 대해 무엇을 배우는지 생각하도록 장려한다. 자신의 강점 분야는 무엇인가? 개발, 개선 또는 연습에 더 많은 시간과 에너지를 투자해야 하는 영역은 무엇인가? 어떤 부분에서 성장이 필요하다고 생각하는가? 피드백을 바탕으로 어떻게 행동할 계획인가?

해티와 팀펄리는 세 가지 핵심 질문에 기반한 피드백 모델을 설명한다.

- 어디로 가고 있는가?
- 어떻게 진행되는가?
- 다음 단계는 무엇인가?[6]

어디로 가고 있는가?

첫 번째 질문은 '과제 또는 수행과 관련된 학습 목표'를 나타낸다. 교사는 과제를 시작할 때 학습 목표를 명확히 제시해 학생 자신이 무엇을 위해 노력하고 있는지 이해할 수 있도록 해야 한다. 학습 목표를 평가하는 방법을 정확히 보여 주는 루브릭을 제공하면 학생이 학습할 때 따라야 할 로드 맵을 제공하는 데 도움이 된다.

어떻게 진행되는가?

두 번째 질문에서는 교사, 같은 반 학생, 학생 자신이 "과제 또는 수행 목표와 관련된 정보(종종 기대 수준, 이전 수행 및 과제의 특정 부분에 대한 성공 또는 실패와 관련된 정보)를 제공해야 한다."[7] 교사는 수업을 진행하면서 개별 학생과 과제 또는 학습의 진행 상황에 관한 회의나 피드백 정거장에서 이러한 유형의 피드백을 제공할 수 있다. 학급의 다른 학생은 '전략 2: 동료 피드백 선택판 활용하기'에서 설명한 동료 피드백 루브릭을 사용해 피드백 제공이 가능하다. 마지막으로, 학생은 자신의 학습을 비판적으로 생각하고, 이전 학습 샘플과 비교하고, 루브릭을 사용해 자기 평가를 하고, 성과를 되돌아볼 수 있다.

다음 단계는 무엇인가?

이 질문에서는 학생들에게 앞으로 나아갈 길을 제시해 "학습의 더 큰 가능성으로 이어지는 정보를 제공해야 한다. 여기에는 더 많은 도전, 학습 과정에 대한 자기 조절력 향상, 유창성과 자율성 향상, 과제 수행을 위한 더 많은 전략과 과정, 더 깊은 이해, 이해한 것과 이해하지 못한 것에 대한 더 많은 정보가 포함될 수 있다."[8] 학생들이 교사나 친구로부터 받은 피드백을 성찰하도록 할 때는 '다음 단계는 무엇인가?'라는 질문에 대한 답을 명시적으로 성찰하도록 격려해야 한다. 학생들은 받은 피드백에 대해 어떻게 행동할 것인가? 이 마지막 질문을 통해 학생들은 계속 발전하고 개선하기 위해서 무엇을 해야 하는지

〈그림 31〉 피드백 읽기 및 성찰 양식

<table>
<tr><th colspan="2">피드백 읽기 및 성찰</th></tr>
<tr><td colspan="2">지침: 교사에게 받은 피드백을 읽는다. 자신과 학습에 대해 배운 점과 계속 발전하기 위해 해야 할 일을 생각해 보자.</td></tr>
<tr><td colspan="2">누가 피드백을 제공했는가?</td></tr>
<tr><td>강점 분야
· 강점 분야는 무엇인가?
· 어떤 전략을 사용하며 그 전략이 잘 통하고 있는가?</td><td></td></tr>
<tr><td>개선이 필요한 영역
· 학습에서 추가 개발이나 개선이 필요한 영역은 무엇인가?
· 개발, 개선, 연습에 더 많은 시간과 에너지를 투자해야 하는 전략, 기능, 개념이 있는가?
· 개선을 위해 더 많은 지원을 받고 싶은 취약한 분야가 있는가? 어떤 유형의 지원이 가장 유용할 것이라 생각하는가?</td><td></td></tr>
<tr><td>성장 영역
· 받은 피드백을 되돌아볼 때 어떤 부분에서 성장이 이루어졌다고 생각하는가?
· 이전 작업보다 개선된 점은 무엇인가?</td><td></td></tr>
<tr><td>실행 계획: 다음 단계는 무엇인가?
· 받은 피드백에 대해 어떻게 행동할 것인가?
· 이 과제에서 어떤 부분을 재작업 및 개발할 것인가?
· 어떤 새로운 전략을 시도할 것인가?
· 이 과제를 개선하기 위해 구체적으로 어떤 조치를 취할 계획인가?
· 구체적으로 어떤 단계를 밟을 계획인가?
· 이 과제를 계속 진행하면서 스스로 어떤 목표를 세우고 있는가?</td><td></td></tr>
</table>

명확하게 알 수 있다. 또한 학생이 받은 피드백의 가치를 인식하는 데 도움이 된다.

〈그림 31〉과 같이 학생에게 구조를 제공하면 더 깊이 성찰하도록 학생을 장려할 수 있다. 성찰 양식은 학생이 자신의 강점 분야, 개선이 필요한 영역, 성장 영역 및 다음 단계를 생각할 때 도움이 된다.

성찰하는 습관 기르기는 모든 연령대의 학습자에게 권장할 사항이다. 어린 학생들이 피드백을 성찰하는 방법을 배우도록 돕고 싶은 초등학교 교사는, 읽기 및 성찰 과정이 간소화된 버전을 만들 수 있다. 어린 학습자가 탐색하기 어려울 수 있는 디지털 문서 대신 교사는 〈그림 32〉와 같이 온라인으로 작성하거나 인쇄해 오프라인에서 사용 가능한 와우WOW 디지털 슬라이드를 만든다. '와우' 같은 간단한 약어를 사용하면 성찰의 범위를 관리하기 쉽게 유지하면서 학생들이 피드백

〈그림 32〉 와우 성찰 슬라이드

성찰할 시간이다!	잘한 일
개선하고 싶은 한 가지	다음 단계의 목표

을 생각하고 학습의 다음 측면을 성찰하도록 장려할 수 있다.

- 잘한 일(What I did well)
- 개선하고 싶은 한 가지(One thing I want to work on)
- 다음 단계의 목표(Where to next)

디지털 슬라이드의 장점은 학생들이 접근성 기능을 사용할 수 있다는 것이다. 또한 음성을 텍스트로 변환하는 소프트웨어로 답변을 작성하거나 동영상 녹화물을 삽입하거나 그림을 찍어 각 슬라이드에 삽입할 수도 있다.

전략 6: 미디어 활용해 피드백하기

연구에 따르면 텍스트 외의 미디어 사용은 피드백의 질과 관련한 학생의 인식에 긍정적인 영향을 미친다. 온라인 학습 시 오디오 피드백을 받은 학생들은 텍스트 기반 피드백보다 오디오 피드백이 더 철저하고 상세하며 동기부여가 된다고 인식했다.[9] 학생들은 또한 동영상 및 오디오 피드백이 명확하고 개인화된 느낌이라서 더욱 동기부여가 된다고 했다.[10] 흥미롭게도 교사 역시 동영상 및 오디오 피드백을 제공할 때 참여도가 더 높다고 응답했다.

〈그림 33〉 피드백 형식 선택

<table>
<tr><th colspan="2">어떤 유형의 피드백을 원하는가?</th></tr>
<tr><td>**서면 피드백**
과제에 대한 서면 피드백을 보내 주세요.
</td><td>**오디오 피드백**
선생님의 목소리를 듣는 것이 도움이 되므로 과제에 대한 피드백이 담긴 오디오 파일을 보내 주세요.
</td></tr>
<tr><td>**동영상 피드백**
선생님의 얼굴을 보고 목소리를 듣는 것이 도움이 되므로 과제 피드백이 담긴 동영상 파일을 보내 주세요.
</td><td>**화면이 녹화된 동영상 공유**
작업물을 보면서 선생님의 얼굴을 보고 목소리를 들으면 도움이 되므로 피드백을 주실 때 제 과제를 반영한 동영상 파일을 보내 주세요.
</td></tr>
</table>

온라인 또는 하이브리드 일정(부분적으로 집에서 비동시적으로 학습하는 경우)으로 학생들과 함께 작업하는 교사는 동영상 및 오디오 댓글을 사용하면 비동시적 특성에도 불구하고 교사와 학습자를 연결해 관계를 구축하는 데 도움을 받을 수 있다. 온라인 피드백은 교사의 얼굴 표정을 보고 목소리 톤을 파악할 수 있으므로 서면 피드백보다 더 깊이 있는 내용을 포함할 가능성이 높다. 이는 피드백에 대한 이해도를 높이고 피드백에 따라 행동하는 성공률을 높인다. 보편적 학습 설계

에서와 마찬가지로 학생에게 선택권을 주는 것이 중요하다. 예를 들어, 학습자가 작업 중인 결과물의 초안을 제출할 때 〈그림 33〉과 같은 선택판을 사용해 자신에게 가장 적합한 피드백 유형을 선택하도록 할 수 있다.

정리하기

피드백은 교사가 학습자를 숙달로 이끄는 가장 강력한 도구 중 하나다. 피드백이 없으면 학생들은 자신이 무엇을 잘하는지, 무엇에 집중해야 하는지, 개선하기 위해 무엇을 할 수 있는지 명확하게 알지 못한다.

시기적절하고 실행 가능한 피드백을 제공하는 것은 효과가 크지만 소홀히 하기 쉽다. 피드백을 제공하는 일은 시간이 많이 걸리고 다른 업무 상황에 밀려 종종 뒷전이 된다. 따라서 지속 가능하고 효과적인 피드백을 제공하는 방법을 찾는 것이 중요하다. 교사는 학생들이 서로에게 의미 있는 피드백을 주고, 블렌디드 러닝 모델을 사용해 수업 중 피드백을 교실로 끌어들이고, 받은 피드백을 반영해 자신의 강점과 약점을 파악하도록 장려할 수 있다.

성찰과 토론하기

1. 피드백은 종종 빈번하게 이루어지지 않고, 고립된 상태로 진행되며, 최종 결과물에 제공된다. 당신의 피드백 실천은 어떻게 이루어지고 있는가?
2. 학생들로부터 정기적으로 피드백을 받기 위해 어떤 전략을 사용할 수 있는가? 학생들로부터 정기적으로 피드백을 받는 것이 수업 문화

에 어떤 영향을 미치는가?

3. 효과적인 피드백 실천의 중요성을 모델링하고 학습 환경에 대한 학생의 주도권을 구축하고자 학생들에게 빈번하고 협력적이며 형성적인 피드백을 요청하게 하려면 어떻게 해야 하는가?
4. 동료 피드백이 학습자들에게 가치 있고 의미 있는 문화를 조성하는데 이 장의 전략이 어떻게 도움이 될 수 있는가?
5. 수업 설계에 대한 피드백(예: 서면, 오디오, 동영상, 화면이 녹화된 동영상)을 받을 수 있는 선택지가 주어진다면 무엇을 고를 것인가? 그 이유는 무엇인가?

이 장에서는 피드백 워크플로를 교사에게서 학생으로 전환하기 위한 여섯 가지 전략을 강조했다. 다음 전략을 검토하고 다음 주에 이 중 하나를 교실에 구현하도록 결심해 보자. 전환하는 과정에서 이러한 변화가 학생의 주인의식과 학습 과정 참여에 어떤 영향을 미치는지 피드백을 요청해 보자.

- **전략 1**: 피드백으로 개선하기
- **전략 2**: 동료 피드백 선택판 활용하기

- **전략 3**: 루브릭 사용해 동료 피드백하기
- **전략 4**: 수업 중에 피드백하기
- **전략 5**: 피드백 읽고 성찰하기
- **전략 6**: 미디어 활용해 피드백하기

| 계획 템플릿 7 | 과정 중심 피드백

피드백을 교실로 옮기기 위해 어떤 전략을 사용하고자 하는가? · 피드백으로 개선하기 · 동료 피드백 선택판 활용하기 · 루브릭 사용해 동료 피드백하기 · 수업 중에 피드백하기 · 피드백 읽고 성찰하기 · 미디어 활용해 피드백하기	
피드백은 과제의 어떤 요소 또는 측면에 중점을 두는가?	
피드백은 교사 또는 학생 중 누가 제공하는가? · 학생들이 피드백을 주고받는다면, 실질적이고 건설적이며 서로 존중하는 피드백을 위해 어떤 비계나 지원이 필요한가?	
피드백을 교실로 옮기기 위해 어떤 블렌디드 러닝 모델 또는 전략을 사용하고자 하는가? · 정거장 순환 모델 · 활동 목록 모델 · 선택판 · 학급 전체 순환 모델	
학생이 피드백을 통해 자신에 대해 배운 것을 성찰하도록 어떻게 격려하고자 하는가? · 자신의 강점에 대해 어떤 부분을 발견했는가? · 어떤 영역을 더 발전시키면 도움이 되겠는가? · 추가 지도나 지원이 필요한 부분은 무엇인가?	

9장

새로운 시작 8

교사 평가에서
자기 평가로 전환

1000번의 "음"을 통해 얻은 교훈

캐틀린 2013년에 나는 캘리포니아주 팜스프링스에서 열린 컴퓨터 활용 교육자Computer-Using Educators 컨퍼런스에서 처음으로 기조연설을 했다. 컨퍼런스 주최자들이 나에게 개회 기조연설자로 행사를 시작해 달라고 요청한 것이다. 영광스러운 제안이지만 한편으로는 두렵기도 했다. 켄 로빈슨 경Sir Ken Robinson* 이 메인 기조연설자로 나섰는데, 행사를 앞두고 소셜 미디어에 공유된 홍보물에서 내 얼굴이 그의 옆에 있는 것을 발견하고 마치 꿈을 꾸는 듯했다. 전형적인 A형** 으로서 나는 내가 통제할 수 있는 한 가지, 즉 준비를 통제함으로써 행사에 대한 불안감에 대처했다. 나는 강연의 개요를 대략적으로 그려 보고, 멀티미디어 파워포인트 프레젠테이션을 구성한 다음 기조연설의 대본 초안을 작성했다. 강연 내용을 암기할 생각은 없었지만, 내용과 전환을 세세하게 생각해 놓고 싶었다. 마음에 들게 작성한 대본은 휴대전화기를 이용해 음성 파일로 녹음한 다음, 개를 산책시킬 때나 볼일을 보러 외출할 때, 마지막으로 샌프란시스코에서 팜스프링스로 이동하는 비행기 안에서도 들었다.

나는 청중 앞에서 소개를 받고 떨리는 심정으로 무대에 올랐다. 유

* 영국의 저명한 교육학자이자 작가, 연설가로, 『학교혁명』, 『엘리먼트』 등을 썼다.

** 스트레스에 대처하는 유형으로 성격을 분류할 때, 경쟁에서 지기 싫어하고 스트레스를 잘 받는 강박적인 특징을 보인다.

명 가수처럼 헤드셋 형태의 마이크를 하고 작동이 잘 되는 프리젠터를 손에 들고 무대에 섰다. 긴장과 어색함에서 벗어나 몇 주 동안 준비한 강연에 집중하고 긴장을 푸는 데는 불과 1~2분밖에 걸리지 않았다. 청중은 내가 수업의 현실에 대해 늘어놓은 농담을 듣고 웃었다. 어떻게 에듀테크EduTech를 수업에 결합해 학습 경험의 중심에 학생을 세웠는지를 이야기하자 긍정적인 반응을 보였고, 마지막에는 우레와 같은 박수가 터져 나왔다. 내가 잘한 것 같았다.

집에 돌아와 부모님과 전화 통화를 한 기억이 난다. 부모님은 유튜브에 게시된 내 연설을 보았다고 하셨다. 여러 단어를 쓰지 않고도 많은 말을 할 수 있는 아빠는 "잘했어. 말하면서 '음um' 하는 버릇을 고치기 위해 연습해야 할 거야."라고 말씀하셨다. 당황스러웠다. 내가 정말로 "음"을 많이 했나? 아빠 말씀이 맞는지 영상을 정녕 봐야 할까?

나는 영상을 보기로 과감히 결정했다. 경험으로부터 배우고자 한다면, 프로 미식축구 선수들이 자신들의 경기 영상을 보고 배우듯이 나 또한 영상을 꼭 봐야겠다고 생각했다. 아, 고통의 시간이었다. 연설의 내용은 강력했지만 "음"을 꽤 많이 했던 것이다. "음"이 나올 때마다, 약간씩 움찔했다. 뇌가 입을 따라잡을 시간을 주기 위해 속도를 늦추고 '음'과 같은 간투사filler words* 에 의지하고 있다는 사실을 알았다. 내 귀걸이가 헤드셋 형태의 마이크에 닿으면서 딸깍거리는 소리를 낸다

* 말하는 이의 본능적인 놀람이나 느낌, 부름, 응답 따위를 나타내는 말의 부류로, 주로 말을 하는 동안의 침묵을 채우기 위해 사용된다.

는 것도 알 수 있었다. 반복되는 소음 때문에 미칠 지경이었다. 영상이 10분간 재생되는 동안 소름이 돋았다. 나는 나 자신에게 "연설할 때는 귀에 붙는 귀걸이를 착용할 것"이라는 메모를 남겼다. 마지막으로 나는 큰 몸짓으로 말하며 아무렇게나 손을 휘두르는 경향이 있음을 깨달았다. 이렇게 하면 간혹 요점을 강조하기에 효과적일 수 있겠지만 말을 산만하게 만들기도 했다. 나는 몸짓 조절이 앞으로 있을 기조연설을 위해 내가 공들여 작업해야 할 또 다른 영역이 되리라는 것을 알았다.

내 모습을 영상으로 보는 일은 그리 즐거운 경험이 아니었다. 연설할 때 부족한 부분을 직시해야 했지만, 대중 연설가로서 나 자신에 대해서도 많은 것을 배웠다. 카메라가 청중의 모습을 잡는 순간부터 내 유머와 멀티미디어적 요소를 지닌 프레젠테이션, 콘텐츠가 청중을 사로잡았음을 영상으로 알 수 있었다. 또한 다른 무대에 서기 전에 보완해야 할 사항도 알게 되었다.

무대에서 말하는 내 모습을 지켜보는 것은 매우 힘들지만, 나는 녹화된 기조연설이 있으면 반드시 자기 평가를 하는 습관이 생겼다. 녹화본을 보면서 잘된 점과 다음 연설에서 개선해야 할 점을 메모한다. 시간이 지나면서 대중 연설가로 성장하는 데 도움을 준 것은 바로 이러한 과정을 통한 영상 분석이었다. 마찬가지로 우리는 학생들이 메타인지 근육을 개발하고 학습자로서 자신을 더 잘 이해하도록 동일한 자기 평가 절차에 참여하도록 도와야 한다. 그래야만 자신의 학습에 관한 정보에 입각해 결정을 내리고 개인화된 학습 경로를 진행하면서 필요한 지원을 받는 학습 전문가를 양성하는 데 성공할 수 있다.

연구와 실제: 자기 평가의 가치

자기 평가는 "학생이 기준을 사용해 자신의 성과를 평가하고 개선 방법을 결정하는 성찰적 과정"이다.[1] 자기 평가는 본질적으로 형성적인 성격을 띠도록 설계되어 있어 학생의 현재 및 미래의 성과 개선에 도움이 된다. 활동 결과물을 바라보는 방법을 배우고 예시 및 명확한 성공 기준과 비교해 보는 경험은 학습 전문가에게 중요한 동기부여, 메타 인지, 자기 조절 능력 향상에 긍정적인 영향을 미칠 수 있다.[2] 메타인지는 "학습에 관여하는 자신의 인지 과정을 통제할 수 있는 높은 수준의 사고"를 의미하며 자기 평가에서 결정적인 역할을 한다.[3]

자기 평가는 학생의 동기 형성에 긍정적인 영향을 미친다. 리처드 라이언Richard Ryan과 에드워드 데시Edward Deci가 주창한 자기 결정성 이론self-determination theory의 관점에서 보면 자기 평가는 동기 형성에 필수적인 자율성, 유능감과 같은 기본 심리 욕구를 촉진한다. 학생들은 정기적으로 자신의 활동 결과를 평가하면서 행동에 대한 자율성, 즉 독립성과 주인의식을 누리게 된다. 자신에게 배움과 학업 성과에 대한 통제권이 있음을 인식하기 시작하고, 경험에 긍정적인 영향을 미치는 특정 전략을 사용하기로 결정할 수 있다. 그들은 더 이상 과제와 점수를 수동적으로 받는 존재가 아니며 오히려 활동을 평가하고 성찰해 지속적으로 개선할 기회를 갖는다. 그 결과 발전하고 성장하며 숙달할 수 있는 능력에 대한 더 높은 수준의 역량이나 자신감을 갖게 된다.[4] 정리하자면, 자기 평가에서 볼 수 있는 자율성과 유능감은 학생들의 동기 형성에 긍정적인 영향을 미친다.

학생들은 자기 평가 활동에 정기적으로 참여해 자신이 사용한 전략의 효과를 평가하고 특정 과제에 대한 명확한 성공 기준에 따라 성과를 측정함으로써 인지를 조절하는 능력을 키운다. 메타 인지는 학습 전문가로서의 배움에 중요한 원동력이다.

마지막으로, 자기 평가는 전반적인 자기 조절 능력을 향상시키는데, 이는 자기 경험에 더 많은 자율성과 선택권을 누리는 블렌디드 러닝 환경에서 학생들이 성공하는 데 대단히 중요하다. 자기 조절은 과제에 주의를 기울이고 특정 결과를 얻기 위해 행동을 통제하는 능력을 포함하는 광범위한 용어다.[5] 따라서 교사는 학생들에게 "집중하고 주의를 기울이며, 감정을 조절하고, 변화에 적응할 때 필요한 도구나 다른 사람들과 교류하거나 새로운 내용을 배울 때 간혹 발생하는 좌절감을 처리하는 데 필요한 도구"를 미리 준비시켜야 한다.[6] 자기 조절 기능 향상을 목표로 한 명시적인 지도와 지원은 어린 학생들에게도 도움이 된다. 자기 조절 기능의 발전은 학업 성적의 향상뿐만 아니라 학교를 넘어선 미래의 성공과도 연결된다.[7]

자기 평가의 가치는 연구 결과에서 분명하게 드러난다. 하지만 여느 기능과 마찬가지로 숙달하려면 시간과 노력, 연습이 필요하므로 소홀히 하기 쉽다. 학생들은 처음에 자신의 과제를 토대로 모범 사례와 비슷하거나 다른 면을 분석하고, 성취 기준과 연계된 루브릭과 성공 기준을 사용해 교과 지식과 기능을 평가하는 데 어려움을 겪을 수 있다. 인지적으로 까다로운 연습이기 때문이다.

하지만 시간의 지남에 따라 학습자가 지속적인 자기 평가 루틴을 적용하면 메타 인지 근육이 개발되고 학습자로서 자신을 보다 포괄적으로 이해할 수 있게 된다. 자신의 기능과 능력을 더 깊이 인식하면 지속적인 성장과 발전에 도움이 되는 결정을 내리고 그러한 학습 경로를 선택할 가능성이 높다. 또한 좀 더 자신의 특정 요구 사항을 옹호하며 추가 지원을 요청하고 질문하게 된다.

전략 1: 예시, 어휘, 성공 기준 제시하기

학생이 자기 평가에 성공하기 위해서는 예시와 어휘, 명확한 성공 기준을 제시하는 것이 필요하다.[8] 예시는 학생들이 만드는 활동 결과물을 위한 선명한 본보기다. 따라서 학생들이 실험실 보고서를 작성하거나 멀티미디어 슬라이드를 설계한다면, 모범 사례를 토대로 한 공통점 파악이 도움이 된다. 학생들이 수행하는 과제의 몇 가지 우수

〈그림 34〉 예시 분석 양식

예시 분석하기		
예시	핵심 요소 이 예시에서 어떤 요소에 관심이 가는가?	강점 이 예시의 강점이 무엇이라고 생각하는가?
예시 1		
예시 2		
예시 3		

성찰하기	
세 가지 예시의 공통점은 무엇인가?	
성공적인 과제 수행에 도움이 되리라고 생각되는 예시들을 분석하고 어떤 점을 배웠는가?	
이 과제에 관해 어떤 질문이 있는가?	

사례를 분석하는 연습을 하기 위해 전략적으로 학생들을 짝을 짓게 하거나 모둠으로 만드는 것이 좋다. 학생들이 친구와 협력해 모범 사례에서 발견한 내용을 주제로 토론할 수 있다면 모범 사례에서 찾을 수 있는 필수 요소와 강점을 확인하는 데 더욱 효과적이다. 〈그림 34〉와 같은 양식을 제공해 대화를 이끌고 학생들이 자신의 작업을 보완하고 향상시키도록 학습한 내용을 글로 정리해 문서로 만드는 과정을

장려할 수도 있다.

학생들이 참고할 예시로 예전에 가르쳤던 학생들의 결과물을 사용하거나 다른 교사에게 문의하거나 소셜 미디어에서 사례를 모아 만들 수도 있다. 모범 사례를 만드는 데 시간을 낭비하지 않도록 귀감이 될 만한 학생의 활동 결과물을 예시 자료로 보관하는 것도 좋다. 하지만 우리는 교육 경력이 짧거나, 새로운 수업을 가르치거나, 학생들에게 이전에 낸 적 없는 과제 혹은 프로젝트를 요청할 때 이 방법의 적용이 불가능하다는 점을 잘 알고 있다. 만약 당신이 모범 사례를 만들기 위해 시간을 투자해야 한다면, 최종 프로젝트나 평가하는 결과물에서 나중에 사용할 좋은 예시를 찾아야 한다는 사실을 머릿속에 기억하는 것이 좋다.

일단 학생들이 모범 사례가 어떤 모습인지, 어떤 공통된 특징이 있는지, 어떤 요소가 포함되는지 명확하게 이해하고 나면, 교사는 자기 평가를 성공적으로 수행하기 위해 필요한 핵심 어휘를 학생들이 확인하기를 바랄 것이다. 각 교과 영역에는 특정 영역에만 쓰이는 어휘나 학술적 어휘가 포함되기도 해 학생들에게 생소할 수 있다. 학생들이 어휘를 쌓는 데 시간을 보내도록 교사가 돕는다면 학생들은 자신의 활동 결과물뿐만 아니라 자기 평가에 대한 통찰력도 더 강해질 것이다. 학생들이 익숙하지 않은 어휘를 분석하도록 촉구하기 위해 프레이어 모델Frayer Modell* 양식(〈그림 35〉)을 복사 및 수정해 사용하거나, 학생들의 단어 사용 연습을 돕기 위해 다양한 활동으로 구성된 어휘 습

〈그림 35〉 어휘 개발

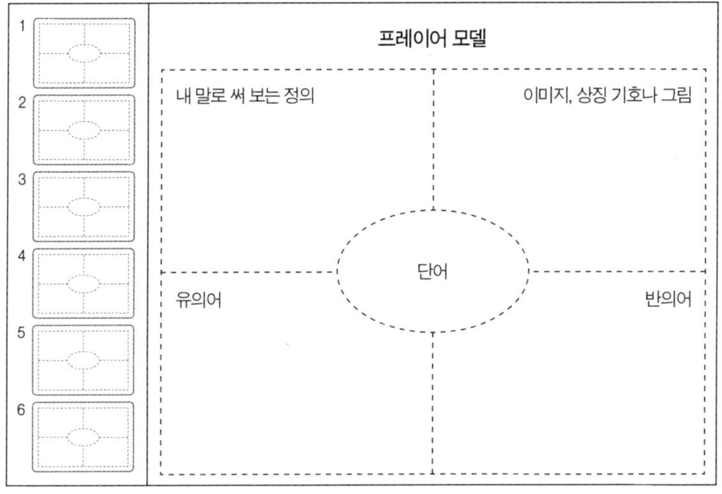

득 선택판을 제공할 수 있다.

학생들에게 주요 어휘 목록을 주고 이 중에서 집중적으로 연습하기를 원하는 세 개에서 다섯 개의 단어를 선택하게 함으로써 학생들에게 주도성을 발휘할 기회를 제공한다. 이렇게 하면 학생들은 자신에게 가장 도움이 되리라고 생각하는 어휘를 선택해 집중해서 배울 수 있다. 학생들이 목록에서 단어를 선택하도록 허용하는 것은 어느 정도의 개인화를 가능하게 한다. 만약 이 경험을 다변화하기를 원한다면, 학생들을 교사 주도형 정거장 활동으로 초대해 추가적인 자료와

* 학생들의 어휘력과 개념 이해를 향상시키기 위한 그래픽 조직자로, 정의, 특징, 예시, 비예시 등 네 개의 부분으로 나뉜 차트를 사용해 학생들이 특정 단어나 개념에 대해 분석하게 한다.

안내를 제공하고, 질문에 답하도록 함으로써 모둠 단위로 추가적인 지원과 비계를 제공할 수 있다.

마지막으로, 학생들은 이런 특정 숙제, 과제, 프로젝트의 성공이 어떤 모습인지 이해해야 한다. 교사는 과제를 시작하기 전에 학생들이 의도된 학습 결과를 분명하게 이해할 수 있도록 학생들과 함께 표준화된 루브릭을 만드는 것이 이상적이다. 단순하고 명확한 루브릭은 학습자들에게 도움이 되는 안내서 또는 지도와 같은 역할을 한다. 효과적인 루브릭을 설계하기 위해, 교사와 학생은 내용 지식과 기능 측면에서 활동 결과물이 무엇을 입증해야 하는지 이해할 필요가 있다. 종종 학생들은 명확한 학습 목표나 성공 기준 없이 과제를 받게 되는데, 이는 마치 목적지를 모른 채 떠나는 자동차 여행과 같다. 그랜드캐니언이 목적지라는 사실을 모른다면 그곳에 도착하기는 어렵다.

최고의 루브릭은 다양한 숙달 수준에서 학습이 어떤 모습을 보이는지 설명하기 위해 학생 친화적인 언어를 사용한다. 따라서 학생들은 4점 만점에 3점이 의미하는 바가 무엇인지 또는 '능숙한 단계'는 어떤 모습일지 추측할 필요가 없다. 간단한 숫자 척도 또는 '기초적인, 발전 중인, 능숙한, 탁월한'과 같은 명칭으로 루브릭을 만들기는 쉽다. 하지만 우리가 각 수준 또는 숫자가 실제로 어떤 모습인지 설명하는 데 시간을 들이지 않는다면 루브릭은 학생들의 작업 개선에 큰 도움을 주리라 기대하기 어렵다.

학생들이 모범 사례를 분석한다면, 그들은 모둠별 협력 학습으로

〈그림 36〉 학생이 수립한 성공 기준

	성공 기준			
	1 기초적인	2 발전 중인	3 능숙한	4 탁월한
1				
2				
3				
4				
5				
6				

활동해 모범 사례에서 드러난 하나의 명확한 요소, 개념, 기능을 파악할 수 있다. 그런 다음 학생들은 간단한 루브릭을 사용해 그 요소가 다양한 숙련도 수준에서 어떤 모습일지 설명하도록 함께 작업한다. 〈그림 36〉의 디지털 슬라이드는 각 모둠이 슬라이드를 가져가 자신들이 선택한 요소, 개념, 기능에 대한 루브릭을 작성하고 서로의 작업을 볼 수 있도록 설계되었다. 이 연습은 비판적인 사고를 요구하며 메타 인지적 인식 형성에 도움이 된다. 학생들이 자신의 성공 기준 생성에 더 많은 시간을 할애할수록, 자기 평가에 참여함으로써 활동 결과물을 개선하는 데 더욱 성공할 것이다.

학생들이 훌륭한 모범 사례를 분석하고, 필요한 어휘를 개발하고,

명확한 성공 기준에 접근할 기회를 가지면, 사려 깊은 자기 평가에 더 성공적으로 참여하게 될 것이다.

전략 2: 성찰 일지, 팟캐스트, 블로그 활용하기

성찰은 학습 과정의 중요한 구성 요소이며, 자기 평가 활동에 영향을 미치는 부분이다. 우리는 학생들이 루브릭이나 성공 기준을 활용해 자신의 활동 결과물을 평가하는 것에서 끝나지 않고 자기 평가를 통해 무엇을 배웠는지 깊이 생각해 보기를 바란다. 자기 평가 후에 성찰 활동을 거치도록 학생들에게 요구하는 이유는 자신들이 배우는 것에 대한 가치 인식에 이 과정이 도움이 될 수 있기 때문이다. 성찰 활동은 또한 시간에 따른 학생의 성장을 기록으로 남기는 훌륭한 방법이기도 하다.

성찰을 기록하는 방법으로는 다양한 선택지 제공이 있다. 성찰 활동을 위해 어떤 학생은 성찰을 전통적인 일기 형식으로 남기기도 하고 스케치 노트 형식으로 기록하기도 한다. 또 어떤 학생은 자신의 학습 여정에 관한 팟캐스트를 제작하거나 특정 과제 후에 성찰한 내용을 자세히 설명하는 음성 녹음 형태로 기록하기를 좋아할 수도 있다. 또 다른 학생은 학습 블로그를 만들어 자신의 학습 기록과 글로 쓴 성찰을 함께 모으는 편을 선호하기도 한다. 학생들에게 성찰 형식에 대

〈그림 37〉 자기 평가 후 성찰 방법 선택판

자기 평가 후 성찰 방법 선택판			
 일기 쓰기	 스케치 노트	 팟캐스트	 블로그 작성

자기 평가 후 성찰을 완료하면서 다음과 같은 질문에 대해 깊이 생각해 보자.

- 결과물의 어떤 측면이 특히 좋았는가?
- 효과적으로 통했던 전략은 무엇이었는가?
- 결과물에서 부족하다고 느끼는 점은 무엇인가?
- 결과물 중에서 어느 부분을 더 깊이 있게, 상세하게, 또는 발전시켜 다룰 필요가 있는가?
- 앞으로 무엇을 다르게 할 수 있는가?
- 활동 결과물에서 어떤 점이 이전보다 성장했는가?
- 추가 지도나 지원이 필요하다고 느끼는 부분이 있는가?

한 주도권을 부여하면 더 강력하고 의미 있는 성찰을 할 가능성이 높아진다. 학생들이 성찰 내용을 기록하는 데 사용할 전략을 선택하도록 〈그림 37〉의 자기 평가 후 성찰 방법 선택판을 복사해 사용할 수 있다. 학생들이 선택하는 형식과 관계없이, 성찰을 이끌어 낼 질문 목록을 제공하면 좋다.

반성적 실천과 자기 평가를 결합하려는 목표는 학생들이 자기 평가 과정에서 배운 내용을 더 깊이 생각해 보도록 장려하는 데 있다. 이렇게 함으로써 학생들은 학습한 내용을 토대로 배움을 지속적으로 개선하며 배움에 대한 주도권을 가지고 있다고 느끼게 된다.

전략 3: 지속적인 자기 평가 루틴 적용하기

학생들이 학습자로서 발전하기 위해서는 스스로 진행 상황을 추적하고 특정 기능을 성찰하며 많은 시간과 주의, 개선을 필요로 하는 영역을 식별해야 한다.

교사들은 학생들이 학습뿐만 아니라 학습자로서 자신의 진행 상황을 평가하는 역할을 적극적으로 수행하길 원한다. 하지만 교사로부터 학습에 관해 생각하거나 자기 평가로 진행 상황을 지속적으로 모니터링하라는 요청을 받는 학생들은 그리 많지 않다.

수업에 일관된 자기 평가 체계를 구축하면 학생들은 다음과 같은 도움을 받을 수 있다.

1. 자신이 하는 일이 내용 지식과 기능에 미치는 영향을 인식하게 된다. 또한 특정 과제와 작업이 어떤 기준과 기능을 목표로 하는지 이해하게 되어, 그 목적이나 가치를 알지 못한 채 '단순히 바쁜 일'로 분류하는 상황이 발생하지 않는다.
2. 발전하는 분야와 정체된 분야를 인식하기 시작하며, 추가적인 지원이 필요한 영역을 파악하게 된다. 이렇게 되면 학생들은 스스로 추가적인 도움을

요청할 수 있는 학습자가 되었다고 볼 수 있다.

3. 학습에 대해 편안함을 느끼고, 노력과 연습을 통해 기능을 향상시키는 자신감을 키우며, 성장 마인드셋을 강화하게 된다.

〈그림 38〉은 학생들과 함께 사용할 수 있는 지속적인 자기 평가 양식이다. 이 양식은 네 가지 영역으로 구성된다. 첫 번째는 학습 단원이나 학습 주기와 관련된 목표 기준 또는 기능이다. 이 기준은 학생들이 이해할 수 있는 언어로 작성하는 것이 중요하다. 학생들이 모둠원들과 협력해 각 기준을 읽고, 그 의미에 관해 토론하며, 자신들에게 맞는 언어로 다시 작성하도록 격려할 수 있다. 이 활동은 학급 전체 순환 수업이나 모둠 단위 정거장 순환 활동의 일환으로 진행된다.

두 번째 영역에서는 학생들이 평가하기로 선택한 과제의 이름을 적는다. 이 과정을 통해 학생들은 어떤 작업을 평가할지 스스로 결정한다. 만약 어린 학생들을 가르치고 있다면, 학생들이 평가해야 하는 특정 과제, 기능 또는 행동을 교사가 지정할 수도 있다. 학생들이 작업을 온라인으로 진행한다면 링크를 추가할 수 있고, 평가하는 작업을 쉽게 살펴보도록 사진 첨부도 가능하다.

세 번째 영역에서는 자기 평가 점수를 기록한다. 우리는 '기초적인, 발전 중인, 능숙한, 탁월한' 네 단계를 포함한 간단한 4점 척도를 제공했다. 어린 학습자와 함께 작업할 때는 숫자 척도를 이모지나 다른 기호로 대체해 자기 평가 과정을 단순화할 수 있다.

〈그림 38〉 지속적인 자기 평가를 위한 양식

지속적인 자기 평가를 위한 양식
이번 주에 완료한 작업에 관해 생각해 보자. 깊이 있게 성찰하고 분석할 특정 작업을 선택한다. · 이 특정 작업과 일치하는 성취 기준 또는 기능을 확인한다. · 평가하는 과제의 제목은 무엇인가? 온라인 작업 링크를 제공하거나 오프라인 작업 사진을 삽입한다. · 작업을 평가하고, 이 기준 또는 기능을 숙달하는 데 있어 현재 자신이 어느 정도 수준인지를 생각하며 스스로 점수를 매긴다. · 해당 점수를 준 이유를 설명한다.
기준 또는 기능
과제 또는 문서의 제목 (링크 또는 이미지 포함)
자기 평가 점수(1~4) 1 = 기초적인(여전히 지원이 필요하다) 2 = 발전 중인(알아 가고 있다) 3 = 능숙한(이해했다) 4 = 탁월한(다음 도전을 위한 준비가 되어 있다)
설명과 성찰 · 왜 이러한 점수를 주었는가? · 당신이 부여한 자기 평가 점수를 뒷받침하는 근거가 될 만한 결과물 속 세부 정보는 무엇인가? · 결과물은 학생으로서 당신의 강점을 보여 주는가? · 이 기준 또는 기능의 어떤 측면에 여전히 어려움을 겪고 노력하고 있는가? · 이 기능을 계속 개발하는 데 어떤 구체적인 지원이 도움이 되는가?

마지막으로 네 번째 영역에서는 학생들이 자신이 부여한 점수를 돌아보며 작업 결과물의 어떤 측면을 고려해 점수를 부여했는지 스스로 설명한다. 학생들은 이 양식에 자신이 성찰한 바를 작성하거나 음성 설명을 녹음하거나 자기 평가 점수를 설명하는 짧은 동영상을 촬영할 수 있다. 성찰 활동의 목표는 학생들이 자신의 활동 결과물로부터 얻은 세부 정보를 활용해 자신이 부여한 평가 점수를 뒷받침하는 타당한 근거를 제시하고 이를 합리적으로 설명하도록 장려하는 데 있다.

전략 4: 학생 포트폴리오를 통한 성장 보여 주기

학습은 능동적인 참여가 필요한 역동적인 과정이다. 안타깝게도 많은 학생이 교실에서 수동적인 관찰자 또는 소비자로서의 역할에 편안함을 느낀다. 물론 이는 인지적으로나 사회적으로 덜 부담스럽지만, 그만큼 흥미롭다거나 참여를 장려하는 것과는 거리가 멀다. 교실에서의 역할에 대한 학생들의 생각을 바꾸는 효과적인 방법은 학생들이 학습을 다큐멘터리 만들기처럼 대하도록 가르치는 것이다. 이러한 사고방식은 학생들이 자신의 학습을 기록하고 성찰하며 공유하도록 요구한다. 디지털 멀티미디어 포트폴리오는 학습을 기록으로 남기고 성찰하도록 학생들을 장려하는 멋진 방법이다!

조지 쿠로스George Couros는 포트폴리오를 학습 포트폴리오와 전시 포트폴리오로 구분해 설명한다.[9] 학습 포트폴리오에서 학생은 지속적으로 자신의 진행 상황을 모니터링한다. 예를 들어, 교실에서 학습 포트폴리오를 사용하면 학생들은 모든 평가, 진행 상황 및 성찰을 정기적으로 공유할 수 있다. 반면, 전시 포트폴리오에서는 학생들이 가장 자랑스러운 작업을 게시해 자신의 학습을 강조한다. 쿠로스는 "블로그를 포트폴리오로 사용할 때의 훌륭한 점은 선택할 필요가 없다는 것이다. 즉, 두 가지 모두 할 수 있다."라고 언급한다. 우리는 모든 학생의 포트폴리오도 마찬가지라고 믿는다.

멀티미디어 문서는 디지털 포트폴리오에 통합되어 학생의 작업과 시간이 지남에 따른 성장 과정을 보여 준다. 학생들은 자신의 기기를 사용해 다음과 같은 작업을 수행할 수 있다.

- 진행 중인 작업, 실험, 실험실, 예술 프로젝트 등의 사진 찍기
- 타임랩스time-lapse 기능을 활용해 진행 과정이나 느린 변화 포착하기
- 진행 중인 작업, 발표, 시연을 동영상으로 녹화하기
- 음성 녹음을 사용해 메모, 깨달은 점, 또는 인터뷰 내용 기록하기

학생들은 학습 포트폴리오를 만들어 가장 훌륭한 활동 결과물을 전시하며 자신의 학습 여정을 기록으로 남긴다. 학생들은 다큐멘터리를 만드는 데 호기심을 가질 필요가 있다. 학생들은 자신의 경험이 사고, 감정, 성장에 미친 영향을 탐구하기 위해 그 호기심을 내면으로 향하

게 하며, 다음과 같은 질문에 답한다.

- 무엇을 배우는가? 왜 이것을 배우는가? 이것이 내 삶과 어떤 관련이 있는가?
- 무엇을 이해하고 있는가? 무엇이 혼란스러운가? 도움이 필요하다면 어떤 자원에 접근할 수 있는가?
- 어떻게 배우고 있는가? 어떤 전략이나 자원이 가장 효과적인가?
- 어떤 분야에서 의미 있는 성장을 보이는가? 어떤 분야에서 진전을 이루고자 애쓰는가?
- 어떤 '아하의 순간' 또는 깨달음을 경험하는가? 그 순간들이 생각에 어떤 영향을 미치는가?

학생들이 자신의 작업을 시간에 따라 디지털 포트폴리오에 문서로 정리할 때, 교사는 학생들이 내용 지식과 기능의 발전 정도를 인식하도록 자기 평가와 성찰에 시간을 할애하기를 요청한다. 교사는 연중 다른 시점에 생성된 포트폴리오의 다양한 결과물을 비교하게 해 그 차이점을 성찰해 보도록 학생들에게 요구한다. 다음은 이러한 성찰 과정 촉진에 사용하면 좋을 질문의 예다.

- 당신의 작업에서 어떤 변화를 느꼈는가?
- 기능이 어떻게 변화하고 발전했는가?

- 학습자로서의 성장이 가장 뚜렷하게 나타나는 부분은 어디인가? 올해 성장에 가장 크게 기여한 것은 무엇이라고 생각하는가?
- 이 두 작품을 비교하는 것은 학습자로서 당신에 대해 무엇을 드러내는가?

포트폴리오의 명백한 목표는 학습을 기록으로 남기고 공유하는 것이지만, 자기 평가와 성찰을 촉진하는 훌륭한 자원이 되기도 한다. 학생들이 자신의 학습 성장을 성찰하고 디지털 포트폴리오에서 가장 자랑스러운 작품을 전시할 기회를 가질 때 학생들은 자기 평가 능력을 강화하고 개선 과정에 적극적으로 참여하게 되는데, 이는 성장 마인드셋과 학습 전문가로서의 삶에 매우 중요하다.

정리하기

전통적인 평가 모델은 교사가 주로 성공의 기준을 명확히 하고 학생의 학습과 성장의 질을 평가하는 역할을 맡게 한다. 이 교사 의존 모델은 교육자 입장에서 볼 때 지속 가능한 방법이 아니며 학생들이 연습과 지원으로 구축할 수 있는 자기 인식, 자기 성찰 및 자신의 진행 상황을 모니터링하는 것에 책임을 지지 않게 한다. 학생이 학습에서 더욱 전문가가 되기를 원한다면 교사들은 지속적으로 성찰과 평가에 대한 책임을 학생들에게 위임해야 한다. 이번 장에서 소개한 전략을 활용하면 교사들은 평가를 통해 성찰하고 배우는 인지적 부담을 자신이 가르치는 학습자와 공유할 수 있다.

성찰과 토론하기

1. 현재의 평가 관행을 생각해 보자. 얼마나 자주 학생들에게 자신의 작업을 평가하게 하는가? 자기 평가에 대한 당신의 접근 방식은 이번 장에서 설명하는 전략과 어떻게 비교되는가?
2. 이번 장에서 설명하는 전략을 사용해 지속적인 자기 평가 루틴을 구축하는 것이, 학생들의 자기 조절 능력 지원과 좌절감 및 난관 대처에 어떻게 도움이 되는가?

3. 모범 사례, 어휘, 명확한 성공 기준에 대한 접근은 학생이 자기 평가를 성공적으로 수행하는 데 어떻게 도움이 되는가?
4. 학생들이 학습 환경에서 자신의 기능, 내용 지식, 자기 조절 능력을 일관되게 평가하도록 어떻게 요청할 수 있는가?

실천하기

지금 현재, 교사들은 평가에 많은 시간을 할애하고 있을 것이다. 우리는 교사들이 교사 평가에서 학생 자기 평가로 전환하기를 촉구한다. 이번 장에 제시된 전략 중 하나를 선택해 시도해 보자!

- **전략** 1: 예시, 어휘, 성공 기준 제시하기
- **전략** 2: 성찰 일지, 팟캐스트, 블로그 활용하기
- **전략** 3: 지속적인 자기 평가 루틴 적용하기
- **전략** 4: 학생 포트폴리오를 통한 성장 보여 주기

| 계획 템플릿 8 | 자기 평가

학생이 지속적인 자기 평가를 통해 어떤 기능을 개발하기를 원하는가?	
학생이 자신의 과제를 평가하도록 장려하기 위해 어떤 전략을 사용하고자 하는가? · 모범 사례 분석, 학술적 어휘 쌓기, 성공 기준 정의하기 · 일기, 팟캐스트, 블로그를 통해 성찰하기 · 지속적인 자기 평가를 위한 양식 업데이트하기 · 학생 포트폴리오를 통해 성장한 모습 보여 주기	
수업에서 자기 평가 시간을 만들기 위해 어떤 블렌디드 러닝 모델 또는 전략을 사용하고자 하는가? · 정거장 순환 모델 · 활동 목록 모델 · 선택판 · 학급 전체 순환 모델	
학생이 자신의 작업을 평가하는 과정에서 자신에 대해 배운 점을 성찰하도록 어떻게 격려할 것인가? · 자신의 강점에 대해 어떤 부분을 발견했는가? · 어떤 영역을 더 발전시키면 도움이 되겠는가? · 계속해서 개선하기 위해 어떤 지원이나 지도가 필요한가?	

10장

새로운 시작 9

교사가 주도하는 학부모와의 소통에서 학생이 진행 과정을 주도하는 대화로 전환

침 뱉기

캐틀린 "안녕하세요, 터커 부인. 아드님이 제 사무실에 있습니다. 다른 아이에게 침을 뱉었거든요."

뭐라고요?

나는 말문이 막혔다. 유치원 원장 선생님은 침착하고 인내심 있게 내 아들이 다른 원아와 다투다가 그 아이에게 침을 뱉었다고 설명했다. 원장 선생님이 자초지종을 설명하는 동안 심장이 쿵쾅거렸다. 마치 내가 원장실에 있는 듯했다. 나는 일견 사람에게 침을 뱉는 아이를 키우고 있던 셈이었다. 이후 전화 통화에서 원장 선생님은 내 아들과 이야기를 나눴고 교실로 돌려보냈다고 했다. 원장 선생님은 내가 아들을 데리러 왔을 때 아들과 이야기를 나누라고 권유했다. 당연히 이야기해야지!

머릿속은 복잡했고 집중이 되지 않았다. 남은 하루 일과를 망쳤다! 도대체 무엇 때문에 다른 아이에게 침을 뱉었을까? 아들보다 두 살 많은 딸은 원장실에 가본 적이 없다. 어린이집에서 다른 아이를 깨문 사건이 있긴 했지만, 그 외에는 아이의 행동으로 상담을 한 적이 없다. 그래서 나는 이런 순간에 대해 아무런 준비가 되어 있지 않았다.

아이를 데리러 갔을 때 원장 선생님에게서 전화가 왔다고 말하자 아들은 눈물을 흘렸다. 순식간에 모든 좌절과 실망이 사라졌다. 나는 아들을 품에 안고 무슨 일이 있었는지 말해 달라고 했다. 아들은 숨을 가쁘게 쉬며, 오전에 간식을 받으러 갈 때 다른 아이가 아들의 가방에서 그림 한 점을 가져갔고 다시 돌려주지 않았다고 설명했다. 그 아이는 아들이 다음 주 내 생일에 선물로 주려고 열심히 그린 그림을 찢어버렸다. 마음이 아팠다. 아들이 이야기를 꺼낸 후, 우리는 좌절감을 표현하고 상황을 처리할 수 있는 여러 방법들을 논의했다.

그날 저녁, 아이들이 잠자리에 든 후에도 나는 이 사건을 생각했다. 아이의 유치원 생활에 관해 내가 몰랐던 일이 너무 많았음을 알게 되었다. 나는 아이가 일상에서 겪는 작은 성공이나 도전을 알지 못했다. 하원하는 길의 차 안에서나 저녁 식탁에서 아이에게 하루가 어땠는지 언제나 물었다. 하지만 "좋았어.", "보통이야.", "괜찮았어."라는 대답에 자세한 내용이 담겨 있던 적은 거의 없었다.

"오늘은 뭘 배웠어?", "오늘 가장 좋았던 점은 뭐야?"와 같은 좀 더 깊이 있는 질문을 할 때면, 보다 더 구체적인 답변을 듣곤 했지만 항상 그런 것은 아니었다. 나는 아이들이 유치원에서 하루를 어떻게 보내는지 알고 싶었다. 아이에게 학업적, 행동적, 사회적으로 도움을 주고 싶지만 원장 선생님에게서 걸려 온 "아드님이 다른 아이에게 침을 뱉었어요."라는 긴급 전화 외에는 무슨 일이 일어나는지 알 수 없으니 그걸 해내기가 쉽지 않았다. 아이들의 생활을 엿볼 수 있는 창이 더 많았으면 좋겠다고 생각했다.

교사로서 나는 학부모에게 수업 진도 상황 보고서나 이따금씩 이메일로 보내는 학기 말 성적 통지 외에 학생의 성장과 발달에 대한 정보를 제공하는 것이 얼마나 어려운 일인지 잘 알고 있었다. 학부모와의 소통은 낮은 학업 성취나 행동 개선을 위한 조치를 논의하는 위기의 순간에만 이루어졌다.

긍정적인 순간도 공유할 수 있는 방법을 찾으면 학부모는 이 작업에서 더욱 적극적인 협력자가 될 가능성이 높아진다. 하지만 30명에서 160명(또는 그 이상)의 가정과 지속적으로 소통하는 일에는 많은 시간이 소요된다. 그렇다면 학생들을 학습 경험의 중심에 두고, 학부모에게 의미 있는 소식을 전달하는 도구를 제공하려면 어떻게 해야 할까?

연구와 실제: 가정과의 협력이 필요하다

학부모가 자녀의 교육에 참여하면 자녀의 학업 성취도에 긍정적인 변화가 나타나며, 자녀가 더 높은 수준의 프로그램에 등록하고 더 높은 비율로 고등교육을 이수하게 된다.[1] 실제로 "학교보다 가정에서의 학습 지원이 학생의 학습에 더 큰 영향을 미친다."는 연구 결과가 있으며, 교사가 학부모와 교육적 협력 관계를 구축하면 학부모는 가정에서 자녀의 학습에 적극적으로 참여할 가능성이 높아진다.[2] 여기서 또 중요한 단어, '협력 관계'가 나온다. 노련한 교사는 학습에 대한 책임을 공유하고 학습을 지원하고자 학생뿐만 아니라 학부모, 보호자와

도 협력 관계를 형성하기 위해 노력한다.

가정에서 자녀를 지원하는 어른들은 교육에서 중요한 부분을 차지하지만, 학생의 학습 목표나 그 목표의 진척도에 대한 소통에 항상 포함되는 것은 아니다. 학부모의 참여를 매년 '학부모의 날' 같은 몇 가지 행사에 국한하는 대신, "학교는 장애 아동의 개별화 교육 프로그램Individualized Education Program: 이하 IEP 팀에 학부모를 포함시켜야 한다."고 명시한 장애인 교육 개선법Individuals with Disabilities Education Improvement Act: 이하 IDEA 조문에서 실마리를 얻을 수 있다. 실제로, 학부모 참여와 IEP 팀의 공동 의사 결정은 IDEA의 두 가지 기본 원칙이다. 그러나 교사와 학생 비율의 불균형이 많은 시간이 소요되는 워크플로를 초래하는 것처럼, 학부모와 보호자의 수가 많다는 점은 효과적이고 일관된 소통에 어려움을 야기한다.

좋은 소식은, 학교와 교사의 소통이 학부모의 참여도를 높일 뿐만 아니라 학생 주도의 소통 또한 학부모 참여 수준을 높일 수 있다는 연구 결과가 있다는 사실이다.[3] 학교와 교사는 행사나 성적과 관련한 정보를 가정에 제공하려고 노력하지만, 학생들이 학부모와 정기적으로 소통하는 것은 여전히 일반적이지 않다. 이는 놓치기 쉬운 기회다. 사실 학생들이 보편적으로 설계된 블렌디드 러닝 환경에서 능동적인 주체가 되려면 메타 인지 작업을 통해 자신이 배우는 내용을 활용해 부모에게 진행 상황을 알려야 한다. 나는 학생들이 진행 상황에 대한 대화를 주도하도록 지원하는 것이 학습 전문가를 양성하는 데 중요한 부분이라고 믿는다.

어떻게 하면 학생들이 자신의 목표, 진행 상황, 강점 분야 및 개선이 필요한 부분을 부모와 정기적으로 소통하도록 도울 수 있을까? 어떤 소통 수단이 가장 효과적일까? 학생들이 이 대화를 주도하는 것의 가치를 어떻게 명확히 할 수 있을까?

전략 1: 월 2회 이메일 또는 음성으로 소식 보내기

학생은 자신의 과제나 행동, 학습 진도에 주인의식을 갖고 책임을 져야 하는 경우가 거의 없다. 학부모는 성적표에 0점이 찍히거나 집으로 발송된 성적표를 보거나 자녀가 누군가에게 침을 뱉어 교장 선생님이 전화하기 전까지는 문제가 있다는 사실을 깨닫지 못할 수 있다! 학업 진행 상황을 정기적으로 부모와 소통하도록 학생들에게 요구하면 학생들이 학업에 우선순위를 두고 자기 조절 기능을 연마할 동기를 부여받게 된다. 이 전략은 시간을 다투어 주의를 요구하는 수많은 업무를 처리해야 하는 교사의 부담도 덜어 준다. 그리고 문제가 생길 때만 학부모와 소통한다면, 학부모와 교사 간의 관계에 긴장이 조성된다. 학부모와의 소통은 학생의 학교생활에 대한 전반적인 측면을 제공해야 한다.

우리가 메타 인지 근육을 발휘하는 데 익숙한 학습 전문가를 양성하려면, 학생들은 자신의 진행 상황에 대한 대화를 주도할 수 있어야 한다.

보름에 한 번씩 정기적으로 소식을 전하면 학부모에게 최신 정보를 효과적으로 제공하게 되는 동시에 학부모는 지속적이라고 느끼게 된다. 또한 학생이 자신의 학습 진도를 부모와 공유하는 연습을 수업 시간에 포함시키는 것이 중요하다. 부모와의 공유는 학생의 연령에 따라 이메일 또는 음성 녹음의 형태를 취할 수 있다. 고학년 학생에게 〈표 10〉과 같이 간단한 대본을 사용해 잘 작성된 이메일을 쓰거나 설득력 있는 음성 메시지를 남기도록 요청한다면, 격주로 온라인 정거장에서 정거장 순환 학습을 통해 이 과제를 수행하게 할 수 있다. 또 다른 방법은 음성으로 소식 보내기를 교사 주도형 활동이나 학생 개별 활동 목록에 집어넣어 학생의 선택을 유도하는 것이다. 어린 학습자나 추가 지원이 필요한 학습자에게 이 전략을 사용하면 더욱 관리하기가 쉽다. 이 전략을 활용하도록 학생들을 충분히 지원한 후에는, 점진적으로 이 루틴에 대한 책임을 학생들에게 넘길 수 있다.

지금까지 강조한 모든 전략과 마찬가지로, 이 루틴에서도 학생에게 자율성을 부여하기를 추천한다. 학생이 자신에게 적합한 대본을 선택하도록 허용하는 것이다. 어떤 학생은 성공을 축하하거나 성장한 영역을 공유하기를 원하는 반면에 어떤 학생은 과제나 프로젝트에서 뒤처져 더 많은 지원이 필요할 수도 있다. 학생에게 가장 의미 있는 대본 유형을 선택하도록 권장하는 것도 가능하다. 또한 모둠에서 공동으로 협력해 부모와 소통하기 위한 추가 대본을 작성하도록 권장할 수도

〈표 10〉 이메일과 음성 대본

이메일과 음성으로 소식 보낼 때 대본
목적: 강점 및 성장 영역 알리기 **대본**: [이메일 또는 음성으로 소식을 받는 사람의 이름]님, 안녕하세요. 저는 [수업명]에서 [집중 분야 설명]을 위해 노력해 왔습니다. 저는 [구체적인 기능 또는 분야 명시]로 괄목할 만한 성장을 이루었습니다. 이 영역에서 [성장을 이끈 과제, 활동, 행동 삽입]이 저의 발전에 도움이 되었다고 생각합니다. 저는 [개발을 위한 다음 단계 또는 새로운 집중 분야 서술]할 계획입니다. 질문이나 의견이 있으시면 [부모님이 답장할 수 있는 방법 삽입]로 회신 주세요. 사랑합니다. [보내는 사람 이름]
목적: 잘한 점과 보완할 점 업데이트하기 **대본**: [이메일 또는 음성으로 소식을 받는 사람의 이름]님, 안녕하세요. 지난 2주 동안 저는 [의미 있는 개선이나 발전에 영향을 미치는 과제, 작업, 행동, 상호작용, 일상 또는 자기 관리 기능에 대한 설명 삽입]을 잘했습니다. 이 점은 저를 [영향에 대한 설명 삽입]라고 느끼게 합니다. 보완할 영역, 즉 성장과 개발에 더 많은 시간을 투자해야 한다고 느끼는 영역은 [추가 작업, 연습 또는 개발이 필요한 과제, 작업, 행동, 상호작용, 일상 또는 자기 관리 기능에 대한 설명 삽입]입니다. 이 영역에서 계속 발전하기 위해서는 [지속적인 개선을 위한 실행 계획 및 지원 요청]이 필요합니다. 질문이나 의견이 있으시면 [부모님이 답장할 수 있는 방법 삽입]로 회신 주세요. 사랑합니다. [보내는 사람 이름]
목적: 밀린 과제 수행에 대한 지원 요청하기 **대본**: [이메일 또는 음성으로 소식을 받는 사람의 이름]님, 안녕하세요. 저는 [수업명]에서 [과제명]을 하고 있습니다. 제가 해야 할 것은 [수업 목표]이지만, 진행 상황은 [현재 상태]입니다. 목표에 이르기 위한 저의 계획은 [완료 날짜와 함께 실행 계획 설명]하는 것입니다. 제가 따라잡을 수 있도록 [부모님이나 보호자가 집에서 도와줄 수 있는 방법]을 지원해 주시면 정말 감사하겠습니다. 질문이나 의견이 있으시면 [부모님이 답장할 수 있는 방법 삽입]로 회신 주세요. 사랑합니다. [보내는 사람 이름]

있다. 〈표 10〉에서와 같이 학생들이 시작할 수 있는 몇 가지 예시를 제공하는 것도 도움이 되지만, 학생들이 학부모와의 의사소통을 위한 대본 모음에 더 많이 참여하게 하면, 이 과정에 대한 주인의식이 커지고 선택지도 더욱 많아진다.

이 전략에서 가장 보람 있는 부분은 부모와 자녀 간의 대화다. 부모님에게 이메일 보내기를 학생에게 요청할 때, 첫 번째 이메일에서 교사를 참조하도록 요구하는 것이 좋다. 부모들은 종종 '전체 회신'을 눌러 자녀와의 대화에 교사를 계속 참여시킨다. 우리는 부모들이 후속 이메일에서 "왜 이 과제를 기한 내에 완료하지 못했니? 수업 시간을 어떻게 활용하고 있니? 네가 집에서 과제를 마치도록 내가 어떻게 도와주면 되겠니?"와 같은 사려 깊은 질문을 한다는 점을 관찰할 수 있었다. 학생이 부모와 이러한 대화를 나누도록 독려하는 것은 큰 가치가 있다. 학생들이 학습 팀의 중요한 구성원이라는 느낌을 갖게 되기 때문이다. 이 전략을 사용할 때 부모들은 종종 자녀의 학업 진행 상황이나 부족한 부분을 지속적으로 알려 줘 고맙다고 말했다.

전략 2: 잘한다-자란다 디지털 슬라이드 사용하기

잘한 점과 보완할 점 업데이트하기와 마찬가지로, 잘한다-자란다 glow-and-grow 구조는 학생들에게 성장이 필요한 영역과 자랑스러운 성과를 공유하도록 독려한다. 이 전략은 학생들이 서로에게 의미 있는 피드백을 제공하기 위해 자주 사용되지만, 학생과 학부모 또는 보호자 간의 소통을 공식화할 때에도 유용하게 사용할 수 있다. 이 전략은 학생들이 보다 균형 잡힌 최신 정보를 제공하도록 장려함으로써 무엇이 잘 진행되고 있는지, 개선을 위해 더 많은 시간과 에너지를 투자해야 하는 부분은 어디인지 성찰하도록 요구한다.

〈그림 39〉처럼 잘한다-자란다 디지털 슬라이드를 사용하면 누구나 더 쉽게 접근이 가능하다. 학생들은 디지털 슬라이드 기능을 사용해 내용을 입력하거나, 음성을 텍스트로 변환하거나, 오프라인 과제의 이미지를 삽입하거나, 온라인 과제를 링크로 연결하거나, 자신의 성장 영역과 성공 사례를 설명하는 짧은 동영상을 녹화할 수 있다.

학생이 자신의 성공 영역과 추가 성장이 필요한 영역을 명확하게 표현하도록 문장 구조를 삽입할 수 있다. 동일한 디지털 슬라이드를 분기별, 학기별 또는 1년 전체에 걸쳐 학생과 학부모 소통에 사용할 수 있는데, 가장 최근에 작성된 잘한다-자란다 슬라이드를 날짜와 함

〈그림 39〉 잘한다-자란다 디지털 슬라이드

1

2

저는 잘하고 있습니다!

저는 ________이 가장 자랑스럽습니다.

이번 주에 ________을 열심히 했어요.

이번 주에 ________을 잘했어요.

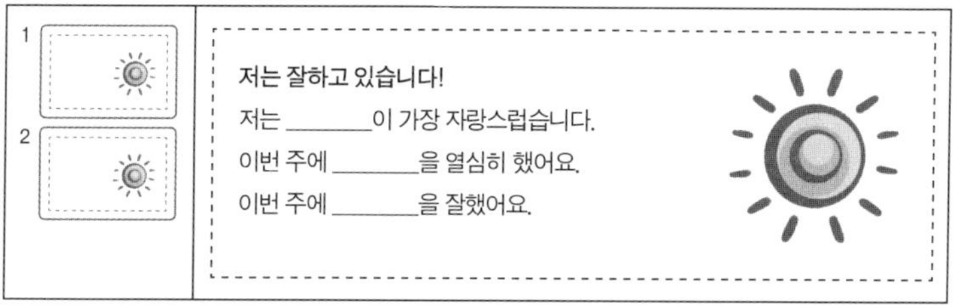

께 슬라이드 상단에 추가하면 된다. 그런 다음 학기 초, 각 가정에 하나의 디지털 슬라이드를 공유하고 학생이 격주로 알림장을 업데이트해 학부모와 내용을 공유할 것임을 알린다. 하나의 슬라이드를 알림장으로 사용하면 여러 슬라이드의 알림장을 학부모 이메일로 공유해야 하는 번거로움이 최소화될 뿐만 아니라 학생의 수업 진도에 대한 지속적인 포트폴리오를 만들 수 있다. 우리는 슬라이드에 댓글을 추가하는 기능을 학부모에게 제공해 학습 샘플을 칭찬하고, 질문하고, 지원을 요청하도록 제안하고 싶다.

전략 3: 학생이 학습 툴키트 만들기

「성공적인 학부모 참여를 위한 가이드라인: 장애 학생의 학부모와 함께 일하기Guidelines for Successful Parent Involvement: Working with Parents of Students with Disabilities」에서 켈리 스테이플스Kelli Staples와 제니퍼 딜리베르토Jennifer Diliberto는 부모가 자녀의 교육에 계속 참여하도록 돕는 '툴키트Toolkit' 전략을 공유한다.

그들은 교사에게 가정에서 학부모가 자녀와 함께 할 수 있는 전략, 팁, 활동 등이 포함된 학습 툴키트를 매달 만들도록 권장한다. 툴키트에는 그 달에 교실에서 다룬 주제가 반영되어야 한다. 교사들은 매월 초에 학습 툴키트를 배포하는데, 이를 활용하는 방법에 대한 명확하고 간단하며 구체적인 지침을 포함해야 한다. 학습 툴키트에는 숙제 해결을 위한 팁, 건강한 생활, 가정에서의 학습 환경 조성, 행동 관리, 학습용 게임, 자녀와 함께 책을 소리 내어 읽는 방법 등이 포함된다.[4]

우리는 월간 학습 툴키트 아이디어를 좋아하지만, 이 책의 모든 내용과 마찬가지로 학습자가 직접 과제를 수행할 방법을 찾도록 권장하고 싶다. 학생 각자의 필요에 맞는 맞춤형 학습 툴키트를 작성해 보길 바란다. 어떤 전략, 팁, 활동이 학생에게 가장 의미 있을까? 학습자가 학업적, 사회적, 행동적으로 성장하는 데 도움이 되리라고 생각되는 가정 학습에는 무엇이 있을까? 교실의 모든 루틴 및 절차와 마찬가지로, 학생들이 자신의 학습 툴키트를 만드는 연습에 익숙해지도록 지도해야 한다. 학생들이 툴키트의 각 부분에 관해 생각하고 집중하고 싶은 영역을 설명하는 데 〈그림 40〉의 양식이 도움이 될 것이다. 이 양식은 각 영역별 내용과 활동을 포함하며, 가정에서 학생을 지원할 수 있는 방법을 제안하도록 마련되어 유용하다.

어린 학생들이나 추가적인 지원이 필요한 학생들과 작업한다면, 이러한 학습 툴키트를 학생들과 공동으로 제작하는 데 초점을 맞추는 것이 좋다. 학생들에게 선택판이나 활동 목록을 제공해 스스로 진행 속도를 조절하게 함으로써 중요한 대화를 나눌 시간을 확보할 수 있다.

〈그림 40〉 학생이 만든 학습 툴키트

나의 (　　　)월 툴키트		
항목	개인적 관심사, 학습 내용, 제안받은 활동	가정에서 도와줄 수 있는 방법
이달의 중요한 화제, 주제, 텍스트		
학습 내용별 구체적인 전략 또는 기능		
어휘 학습: 핵심어		
행동 관리 또는 자기 조절 기능		
건강 관리		
이달의 개인 목표		
이달의 학업 목표		
이달의 행동 또는 자기 조절 목표		

전략 4: 학생이 디지털 가정통신문 디자인하기

우리는 아이의 담임 선생님으로부터 학기 내내 매달 가정통신문을 받은 기억이 있다. 초등학교 저학년 때는 선생님이 아이의 옷에 가정통신문을 핀으로 고정해 두었고, 아이들이 자라면서는 책가방 바닥에 구겨져 있었다.

이 가정통신문에는 종종 중요한 행사와 마감일, 그 달에 아이들이 집중적으로 공부한 내용과 기능에 관한 정보, 교실에서 공부하는 학생들의 사진, 학부모 자원봉사자 요청이 포함되어 있었다. 우리 부부 모두 담임 선생님으로부터 소식 받기를 좋아했지만, 가정통신문은 우리 아이에게 특화된 내용이 아닌 일반적인 내용이었기 때문에 대충 훑어보기만 했지 꼭 기대하며 받아 보지는 않았다.

학생들이 사용할 수 있는 디지털 도구가 무수히 많은 만큼 학생들은 자신만의 멀티미디어 디지털 가정통신문을 빠르게 디자인하거나 소수의 또래 친구들과 협업해 가족과 공유할 더욱 개인화된 가정통신문을 만들 수 있다. 〈그림 41〉과 같은 항목 또는 학생들이 복사해 사용 가능한 양식을 제공한다.

멀티미디어 가정통신문은 목표 설정부터 성찰, 학습 문서 공유에 이르기까지 다양한 전략 결합이 가능하다. 이 과정에서 학생에게 가정통신문에 포함해야 할 내용이나 양식을 제공하며 주도성을 부여할 수 있지만, 학생에게 의미 있다고 생각하는 항목에 초점을 맞춰 가정통신문을 스스로 구성하도록 권장할 수도 있다. 이뿐만 아니라 학생에게 독립적으로 작업할지, 짝과 함께 작업할지, 소규모 모둠의 일원으로 작업할지 결정하도록 해 과정에 대한 주도성을 부여한다. 또한 선택 가능한 디지털 도구 모음을 제공하고 가정통신문 작성 및 공유에 사용할 기술 도구를 결정하게 한다.

〈그림 41〉 디지털 가정통신문 템플릿

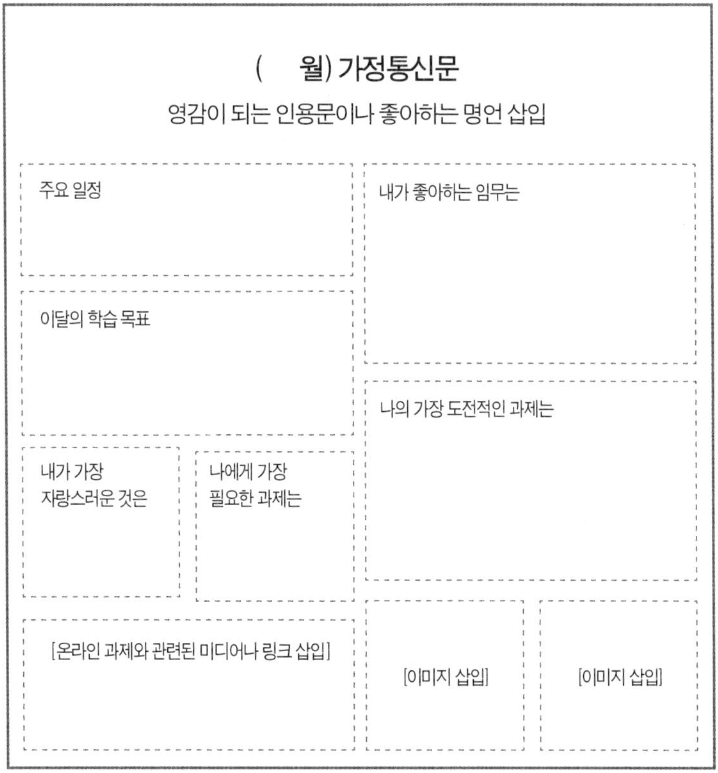

(　　월) 가정통신문

영감이 되는 인용문이나 좋아하는 명언 삽입

주요 일정

내가 좋아하는 임무는

이달의 학습 목표

나의 가장 도전적인 과제는

내가 가장 자랑스러운 것은

나에게 가장 필요한 과제는

[온라인 과제와 관련된 미디어나 링크 삽입]

[이미지 삽입]

[이미지 삽입]

전략 5: 학생과 가정 간 디지털 일지 쓰기

다문화 또는 외국인 가정과의 의사소통은 더욱 어려울 수 있다. 가족과의 소통을 위해서는 학생의 도움이 필요하다. 학생은 자신의 진행 상황에 대한 업데이트를 받는 사람들에게 적합한 언어로 글을 쓰거나 말할 수 있기 때문이다. 양방향 의사소통을 장려하는 한 가지 전략은 〈그림 42〉와 같이 학생과 보호자 간의 디지털 일지다.

주 1회 또는 월 2회, 학생에게 자신의 성과에 대한 간단한 설명과 함께 디지털 일지를 업데이트하도록 요청한다. 다음은 학생들이 일지를 작성할 때 고려해야 할 프롬프트나 질문이다.

- 수업에서 어떤 점이 잘 진행되고 있는가?
- 지난 1~2주 동안 어떤 개념 또는 기능을 배웠는가?

〈그림 42〉 학생과 가정 간 일지

학생과 가정 간 일지		
날짜	학생란	가정란

- 학습을 지원하는 데 특히 도움이 된 활동이나 학습 경험은 무엇인가?
- 지난 1~2주 동안 가장 어려웠던 점은 무엇인가?
- 어려움을 어떻게 극복했는가?
- 더 많은 성장이 필요한 분야를 개발하기 위해 시간과 에너지를 어디에 투자할 계획인가?
- 계속 발전할 수 있도록 가정에서는 어떤 지원을 제공하는가?

양방향 디지털 일지를 사용하면 상호작용하는 과정을 볼 수 있고, 필요에 따라 댓글을 추가하거나 질문에 답할 수 있다. 게다가 학생들이 1년 내내 동일한 공유 디지털 일지에 업데이트를 하면 시간이 지나면서 학습 여정이 기록으로 쌓인다. 학생이 자신의 항목을 검토해 해당 학년도에 어떻게 성장하고 발전했는지 스스로 확인할 수 있으므로 학생과 상담을 하거나 메타 인지 기능을 함양하도록 장려하는 데 유용한 자료가 될 수 있다.

정리하기

학부모와 가정은 학생의 교육 여정에서 중요한 역할을 한다. 학습자를 효과적으로 지원할 정보와 도구가 있다면 가정에서도 학습자를 지원할 수 있다. 학부모는 자녀와 정기적으로 소통할 수 있다는 이점이 있지만 수십 명의 가정을 상대하는 교사는 이러한 워크플로를 유지하기가 어렵다. 대신, 우리는 학생들이 이러한 대화를 주도하고, 가족에게 자신의 학습 진행 상황을 알릴 수 있는 기능과 루틴을 갖추도록 돕고자 한다. 가족과의 대화는 학습에 대한 성찰, 학습 문서 공유, 명확하고 설득력 있게 진행 상황을 표현하는 루틴을 형성할 수 있다. 이러한 과정은 학습 전문가로 성장하기 위해 학생들이 연습하고 발전시켜야 할 중요한 기능이다.

성찰과 토론하기

1. 현재 가족과 얼마나 자주 소통하는가? 주로 어떤 형태로 소통하는가?
2. 가족과의 소통을 촉진하는 촉매제는 무엇인가?
3. 가족과의 정기적인 소통에서 가장 큰 장벽은 무엇인가? 이 장에서 제안하는 전략이 장벽을 완화하거나 없애는 데 어떻게 도움이 될 수 있는가?
4. 학생들의 학습 진행 상황에 대한 정기적인 소통은 학생 자신이 하는

일에 대해 느끼는 감정에 어떤 영향을 미치는가? 자녀와 학부모와의 소통은 자녀의 학교 경험에 대한 학부모의 감정에 어떤 영향을 미치는가?

5. 학생과 학부모와의 소통을 수업 구조에 어떻게 포함시켜 통합할 수 있는가? 학생들이 이 과정에 참여할 시간과 공간을 마련하기 위해 블렌디드 러닝 모델을 어떻게 활용할 수 있는가?

실천하기

이 장에 설명된 전략 중 하나를 선택해 학생이 주도하는 가족과의 소통을 강화해 보자.

- **전략 1**: 월 2회 이메일 또는 음성으로 소식 보내기
- **전략 2**: 잘한다-자란다 디지털 슬라이드 사용하기
- **전략 3**: 학생이 학습 툴키트 만들기
- **전략 4**: 학생이 디지털 가정통신문 디자인하기
- **전략 5**: 학생과 가정 간 디지털 일지 쓰기

| 계획 템플릿 9 | 학부모와의 소통

학생이 부모, 가족 또는 보호자와 진도에 대한 대화를 주도함으로써 어떤 기술을 개발하기를 원하는가?	
학생이 부모, 가족 또는 보호자에게 진행 상황에 대한 정기적인 업데이트를 제공하도록 장려하기 위해 어떤 전략을 사용하고자 하는가? · 월 2회 이메일 또는 음성으로 소식 보내기 · 잘한다-자란다 디지털 슬라이드 사용하기 · 학생이 학습 툴키트 만들기 · 학생이 디지털 가정통신문 디자인하기 · 학생과 가정 간 디지털 일지 쓰기	
학생이 부모, 가족 또는 보호자와 진도에 관해 소통할 시간을 만들기 위해 어떤 블렌디드 러닝 모델 혹은 전략을 사용하고자 하는가? · 정거장 순환 모델 · 활동 목록 모델 · 선택판 · 학급 전체 순환 모델	
학생이 부모, 가족 또는 보호자와 성공적으로 소통하는 데 필요한 지원, 대본, 비계에는 무엇이 있는가?	

11장

새로운 시작 10

교사가 설계하는 프로젝트에서 학생이 주도하는 프로젝트 기반 학습으로 전환

툿, 툿, 툿시!

케이티 대학 시절에 아흔다섯 살의 남자와 잠깐 데이트를 한 적이 있다. 흥미롭지 않은가? 그 관계는 하룻밤의 짧은 만남이었다. 같은 과 친구들과 지역 양로원에서 '광란의 20년대'* 파티를 주최한 날 저녁이었는데, 당시 사귀던 남자 친구도 파티에 참석했다.

나는 뉴햄프셔대학교에서 학사 학위를 받고 레크리에이션 치료를 공부했다. 레크리에이션 치료사는 신체적, 행동적, 사회적, 정서적 지원이 필요한 개인의 웰빙, 건강, 균형을 돕기 위해 활동한다. 한 수업에서 레크리에이션 치료에 대한 지식을 실습에 적용하게 되었다.

교수님은 우리에게 단 하나의 목표를 주셨다. 배운 내용을 가지고 변화를 만들어 보는 것이었다. 우리는 고객, 장소, 활동을 선택해야 했다. 처음에는 모두가 어찌할 바를 몰라 주위를 둘러본 것 같다. 우리가 모든 것을 결정해야 하는 걸까? 잠재적인 고객은 어디에 있지? 아이디어 목록은? 예산은? 우리는 스무 살이었다, 세상에! 우리의 뇌는 아직 완전히 발달하지도 않았다!

같은 반 친구들과 나는 지역 양로원을 방문하기로 정하고 뉴햄프셔주 지역의 버스를 타고 가서 직원들을 만나 계획을 세우기 시작했다. 우리는 어르신들의 젊은 시절 행복한 추억을 되살리고자 '광란의

* 1920년대 미국의 호황기를 말한다. 소비 수요의 증가로 문화, 예술 산업이 발달했고, 재즈가 번성했다.

20년대' 파티를 열기로 결정했다. 몇 달에 걸쳐 디제이를 섭외하고 1925년 빌보드 톱 40(물론 이런 건 존재하지 않았고 우리가 직접 만들었다)의 선곡 목록을 익혔다. 털이 달린 가늘고 긴 스카프를 저렴하게 구입하고, 어르신들의 전성기 시절을 잘 보여 주는 영상을 담아 슬라이드 쇼로 구성하고, 턱시도 모양의 작은 초대장을 만들었다. 주민들과 요리사들을 만나 다섯 가지로 구성된 코스 요리를 만들고 레크리에이션 홀을 멋지게 꾸몄다.

어느새 밤이 찾아왔다. 디제이가 느린 노래를 틀자 보행 보조기를 끌던 한 남자가 나에게 다가와 춤을 추자고 제안했다. 물론 나는 거절할 수 없었다. 그는 내 남자 친구를 향해 "이 여자는 이제 내 여자 친구야."라고 말했다. 남자 친구는 "제가 어떻게 경쟁할 수 있겠어요?"라고 대답했다. 그는 그럴 수 없었다.

그날 밤, 반 친구들과 서로 팔짱을 끼고 마이크를 둘러싸고 〈툿, 툿, 툿시!〉와 〈빰 맞대고〉를 부르던 사진을 아직도 간직하고 있다.

그날 저녁은 정말 특별했다. 프로젝트에서 A를 받았기 때문이 아니라, 내 인생에 사랑하는 남자가 한 명도 아닌 두 명이나 있었기 때문이 아니라, 우리가 추억을 만들었고 그 추억을 진정성 있고 마법 같은 방식으로 만들어 냈기 때문이다. 교수님은 우리에게 프로젝트를 주고 조건을 제시하고는 날개를 잘라 버릴 수도 있었지만 그러지 않으셨다.

학생이 주도하는 프로젝트 기반 학습의 힘이다.

연구와 실제: 존재하지 않는 평균

프로젝트 기반 학습의 목표는 학생들이 실제 문제를 조사해 실제 생활에서 구현하고 사용할 해결책을 찾는 것이다.[1] 다른 전통적인 워크플로와 마찬가지로, 프로젝트 기반 학습에서도 교사가 설계의 대부분을 책임지기도 한다. 우리는 프로젝트 기반 학습, 보편적 학습 설계, 블렌디드 러닝에 대해 더 많이 배우고 완벽한 프로젝트를 만들어야 한다는 부담감에서 벗어나기 전에는 교사가 설계를 책임진다는 점에 죄책감을 느꼈다. 연구에 따르면 프로젝트 기반 학습은 교사가 권위나 지식의 주체가 아닌 학습 과정의 협력자로서의 역할을 받아들이는 데 자신감을 가질 때 가장 성공적이다.[2] 우리는 학습 설계와 실제적인 프로젝트에 더 많은 유연성을 포함시킬 필요가 있다. 이는 형평성과 포용성을 모두 충족하며 모든 학생이 질문하고 문제를 정의하고 해결책을 개발하기 위해 협력할 수 있다는 믿음을 보여 준다.

노스캐롤라이나 주립대학교 교수인 미셸 바틀릿Michelle Bartlett 박사는 프로젝트 기반 학습 단원을 학습자와 공동으로 만드는 것의 중요성을 강조했다. 그녀는 "찾기 어렵고 존재하지 않는 평균을 위해 설계된 교육으로는 도달할 수 없는, 복잡한 문제에 대한 훌륭한 해결책을 놓치지 말자."고 말했다.[3]

보편적 학습 설계와 블렌디드 러닝의 렌즈를 통해 프로젝트 기반 학습을 촉진하면 모든 학생이 진정으로 의미 있는 학습 경험에 빠져

드는 기회를 갖게 된다. 프로젝트 기반 학습은 평가로서의 프로젝트를 넘어 학습을 위한 수단으로서의 프로젝트에 초점을 맞춘다.

프로젝트 기반 학습의 선두주자인 벅 교육 연구소Buck Institute of Education는 '디저트식 프로젝트'와 '메인 코스식 프로젝트'를 구분해 프로젝트 기반 학습의 토대를 마련한다.

> 일반적인 방법으로 단원의 내용을 다룬 이후에 제공되는 짧고 지적으로 가벼운 프로젝트인 '디저트식 프로젝트'와 프로젝트가 하나의 단원인 '메인 코스식 프로젝트'를 구분한다. 프로젝트 기반 학습에서 프로젝트는 학생들이 배워야 하는 중요한 지식과 기능을 가르치는 수단이다. 프로젝트에는 교육과정과 수업이 포함되어 있다.[4]

그렇다고 해서 '디저트식 프로젝트'를 할 수 없다는 것은 아니다. 다만, 이 장의 초점은 학생들이 자신이 설계한 프로젝트 기반 단원을 배우고, 그 내용을 공유할 때 보편적 학습 설계와 블렌디드 러닝을 활용하는 것을 촉진하는 데 맞춰져 있다.

프로젝트 기반 학습에 대한 정의와 구성 요소는 다양하지만, 여기서는 벅 교육 연구소에서 설명하는 프로젝트 기반 학습 단원의 일곱 가지 필수 설계 요소인 '황금 기준gold-stnadard'을 사용하겠다. 〈표 11〉은 이러한 요소를 보편적 학습 설계 및 블렌디드 러닝과 교차해 보여 준다. 세 가지 설계 프레임워크를 연결하면 학생이 프로젝트 기반 학습

〈표 11〉 프로젝트 기반 학습, 보편적 학습 설계, 블렌디드 러닝

프로젝트 기반 학습의 핵심 구성 요소	보편적 학습 설계의 연결	블렌디드 러닝의 연결
도전할 문제 혹은 질문	학생들이 개인적으로 의미 있는 문제를 해결하는 학습을 설계할 수 있을 때 동기부여와 전문적인 학습이 최적화된다.	학생들이 추구하려는 문제나 흥미로운 질문을 확인함으로써 학습의 경로를 통제할 수 있다.
지속적인 탐구	학습자가 지속적으로 학습에 전념하면서 노력과 끈기를 유지하는 것이 진정한 의미의 참여다.	탐구할 때 시간을 자유롭게 쓸 수 있다. 학생들에게 온라인과 오프라인 탐구의 시간 및 속도에 대한 통제력을 더 많이 부여하면 문제나 질문의 이해가 더 깊어진다.
실제성	참여에 대한 지침은 교사가 학습자를 위해 적절하고 실제적이며 의미 있는 선택지를 함께 만들도록 유도한다.	프로젝트 기반 학습에서 학생들에게 선택할 수 있는 주도성을 주면 학생들이 그들의 삶과 관련된 문제, 관심사, 흥미 또는 문화에 초점을 둠으로써 개인적인 실제성을 만들 수 있다. 또한 블렌디드 러닝에서는 교사와 학생의 협력이 필요하므로 교사는 학습자와 함께 프로젝트를 위한 실제 맥락을 파악한다.
학생의 목소리와 선택권	목소리와 선택권은 보편적 학습 설계와 전문적 학습의 초석이다.	학생 주도성과 의사 결정 능력은 학생 중심 블렌디드 러닝의 본질적인 특성이다. 학습 과정에서 능동적인 주체가 되기 위해서 학생들은 선택하기와 목소리 내기를 즐겨야 한다.

성찰	학습 전문가는 자기 평가와 자기 성찰을 통해 진행 상황을 지속적으로 모니터링 한다.	성찰과 메타 인지 기능을 쌓는 것은 학생들이 자기 조절 능력을 효과적으로 키우는 데 매우 중요하며, 이는 블렌디드 러닝 환경에서 학생들의 성공에 결정적인 역할을 한다.
비평과 수정	숙달 지향 피드백 및 전략적 수정에 초점 두기는 학생을 학습 전문가로 기르는 데 중요하다.	오프라인에서 학습 공동체의 다른 구성원에게 피드백을 요청하는 것 외에도 학생들은 온라인에서 실제 청중에 접근해 진행 중인 작업에 대한 피드백을 요청하고 받을 수 있다.
공적인 결과물	학생들이 학습 결과를 실제 청중에게 공유할 때 여러 참여 수단을 제공해 선택이 가능하게 할 필요가 있다.	디지털 도구와 온라인 플랫폼은 학생들에게 결과물을 전 세계 청중과 공유할 기회를 제공한다.

단원의 개발을 주도해야 한다는 점을 상기할 수 있다.

알다시피 보편적 학습 설계와 블렌디드 러닝을 통해 프로젝트 기반 학습과 깊이 있는 학습을 지렛대로 사용할 수 있다. 교사가 설계하는 '디저트식 프로젝트'에서 학생 주도의 '메인 코스식 프로젝트'로 워크플로를 전환하는 네 가지 전략을 소개하겠다.

학생 주도성은 프로젝트 기반 학습에 내재되어 있지만, 다른 워크플로와 마찬 가지로 교사는 종종 '평균적인' 학습자를 위해 이러한 단원을 설계한다. 다음 소개하는 전략들을 구현한다면 학생에게 더 많은 주도성을 부여해 학생이 관심 있는 프로젝트를 수행함으로써 그들의 경험을 개인화할 수 있다.

전략 1: 프로젝트 뷔페 만들기

담임 교사로서 우리는 모든 학생에게 시 쓰기, 동영상 녹화, 주 상원 의원에게 편지 쓰기 같은 천편일률적인 디저트식 프로젝트 과제를 내주었다. 때로는 좀 더 창의적인 방법을 사용하기도 했다. 지역 초등학교의 인형극이나 지역 도서관의 미술 전시회를 생각해 보자. 이런 것들은 결과물로서 잘못된 점이 전혀 없다. 문제는 우리가 모든 아이디어를 냈다는 것이다! 물론 이런 기발한 아이디어에도 "우아, 대단하다."라는 말이 절로 나온다.

프로젝트 기반 학습의 세계로 뛰어들기 전에 학생들에게 잠재적인 프로젝트 결과물을 브레인스토밍하게 하라. 이 아이디어는 두 가지 이유로 훌륭하다. 첫째, 우리의 학구적인 학생들이 자신의 지식을 표현할 잠재적인 방법을 연구할 수 있다. 더 멋진 점은 선택판을 만들 때 그들의 놀라운 아이디어를 엿볼 수 있다는 사실이다! 학생들과 함께 캔바Canva로 선택 사항 게시판을 공동으로 디자인하거나 구글 문서를 공유할 수 있다.

학생들이 학습한 내용을 실제적인 방식으로 공유할 방법을 결정할

〈표 12〉 프로젝트 결과물에 관한 아이디어

결과물에 관한 아이디어	선택지
글쓰기	· 실제 청중에게 보내는 공식적인 편지 쓰기 · 블로그에 글을 작성하고 실제 청중과 공유하기 · 초등학생에게 읽어 줄 동화책을 쓰거나 지역 도서관에 기부하기 · 실제 문제를 해결하는 방법에 관한 자세한 제안서 작성하기, 온라인 출판 의뢰하기 · 주도적인 질문에 답하는 시나 노래를 쓰고 동네 커피숍이나 그 밖의 장소에서 공연하기
동영상	· 지역 텔레비전이나 또 다른 실제 청중을 위한 공적인 서비스 공지 사항 만들기 · 테드 토크(TED Talk)를 녹화하거나 테드 엑스(TEDx) 컨퍼런스에 제출하기 · 짧은 다큐멘터리를 제작해 유튜브에 올리기
오디오	· 커뮤니티 구성원과 함께 팟캐스트를 녹음해 주요 질문에 대해 토론하고 소셜 미디어에 공유하기 · 도전 과제나 질문에 관한 조사 보고서 형식의 팟캐스트를 녹음하고 프로젝트 기반 학습 과정의 각 부분에 통합해 청중에게 명확한 그림을 제공한 다음 소셜 미디어에 게시하고 공유하기

때가 되면, 이를 시작할 수 있는 자료를 학생들에게 제공한다. 학생들과 공유하도록 〈표 12〉의 양식을 만들었다. 학생들의 기발한 아이디어로 이 템플릿을 계속 만들어 보길 바란다. 초등학교 저학년을 가르치는 경우 친구, 학부모 자원봉사자, 온라인상의 전문 학습 네트워크와 함께 이 양식을 완성할 수 있다. 그런 다음, 프로젝트 기반 학습 단원을 진행하면서 학생들이 주도적인 질문, '확고한 목표', 선호하는 청

중, 관련성과 실제성 있으며 의미 있는 결과물을 만들고 다듬는 방법을 지속적으로 생각하도록 권한을 부여할 수 있다. 이는 모든 학생에게 테드 강연이나 동화책을 할당하는 것보다 훨씬 효과적이다!

전략 2: 유연한 프로젝트 기반 학습의 문장 틀 수용하기

펜실베이니아 교육 대학원의 전문 학습 센터 전무이사인 재커리 헤르만Zachary Herrmann은 프로젝트 기반 학습을 개념화하는 데 유용한 문장 틀을 제시한다. 프로젝트 기반 학습에서 "학생들은 [질문과 문제]를 탐구한다. 이를 위해 [역할]을 맡고, [개인적 연결]을 통해 개인적인 관계를 형성하고, [청중과 영향]을 위해 [결과물]을 만들고자 노력한다. 이 과정에서 학생들은 [프로젝트 학습 목표]를 배우게 된다."[5] 학생들이 프로젝트 기반 학습을 개념화할 때 문장 틀을 사용하는 것은 좋지만, 획일적인 사고에 빠질 가능성이 높다. 예를 들어, 헤르만이 제시한 문장 틀을 사용한 학생 주도형 프로젝트 기반 학습 단원의 예시와 보편적 학습 설계 및 블렌디드 러닝을 사용한 예시의 차이점을 살펴보자.

〈표 13〉의 적절한 예가 아닌 것에서 볼 수 있듯이 교사는 학생들의 학습과 결과물에 대한 결정을 대신 내려 주는 습관으로 돌아갔다. 물론 이 프로젝트는 객관식 시험보다 매력적이지만, 교사로서 실제적

〈표 13〉 유연한 문장 틀

학생 주도형 프로젝트 기반 학습의 적절한 예가 아닌 것
학생들은 자전거 헬멧 착용이 왜 중요한지 탐구한다. 이를 위해 공익광고 제작자 역할을 맡아 또래들과 소통하는 방법을 고민하며 개인적인 관계를 형성하고, 아이무비(iMovie)를 사용해 30초 분량의 공익광고를 제작하고 케이블 텔레비전 방송국에 공유한다. 이 과정에서 학생들은 실질적인 주제 또는 텍스트를 분석해 타당한 추론과 관련성 있고 충분한 증거로 주장을 뒷받침하는 논거를 만드는 방법을 배우게 된다.
보편적 학습 설계, 블렌디드 러닝, 프로젝트 기반 학습의 적절한 예
학생들은 청소년 행동의 부정적인 영향을 탐구한다. 이를 위해 마케팅 임원 역할을 맡아 또래의 행동을 변화시킬 방법을 고민하며 개인적인 관계를 형성하고 진정한 결과물을 생산하기 위해 노력한다. 이 과정에서 학생들은 실질적인 주제 또는 텍스트를 분석해 타당한 추론과 관련성 있고 충분한 증거로 주장을 뒷받침하는 논거를 만드는 방법을 배우게 된다.

아이디어를 생각해 내야 하는 부담이 크고, 많은 학생이 자전거 헬멧에 대해 배우거나 공익광고를 만들려고 노력하지 않으리라는 사실도 알고 있다. 자전거를 가지고 있지 않거나 자전거 타는 방법을 모르거나 자전거를 배우는 데 관심이 없는 학생에게는 자전거 헬멧의 영향을 탐구하는 일이 흥미롭지 않을 것이다. 이 프로젝트의 의도는 매우 좋지만 모든 학생에게 실제성이 부족하고 학생의 목소리와 선택권을 제공하지 못한다.

프로젝트 기반 학습에서 학생들은 성취 기준을 익히고 자신의 작업을 실제 청중과 공유하며 실제 문제를 해결할 수 있는 지속적인 기

〈그림 43〉 빈칸 채우기 브레인스토밍 활동

빈칸 채우기
학생들은 [질문과 문제]를 탐구한다. 이를 위해 ________와 같은 역할을 맡고, ________을 통해 개인적인 관계를 형성하고, [청중과 영향]을 위해 ________을 만들고자 노력한다. 이 과정에서 학생들은 [프로젝트 학습 목표]를 배우게 된다. 재커리 헤르만이 제안한 문장 틀을 참고함.

회가 필요하다. 학생이 실제적인 프로젝트의 목표를 설정하도록 돕기 위해 유연한 프로젝트 기반 학습의 문장 틀을 함께 사용할 수 있다. 예를 들어, 〈그림 43〉과 같은 양식을 사용해 온라인 또는 오프라인으로 빈칸 채우기 활동을 완료하도록 학생에게 요청할 수 있다. 학생들이 매드 리브스 스타일Mad Libs-style* 의 브레인스토밍 활동을 완료한 후에는 서로의 아이디어를 탐색할 수 있도록 학습 관리 시스템 또는 온라인 포스트잇 게시판에 게시를 요청한다. 이를 통해 학생들은 비슷한 질문이나 문제에 관심을 둔, 함께 작업하는 일을 즐길 또래를 파악할 수 있다. 또한 프로젝트에서 무엇에 집중하고 싶은지 잘 모르는 학생에게 영감을 줄 수도 있다.

보편적 학습 설계와 블렌디드 러닝 예시에서는 동일한 문장 틀을 사용함에도 학생이 학습할 내용, 역할 및 학습 공유 방법을 결정할 여

* 목록을 주고 빈칸을 채워 넣는 게임이다.

지를 남겨 둔다. 두 시나리오 모두 동일하면서도 확고한 목표를 향해 노력하지만, 보편적 학습 설계와 블렌디드 러닝을 추진 요인으로 삼아 틀을 설계하면 학생들은 학습 과정에서 놀라운 유연성을 확보해 프로젝트 기반 학습 설계의 필수 요소를 보장할 수 있다.

프로젝트 일부에 대한 통제권을 학생에게 넘기는 것이 불안할 수 있다. 학생들이 단원의 주제에 해당하는 질문이나 문제를 선택하지 않는다면 어떻게 해야 하는가? 온라인 조사와 오프라인 탐구의 균형을 맞추지 않으면 어떻게 해야 하는가? 학생들이 실제적인 맥락에서 프로젝트를 진행하지 않는다면 어떻게 해야 하는가? 학생의 결정을 신뢰하고 통제하는 것이 다소 불안할 수 있지만, 〈그림 44〉와 같은 프로젝트 제안서를 통해 이 프로젝트 진행을 위한 발판을 마련하면 된다.

프로젝트 제안서는 학생에게 필수적인 프로젝트 기반 학습 설계를 생각하고 프로젝트에서 이 요소들이 어떤 형태로 나타날지 고려할 기회를 제공한다. 또한 프로젝트를 시작하기 전에 학생들과 함께 제안서를 검토할 기회도 있다. 학생의 제안서를 함께 검토하면 협력 모델이 강화되어 교사와 학습자가 제안서에 대해 토론하고, 조정하고, 다듬을 여지가 생기고, 학생들이 각 부분을 충분히 생각하고 탄탄한 계획을 세울 수 있게 된다.

〈그림 44〉 프로젝트 제안서

프로젝트 제안서		
필수적인 프로젝트 기반 학습 설계의 요소	고려할 질문	제안 계획
도전할 문제 혹은 질문	어떤 문제나 질문을 추구하고 답을 구하고 싶은가?	
지속적인 탐구	이 문제나 질문에 대해 어떻게 배우고 이해하려고 노력할 것인가? 어떤 정보를 수집하는 것이 도움이 되는가?	
실제성	프로젝트의 맥락은 무엇인가? 그것이 실제 세계에 어떻게 기반을 두고 있는가? 어떤 과정, 작업 및 도구를 사용할 것인가?	
학생의 목소리와 선택권	프로젝트를 진행하면서 어떤 주요한 결정을 내려야 하는가?	
성찰	프로젝트를 진행하면서 학습한 내용을 어떻게 성찰할 것인가? 어떤 성찰 전략이 가장 효과적인가?	
비평과 수정	프로젝트 진행 중 어느 시점에서 피드백을 받는 것이 가장 유용한가? 이 프로젝트를 진행하는 동안 누구로부터 피드백을 받고 싶은가?	
공적인 결과물	배운 내용을 어떻게 보여 주려고 하는가? 어떤 결과물을 만들 것인가?	

전략 3: 프로젝트 기반 학습의 진정한 네트워크 구축하기

이 전략은 대규모 집단의 작업 완성에 도움이 되는 '미래 탐색Future Search' 과정에서 가져왔다.[6] 이 과정은 주로 60~100명이 한 방에 모여서 하지만, 언제든 온라인으로 진행할 수 있다! 이 활동은 모둠이 함께 모여 합의를 도출한 후 공동으로 실행 계획을 세운다. 실행 계획이나 결과물은 학생들이 목적을 찾고 행동을 취하도록 영감을 줘, 프로젝트와 협업을 이룬다.

우리는 이 과정을 프로젝트 기반 학습 단원을 위한 실행 계획을 만들 수 있는 놀라운 기회로 본다. 미래 탐색 과정의 적용은 잠재적인 협력자를 파악하고, 그들을 프로젝트 기반 학습의 파트너로 초대하기 위한 초대장을 보내는 것으로 시작한다. 만약 초등학교 저학년을 가르친다면, 교육 팀과 학부모 자원봉사자들과 함께 이 과정을 끝낼 수 있다.

이해관계자와의 관계 형성은 학생들이 지역사회의 실제 문제를 해결하기 위해 노력할 수 있는 무한한 기회를 제공한다. 예를 들어, 교사가 지역 커피숍 주인과 관계를 발전시키면, 주인도 학생들과 함께 학생들을 위한 공간을 만들고 싶다는 관심이 생길 수 있다. 예술과 디자인을 배우는 학생들은 학생 작품을 전시하는 순회 예술가 갤러리와 오픈 마이크*의 밤을 제안하고, 매장 창문 디스플레이에 계절과 트렌

* 커피숍, 술집 등에서 주로 밤에 진행하는 라이브 쇼로 관객이 공연할 수 있다.

드 변화를 반영하는 모델을 만들고, 주인이 학생들의 관심사와 요구사항을 파악하기 위한 시간을 가질 수 있다.

잠재적인 협력자 목록을 작성하되 학생이나 다른 이해관계자도 참여 가능하다. 이해관계자에는 다음과 같은 이들이 포함될 수 있다.

- 지역 사업체 소유자
- 종교 관계자
- 학부모
- 선출직 공무원
- 미디어 관계자(지역신문 기자, 지역방송 담당자 등)
- 지역사회 지도자(사서, 경찰, 소방관 등)

그런 다음, 각 이해관계자를 담당할 모둠을 지정해 만든다. 예를 들어, 한 모둠은 지역 사업체 소유자의 연락처를 찾는 임무를 맡을 수 있다. 모둠은 조사 방법을 결정하고 작업을 나누어 완수한다. 각 모둠이 목록을 작성하면 핵심 기획 팀이 모둠을 하나로 모을 가장 좋은 방법을 결정한다. 교실에서는 프로젝트 기반 학습의 비전을 만드는 과정을 사람들이 자세히 알게 하기 위한 대면 또는 줌 회의를 열 수 있다. 학생들에게 브레인스토밍을 할 날짜를 선택하고 초대장을 디자인하는 과제를 준다.

다음으로, 각 모둠은 목록에 있는 개인에게 연락해 회의에 초대한다.

〈표 14〉 **프로젝트 기반 학습의 미래 탐색**(미래 탐색 네트워크를 각색)

의제 항목	보편적 학습 설계와 블렌디드 러닝으로 개선하기
과거에 집중하기 자신의 인생에서 중요한 사건들을 타임라인으로 만든다. 소규모 모둠은 각 타임라인에 대한 이야기와 그 이야기가 현재 자신이 하는 일에 주는 의미에 관해 말한다.	이는 자기 성찰을 위한 기회다. 모든 구성원이 자신의 정체성을 고려하고 자신이 하는 일과 자신에게 중요한 일을 공유할 수 있다. 어린 학생이 있다면 자신의 관심사와 커서 하고 싶은 일을 공유한다.
연결 만들기 모든 모둠은 모둠 사이의 연결 '마인드맵'을 만든다. 모든 모둠원에게 중요한 것은 무엇인가?	이 단계는 협업과 커뮤니티를 촉진해 학생과 커뮤니티 구성원들 간의 실제적인 연결을 구축하는 데 도움이 된다.
자랑스러운 점과 아쉬운 점 이해관계자 모둠은 자신의 삶과 업무에서 자랑스러운 점과 아쉬운 점을 이야기한다. 직면한 도전 과제는 무엇인가? 어떤 문제를 해결하고 싶은가?	이 브레인스토밍은 커뮤니티 전반에 영향을 미치는 실제 문제를 파악하고 자기 성찰과 협업을 지속적으로 촉진하는 데 도움이 된다.
향후 시나리오 모둠은 브레인스토밍한 과제와 문제를 미래에 해결했다고 상상한다. 모둠원은 미래에 그것을 이미 성취한 듯이 묘사한다.	이 단계를 통해 학생들은 잠재적인 프로젝트를 상상하고 더 나은 미래를 만들고자 커뮤니티와 협력하는 방법을 생각해 볼 수 있다.
실행 계획 모둠은 잠재적인 프로젝트를 계획하기 시작한다. 커뮤니티 구성원들과 협력해 실제적인 역할, 개인적인 연결, 결과물, 청중을 생성할 수 있다.	교사는 '확고한 목표'를 규정하지만, 학생은 실제 대상과 협력해 연중 작업 가능한 잠재적인 프로젝트의 범위를 정한다. 또한 학생들은 학기 내내 이러한 관계의 구축이 가능하므로 의미 있는 양방향 협업이 촉발된다.

미래 탐색 네트워크는 전화 통화, 손으로 쓴 메모 등 개인별 접촉을 권장한다. 어린 학생들은 초대를 위한 짧은 동영상을 녹화하고, 고학년 학생들은 줌 회의나 전화 통화로 초대할 수 있다. 기본적으로 학생들은 공동체 구성원들과 연결하고 협업할 양방향 의사소통 경로를 만든다.

참가 신청이 들어오면 미팅을 위한 모둠을 만든다. 각 모둠에는 학생뿐만 아니라 다른 범주의 개인도 포함되어야 한다. 예를 들어, 학생 네 명, 학교 교장, 마을 재정 위원회 위원, 지역 커피숍 주인, 경찰관, 학부모로 구성된 한 모둠을 구성할 수 있다.

학생들과 협력해 회의 안건을 작성한다. 〈표 14〉의 의제 항목은 '미래 탐색 방법론'에서 가져왔다. 학생들이 과정과 회의 계획, 진행에서 주도적인 역할을 맡는 것이 중요하다.

학습자가 커뮤니티 구성원에게 다가가는 과정을 주도하고 함께 시간을 보낼 의제를 작성하면 학습자는 과정에 대한 주인의식과 결과에 따른 자부심을 더 많이 느낄 수 있다.

정리하기

학습 단원을 마무리하면서 교사는 '디저트식 프로젝트'로 학생들이 어떻게 학습하고 지식을 공유할지 결정할 뿐 학습을 주도하지는 않게 하는 경우가 너무 많다. 프로젝트 기반 학습은 학생을 운전석에 앉게 한다. 학생들은 개인적으로 중요하다고 여기는 실제 문제와 관련 성취 기준 알기라는 프로젝트의 목적을 이해한다. 학생은 매우 다양하기 때문에 프로젝트 기반 학습 단원은 학생이 학습 내용, 학습 방법, 학습한 내용을 공유하는 방법을 결정할 수 있을 만큼 유연해야 한다. 보편적 학습 설계와 블렌디드 러닝을 활용하면 프로젝트 기반 학습의 설계 요소를 구현하는 동시에 학생들이 스스로 의미 있는 학습 경험을 일으킬 유연한 경로를 만들 수 있다.

성찰과 토론하기

1. '디저트식 프로젝트'와 '메인 코스식 프로젝트'의 차이점은 무엇인가? 현재 프로젝트를 어떻게 활용하고 있는가? 프로젝트가 학습 및 평가를 유도하는가?
2. 학생들과 함께 프로젝트 뷔페를 만드는 활동이, 이어서 진행할 프로젝트 기반 학습 단원에 대한 동기부여와 관심 유도에 어떻게 도

움이 되는가?

3. 가장 마지막으로 설계한 프로젝트를 생각해 보고 '전략 2: 유연한 프로젝트 기반 학습의 문장 틀 수용하기'에서 공유한 문장 틀 "학생들은 [질문과 문제]를 탐구한다. 이를 위해 [역할]을 맡고, [개인적 연결]을 통해 개인적인 관계를 형성하고, [청중과 영향]을 위해 [결과물]을 만들고자 노력한다. 이 과정에서 학생들은 [프로젝트 학습 목표]를 배우게 된다."에 해당 요소를 연결한다. 학습자에게 얼마나 많은 유연성이 제공되었는지 논의하고, 필요하다면 보편적 학습 설계와 블렌디드 러닝 방식으로 수정한다!
4. 개별 학습자와 함께 프로젝트 제안서를 검토하고 토론하는 데 필요한 시간과 공간을 만들기 위해 블렌디드 러닝 모델을 어떻게 활용할 수 있는가?
5. 학생들이 커뮤니티 구성원과 함께 잠재적인 프로젝트 아이디어를 공유하고 브레인스토밍할 프로젝트 기반 학습 네트워크를 어떻게 만들 수 있는가?

실천하기

다음 프로젝트 기반 학습을 설계할 때는 이러한 전략을 사용해 학습자가 대부분의 설계 작업을 수행하게 하라. 전문가에서 안내자 및 공동 작업자로 역할을 전환하면 학생의 참여도가 높아지고 수업에서 더 많은 균형을 찾을 수 있다.

- **전략** 1: 프로젝트 뷔페 만들기
- **전략** 2: 유연한 프로젝트 기반 학습의 문장 틀 수용하기
- **전략** 3: 프로젝트 기반 학습의 진정한 네트워크 구축하기

| 계획 템플릿 10 | 프로젝트 기반 학습

문제나 질문이 무엇인가?	
학생은 어떤 역할을 맡게 되는가?	
학생은 문제 또는 질문과 어떤 개인적인 관계를 맺고 있는가?	
학생은 무엇을 만들어 낼 수 있는가?	
누구를 대상으로 하는가? 결과물은 어떤 영향을 미치는가?	
프로젝트 학습 목표는 무엇인가? 학생은 무엇을 알고, 이해할 수 있게 되는가?	

결론

케이티 나는 현재 작은 NBA 백과사전과 함께 살고 있다. 여섯 살짜리 아들은 마치 영화 〈제리 맥과이어〉에서 톰 크루즈에게 "강아지와 벌은 두려움을 냄새로 맡을 수 있다는 거 알아요?"라고 질문을 퍼붓는 어린아이의 분위기를 풍기며 집 안을 돌아다니는데, 그때마다 아이가 사실을 쏟아 내는 '정보 기계'처럼 느껴진다. 아들이 던지는 질문들에는 공통점이 하나 있다. 바로 농구다.

"게오르게 무레샨Gheorghe Mureșan과 마누트 볼Manute Bol이 NBA에서 가장 큰 선수들이었다는 거 알아요? 그들은 키가 2.3미터예요."

"래리 버드Larry Bird가 2만 1791점을 득점했다는 거 알아요?"

"케빈 듀랜트Kevin Durant가 텍사스대학교 1학년 때 올해의 대학 선수로 선정됐다는 거 알아요?"

알아, 이제 알아!

이 글을 쓸 때 아들은 NBA 하이라이트 영상을 보고 있었다. 한 장면이 눈길을 끌었다. 2016년, 케빈 듀랜트가 경기 도중 제러미 그랜트Jerami Grant와 약간의 신경전을 벌였다. 한 기자가 경기 후 인터뷰에서 그 일에 관해 물었다. 그의 반응은 유쾌했다. 그는 경기장에서 일어난 일은 괜찮다고 하면서, 자신이 먼저 시작한 것이 아니라고 농담조로 이야기했다. 그러고는 "네가 시작하면, 내가 끝낼게."라고 말했다. 나는 이 말을 정말 좋아한다! 캐틀린, 당신이 이 책의 서문을 열었지. 마무리는 내가 할게.

캐틀린이 서론에서 이야기했듯이, 교사들은 더 좋은 학업 성과를 내고, 학생 참여도의 수준을 높이며, 균형 잡힌 삶을 살기 위해 너무 열심히 일한다. 《에듀케이션 위크(*Education Week*)》는 특별 보고서 "팬데믹 기간에 교사들의 정신 건강이 악화되었다: 교육 당국이 도울 수 있는 방법"을 발표했는데, 이 글은 "교사들의 스트레스와 불안이 급증했고, 사기가 크게 떨어졌다. 이는 교사들이 탈진해 직장을 떠나게 할 수 있는 위험한 조합이다."라는 문장으로 시작한다.[1]

이 보고서는 명상, 요가, 운동, 건강한 식습관의 중요성과 함께 정신 건강 문제를 직접적으로 다루고 정기 검진 제공의 중요성을 강조한다. 이것들은 모두 균형을 이루고 정신 건강을 개선하는 중요한 요소지만, 또 다른 중요한 문제를 해결하지는 않는다. 교사들이 너무 많은 일을 떠안고 있다는 사실이다. 어떤 교사들에게는 요가 수업조차 해야 할 일이 하나 더 생기는 것일 뿐이다. 이런 장면이 상상된다. "진심이에요, 교장 선생님? 요가할 시간이 어디 있다고요!"

우리는 이 이야기를 바꾸고 싶다. 우리는 당신이 요가 수업에 갈 시간과 에너지를 가지길 원하고, 산책을 즐기거나, 친구들과 함께 〈시트 크릭〉*을 보며 다이어트 펩시나 마가리타 한잔을 할 수 있기를 바란다. 우리는 당신에게 정신 건강을 우선시할 시간이 있기를 원한다. 숨을 깊이 들이마실 여유조차 없다고 느낄 때, 그럴 시간을 가지기는 참 어렵다.

우리는 이 책을 통해 교사가 과중한 업무에서 벗어나도록 돕고자 한다. 특히, 교실 내 모든 교수와 학습의 통제 및 책임을 교사들이 떠맡지 않는 방법을 배울 수 있기를 바란다. 현재 워크플로는 교사들에게 너무 큰 부담을 준다. 교사들은 정보 전달, 전체 수업 진행, 피드백 제공, 학생 과제 평가, 학부모와의 소통 등 무거운 업무를 짊어지고 있다. 그리고 이는 종종 획일적인 방식으로 이루어지는데, 우리도 그렇게 배우면서 자랐기 때문이다. 하지만 더 이상 그 방식대로 할 필요는 없다. 이제 이 책임을 당신이 가르치는 학생들에게 넘겨줄 수 있으며, 그래야만 한다. 만약 그 과정에서 죄책감을 느낀다면, 그러지 않아도 된다.

현재 우리가 학생들을 위해 하는 모든 노력은 그들이 원하는 삶이나 직업 세계에 적합하게 준비시키지 못하고 있다. 실제로 우리는 주도적으로 나서고, 학생과 관계를 형성하고, 그들의 성장을 관찰한다. 우리가 이런 전통적인 방식들을 사용할수록 학생들은 표준화된 평가에서 좋은 성적을 내거나 높은 등급을 받을 수 있지만, 그게 전부는 아니다. 성적이 우수한 학생이 반드시 학습 전문가 되지는 않는다는

* 캐나다 드라마로 유쾌하고 감동적인 로즈 가족의 이야기를 다룬다. 부유했던 이들이 갑자기 모든 재산을 잃고 '시트 크릭'이라는 작은 마을에 정착해 적응하며 각자의 인간적인 성장을 보여 주는 드라마다.

사실이 드러나고 있다. 이제 대학, 직업, 삶에 대한 준비도와 관련된 연구와 냉혹한 현실을 살펴보겠다.

종종 공교육의 성공은 표준화된 시험과 대학 진학률로 측정되지만, 학생들이 이러한 기준을 통과하더라도 그 결과는 생각보다 긍정적이지 않다. 많은 교육구가 4년제 대학 진학률을 PK-12* 교육의 성공 기준으로 내세운다. 하지만 교육통계국National Center for Education Statistics에 따르면, 4년제 대학에 입학한 학생 중 63퍼센트만이 졸업을 한다.[2] 이 비율은 입학생의 3분의 2도 채 되지 않는 수치다.

졸업한 학생들도 그들만의 장벽에 직면한다. 전국적으로 최고 경영진C-level** 비즈니스 임원들을 대상으로 한 설문 조사에 따르면, 응답자의 단 11퍼센트만이 대학 졸업생들이 성공에 필요한 역량을 갖추었다고 믿는다.[3] 이 결과는 졸업생들의 지식이나 기술적 능력을 문제 삼는 것이 아니다. 졸업생들이 실패하는 이유는 동기, 주도성, 학습 태도 같은 '소프트 스킬'*** 부족 때문이다.

이 이야기가 다소 우울하게 들릴 수 있다는 점은 이해하지만 계속 읽어 주길 바란다. 연구에 따르면 대학 졸업생들은 자기 주도성이 더 필요하고, 평생 학습자로 살아야 한다. 이런 역량은 하루아침에 길러지지 않으므로 모든 학생에게 필요하다. 이 역량들은 보편적으로 설

* 보육 과정부터 12학년까지의 교육 단계를 말한다.

** 최고 경영자, 최고 재무 책임자, 최고 운영 책임자 등 '최고'가 들어가는 직책을 가진 임원을 통칭한다.

*** 업무나 사회생활에서 중요한 의사소통, 협업, 문제 해결, 공감 능력, 시간 관리, 적응력 같은 대인 관계와 관련된 기술로, 직업의 전문성과 연관 있는 기술인 '하드 스킬'과 대조적이다.

계된 블렌디드 러닝 환경에서 꾸준히 키울 수 있다.

당신이 유치원 교사든, 고등교육이나 직업 세계를 준비하는 학생들을 가르치든, 당신은 그들이 교실을 떠난 후에도 성공하는 데 필요한 기술을 배울 수 있는 교실 설계의 엄청난 기회를 가지고 있다. 그리고 당신은 자신의 삶, 정신적 평화, 행복을 되찾을 수 있게 된다.

우리와 학생들의 상황은 매우 중요하다. 교사들이 계속해서 학습의 인지적 부담과 업무 부담을 짊어질 수는 없다. 이는 교사들의 정신 건강, 회복력, 균형감, 행복감에 영향을 미친다. 또한 학생들이 학습 전문가로 성장하는 데 필요한 능력, 사회 정서적 역량, 학습에 대한 깊은 몰입을 방해한다.

보편적 학습 설계는 모든 학생이 자신의 학습을 개인화할 수 있도록 교수 학습의 기회를 설계하는 청사진을 제공하는 프레임워크('부록: 보편적 학습 설계를 위한 가이드라인' 참고)다. 보편적 학습 설계의 핵심은 학생들에게 선택권과 선택지를 제공해, 그들이 표준을 어떻게 충족시킬지에 관한 의미 있는 목표를 설정하고, 목표 달성에 필요한 방법과 자료를 결정하며, 그 목표를 어떻게 달성했는지를 진정성 있게 표현하도록 돕는 것이다. 이를 위해서는 학생들이 학습 전문가가 되어야 한다.

성장 마인드셋, 즉 성공은 타고난 재능보다 노력에 의해 좌우된다는 믿음은 스탠퍼드대학교 심리학 교수인 캐럴 드웨크Carol Dweck의 아이디어에서 비롯되었다. 이 개념은 성공은 끈기와 동기부여로 이룰 수 있다는 생각이며, 이는 보편적 학습 설계과 블렌디드 러닝의 기초가 된다. 드웨크는 모든 목표와 활동을 '우리가 이미 할 수 있는 것'과 '아직 할 수 없는 것' 두 가지 범주로 분류한다. 이 이론의 핵심은 올바른 마인드셋과 전략으로 무엇이든 달성할 수 있다는 것이다. 과제에 충실하고, 실수에서 배우며, 장애물에도 불구하고 목표를 유지하는 것은 아직not yet을 이미already로 바꾸는 열쇠다.

이 책에서 제안하는 새로운 워크플로가 교사들에게 지속 가능한 작업 환경을 제공하고 모든 학생의 성과를 향상시키리라고 확신한다. 아직 학생 주도형 학습 환경을 갖추지 않았을 수도 있지만, 그럼에도 가능하다는 사실을 기억하자. 이 책에 담긴 전략을 사용해 학생들이 학습과 성공에 더 많은 주인의식을 가지도록 도울 수 있다. 이러한 변화를 통해 당신은 부담을 나누고 균형을 찾을 뿐만 아니라, 학생들이 우리 사회에서 성공하는 데 필요한 기술과 역량을 키울 교실을 만들 수 있다.

이 책의 내용을 마음에 새기고, 실천하며, 워크플로를 변화시키자. 처음에는 변화를 촉진하기 위해 점진적인 지원이 필요할 수 있지만, 우리는 이를 위한 도구를 제공했다. 캐틀린이 서론에서 말했듯이 "이러한 변화가 학생들에게 새로운 경험이 될 것이며, 그들에게 도전감을 주리라는 점을 기억해야 한다. 처음에는 약간 불편할 수 있다. 학생들에게 학습에 대한 더 많은 인지적, 사회적 책임을 맡기도록 요구하기 때문이다. 학생들이 재구상된 워크플로에서 학습을 주도할 수 있는 자신감을 가지려면 명확한 루틴, 지원, 기술 개발이 필요하다." 균형은 하루아침에 완전히 바뀌지는 않지만, 시간이 지나면서 변한다. 약속한다. 학습 과정을 시작하면, 당신의 뛰어난 학생들이 그 과정을 완성하리라는 믿음을 가지자.

캐틀린 케이티에게. 우리를 연결시켜 준 조지와 AJ에게 감사를 전해요. 줌 통화로 처음 만난 순간부터 당신과 함께 일하고 싶고 당신에게 배우고 싶다고 생각했어요. 당신은 역동적이고 친절하며 지적이고 반짝임으로 가득 차 있어요! 우리의 협업은 저를 더 나은 작가이자 사려 깊은 교육자로 만들었습니다. 그날 아침 제가 이 책에 관한 아이디어를 제안했을 때 "좋아요."라고 대답해 줘서 감사해요! 당신의 통찰력과 전문성이 없었다면 지금과 같은 책이 되지 못했을 거예요. 파나마에서 당신과 함께 다음 글쓰기 모험을 준비하며 일주일을 보내고 싶어요!

크리스토퍼에게. 이 책에 대한 아이디어가 떠올랐을 때부터 빨리 당신에게 이야기하고 싶었습니다. 당신이 흥분하면서 모든 세부 사항을 듣고 싶어 할 줄 알았어요. 내가 생각한 것을 큰 소리로 말할 때 들어주고, 맛있는 아침 식사를 만들어 주고, 커피를 끝없이 가져다주고, 집 안 곳곳에 우스꽝스러운 포스트잇 메모를 남기고, 휴식이 필요할 때 쉬라고 상기시켜 줘서 고마워요. 저를 바라봐 주고, 이야기를 들어 주고, 지지해 주는 파트너가 있다는 것은 선물이에요. 사랑합니다.

조지에게. 케이티와 저를 소개해 주고 작업에 믿음을 줘서 정말 고마워요.

이 책을 만들기 위해 노력해 준 페이지, 살, 애슐리에게 감사합니다!

케이티 캐틀린에게. 세상에, 당신과 함께 일하는 게 정말 좋아요! 제 인생에 강하고 똑똑하고 아름다운 여성들이 있다는 사실은 정말 큰 축복입니다. 그중에서도 가장 큰 부분을 차지하는 당신은 제가 매일 계속해서 글을 쓰고, 발표하고, 가르치고, 배우도록 영감을 주고 저를 밀어 줍니다. 파나마 여행이 너무 기대되고 열대지방의 외딴곳에서 글쓰기 워크숍을 열 수 있을 그날을 진심으로 고대하고 있어요. 사랑해요.

조지에게. 여러 가지 이유로 정말 고마워요. 멋진 친구, 후원자, 동료, 발행인이 되어 주어서 감사합니다. 당신과 AJ가 저를 캐틀린에게 소개해 준 것도 고마워요. 저는 블라인드 소개팅을 정말 좋아하는데 저희는 정말 잘 맞았어요. 빨리 마라톤을 하고 싶네요. 울트라 마라톤으로 하자고요.

이 책에 생명을 불어넣어 준 페이지, 살, 애슐리 등 팀원들에게 감사의 마음을 전합니다. 고맙습니다.

애쉬에게. "다른 곳에서 더 밝게 빛나세요."라는 말은 절대 하지 않을게요.

론에게. 모든 커피, 웃음, 사랑을 위해. 당신은 나의 전부입니다. 웃긴 건 빼고요. 그건 내 몫이에요.

그리고 나의 아기들에게. 보든, 브렉, 에일린, 토린(이번에는 역순으로 했어!). 너희들 모두 내가 가장 사랑하는 아이들이야. 약속할게. 포옹과 키스를 보내며, 엄마가.

참고 문헌

Agarwal, Pooja K., and Patrice Bain. *Powerful Teaching: Unleash the Science of Learning*. Indianapolis, IN: John Wiley & Sons, 2019.

Alcala, Leah. "Highlighting Mistakes: A Grading Strategy." Video, 7:00. The Teaching Channel, 2015. learn.teachingchannel.com/video/math-test-grading-tips.

Babad, Elisha Y., Jacinto Inbar, and Robert Rosenthal. "Pygmalion, Galatea, and the Golem: Investigations of Biased and Unbiased Teachers." *Journal of Educational Psychology* 74, no. 4 (August 1982): 459-74.

Bartlett, Michelle. "Perspective." EducationNC. July 20, 2020. ednc.org/universal-design-for-learning-project-based-learning/.

Berger, Ron. "Deeper Learning: Highlighting Student Work." George Lucas Educational Foundation. January 3, 2013. edutopia.org/blog/deeper-learning-student-work-ron-berger.

Bishop, Rudine Sims. "Windows, Mirrors, and Sliding Glass Doors." *Perspectives: Choosing and Using Books in the Classroom* 6, no. 3(1990).

Black, Paul, and Dylan Wiliam, "Inside the Black Box: Raising Standards through Classroom Assessment." *Phi Delta Kappan* 80, no. 2: 144, 146-148.

Buck Institute for Education. "What Is PBL?." PBLWorks. Accessed March 7, 2022. pblworks.org/what-is-pbl. Busteed, Brandon. "University Academic Leaders Are Losing Confidence in Student Work Readiness-And That's Good News." *Forbes*.

January 23, 2020. forbes.com/sites/brandonbusteed/2020/01/23/university-academic-leaders-are-losing-confidence-in-student-work-readiness--and-thats-good-news.

Carpenter, Tara S., Lisa Carter Beall, and Linda C. Hodges. "Using a Learning Management System for Exam Wrapper Feedback to

Prompt Metacognitive Awareness in Large Courses." Journal of *Teaching and Learning with Technology* 9 (special issue): 79-91.

CASEL. "The CASEL Guide to Schoolwide Social and Emotional Learning." Accessed March 3, 2022. schoolguide.casel.org/.

Chand Dayal, Hem. "How Teachers Use Formative Assessment Strategies during Teaching: Evidence from the Classroom." *Australian Journal of Teacher Education* 46, no. 7: 1-21.

Chatzipanteli, Athanasia, Vasilis Grammatikopoulos, and Athanasios Gregoriadis, "Development and Evaluation of Metacognition in Early Childhood Education." *Early Child Development and Care* 184, no. 8: 1223-32.

Couros, George. "What Does Your Digital Portfolio Show?" Blog. georgecouros.ca/blog/archives/7450.

Donovan, Jeremy. *How to Deliver a TED Talk: Secrets of the World's Most Inspiring Presentations*. New York: McGraw Hill, 2014.

Dyer, Kathy. "What You Need to Know When Establishing Success Criteria in the Classroom." Teach. Learn. Grow. NWEA. August 4, 2020. nwea.org/blog/2018/what-you-need-to-know-when-establishing-success-criteria-in-the-classroom/.

Ferriter, William M. *The Big Book of Tools for Collaborative Teams in a PLC at Work*. Bloomington, IN: Solution Tree Press, 2020.

Future Search Network. "What Is Future Search?" Future Search. Accessed March 7, 2022. futuresearch.net/about/whatis/.

Gewertz, Catherine. "Teachers' Mental Health Has Suffered in the Pandemic: Here's How

Districts Can Help." *EdWeek*. May 4, 2021. edweek.org/leadership/teachers-mental-health-has-suffered-inthe- pandemic-heres-how-districts-can-help/2021/05.

Gonchar, Michael. "10 Intriguing Photographs to Teach Close Reading and Visual Thinking Skills." The Learning Network. Accessed March 8, 2022. learning.blogs.nytimes.com/2015/02/27/10-intriguing-photographs-to-teach-close-reading-and-visual-thinking-skills/.

Hattie, John, et al. "Feedback That Leads to Improvement in Student Essays: Testing the Hypothesis That 'Where to Next' Feedback Is Most Powerful." *Frontiers in Education* 6 (2021), doi.org/10.3389/feduc.2021.645758.

Hattie, John, and Helen Timperley. "The Power of Feedback." *Review of Educational Research* 77, no. 1 (March 2007): 81-112.

Hattie, John, Jill Crivelli, Kristin Van Gompel, Patti West-Smith, and Kathryn Wike. "Feedback That Leads to Improvement in Student Essays: Testing the Hypothesis That 'Where to Next' Feedback Is Most Powerful." *Frontiers in Education* 6 (2021). doi.org/10.3389/feduc.2021.645758.

Heid, Markham. "Are Audiobooks as Good for You as Reading? Here's What Experts Say." *Time*. September 6, 2018. time.com/5388681/audiobooks-reading-books/.

Henderson, M., and M. Phillips. "Video-Based Feedback on Student Assessment: Scarily Personal." *Australasian Journal of Educational Technology* 31, no. 1.

Herrmann, Zachary. "6 Ways to Guide Students to More Authentic Work in PBL." October 27, 2021. edutopia.org/article/6-ways-guide-students-more-authentic-work-pbl.

Howe, Christine, and Manzoorul Abedin. "Classroom Dialogue: A Systematic Review across Four Decades of Research." *Cambridge Journal of Education* 43, no. 3 (September 2013): 325-56.

Hussein, Bassam. "Addressing Collaboration Challenges in Project-Based Learning: The Student's Perspective." *Education Sciences* 11, article 434.

Indrisano, Roselmina, and Jeanne S. Chall. "Literacy Development." *Journal of Education* 177, no. 1 (January 1995): 63-83.

Krashen, S. D. "Free Voluntary Reading: Still a Very Good Idea." In *Explorations in Language Acquisition and Use*, by S. D. Krashen, 15-29.

Portsmouth, NH: Heinemann, 2003. Literacy Design Collaborative. "LDC." LDC Template Task Collection 2.0. 2013. ccsoh.us/cms/lib/OH01913306/Centricity/Domain/207/Rubrics%20 LDC%202.0.pdf.

McAllum, Ruth. "Reciprocal Teaching: Critical Reflection on Practice." Kairaranga 15, no. 1 (2014): 26-35.

Meyer, Anne, David Gordon, and David H. Rose. *Universal Design for Learning: Theory and Practice*. Wakefield, MA: CAST Professional Publishing, 2015.

Minero, Emelina. "4 Steps of Student Self-Assessment." George Lucas Educational Foundation. October 4, 2016. edutopia.org/practice/mastering-self-assessment-deepening-independent-learning-through-arts.

Mitchell, John, and Lynne Rogers. "Staff Perceptions of Implementing Project-Based Learning in Engineering Education." *European Journal of English Education* 45: 349-62.

Montgomery, Joel R. "Using Audio Books to Improve Reading and Academic Performance." Working paper. 2009. files.eric.ed.gov/fulltext/ED505947.pdf.

Montroy, Janelle J., et al. "The Development of Self-Regulation across Early Childhood." *Developmental Psychology* 52, no. 11 (November 2016): 1744-62.

National Center for Education Statistics. "Undergraduate Retention and Graduation Rates." May 2021. nces.ed.gov/programs/coe/indicator/ctr.

Nguyen, Hoa P. "How to Use Interleaving to Foster Deeper Learning." George Lucas Educational Foundation. June 11, 2021. edutopia.org/article/how-use-interleaving-foster-deeper-learning.

Ninomiya, Shuichi. "The Possibilities and Limitations of Assessment for Learning: Exploring the Theory of Formative Assessment and the notion of 'Closing the Learning Gap.'" *Educational Studies in Japan: International Yearbook* 79, no. 10: 79-91.

Novak, Katie, and Lainie Rowell. "A Simple Way for Educators to Get the Feedback They Need." *Inspired Idea*. November 22, 2021. medium.com/inspired-ideas-prek-12/a-simple-way-for-educators-to-get-the-feedback-they-need-559e9c6bc60.

Olmstead, Christine. "Using Technology to Increase Parent Involvement in Schools." *TechTrends* 57, no. 6(October 18, 2013): 28-37.

Parrish, Nina. "How to Teach Self-Regulation." George Lucas Educational Foundation. August 22, 2018. edutopia.org/article/how-teach-self-regulation.

Posey, Allison, and Katie Novak. *Unlearning: Changing Your Beliefs and Your Classroom with UDL*. Wakefield, MA: CAST Professional Publishing, 2020.

Project Zero. "PZ's Thinking Routines Toolbox." Harvard University Graduate School of Education. Accessed March 5, 2022. pz.harvard.edu/thinking-routines.

Ryan, R., and E. Deci. "Intrinsic and Extrinsic Motivation from a Self-Determination Theory Perspective: Definitions, Theory, Practices, and Future Directions." *Contemporary Educational Psychology* 61, doi.org/10.1016/j.cedpsych.2020.101860.

Said, Khalid, and Abdelouahid El Mouzrati. "Investigating Teacher Written Corrective Feedback as a Formative Assessment Tool." *Arab World English Journal* 9, no. 4: 232-41.

Santa, Carol Minnick, Lynn T. Havens, and Bonnie J. Valdes. *Project CRISS: Creating Independence Through Student-Owned Strategies*. Dubuque, IA: Kendall Hunt, 2004.

Setyaningrum, Wahyu. "Blended Learning: Does It Help Students in Understanding Mathematical Concepts?" *Jurnal Riset Pendidikan Matematika* 5, no. 2 (November 22, 2018): 244-53.

Siegesmund, Amy. "Increasing Student Metacognition and Learning through Classroom-Based Learning Communities and Self-Assessment." *Journal of Microbiology & Biology Education* 17, no. 2 (May 2016): 204-14.

Siegesmund, Amy. "Using Self-Assessment to Develop Metacognition and Self-Regulated Learners." *FEMS Microbiology Letters* 364, no. 11.doi.org/10.1093/femsle/fnx096.

Spencer, John. "What Happens When Students Launch Their Work to an Audience?" November 20, 2020. spencerauthor.com/launch-virtual/.

Staples, Kelli E., and Jennifer A. Diliberto. "Guidelines for Successful Parent Involvement: Working with Parents of Students with Disabilities." *Teaching Exceptional Children* 42, no. 6.

Stover, Sheri, Sharon Heilmann, and Amelia Hubbard. "Learner-Centered Design: Is Sage on the Stage Obsolete?" *Journal of Effective Teaching in Higher Education* 1, no. 1 (November 3, 2018): 3.

Swan, Karen. "Social Construction of Knowledge and the Community of Inquiry Framework." In *Open and Distance Education Theory Revisited: Implications for the Digital Era*, edited by Insung Jung, 57-65. Singapore: Springer, 2019.

Tan, Richard K., Ronald Polong, Leila Collates, and Joel Torres. "Influence of Small Group Discussion on the English Oral Communication Self-Efficacy of Filipino ESL Learners in Central Luzon." *TESOL International Journal* 15, no . 1 (2020): 100-106.

Top Non-Profits. "Know Your Target Audience: 10 Questions to Ask." 2021. topnonprofits.com/know-your-target-audience-10-questions-to-ask/.

Voelkel, S., and L. V. Mello. "Audio Feedback-Better Feedback?" *Bioscience Education* 22, no. 1: 16-30.

Vygotsky, L. S. *Mind in Society: The Development of Higher Psychological Processes*. Cambridge, MA: Harvard University Press, 1980.

Wiggins, Grant. "EJ in Focus: Real-World Writing: Making Purpose and Audience Matter."

English Journal 98, no. 5 (2009): 29-37.

Yurdakal, Ibrahim Halil. "Investigation of the 4th Grade Primary School Students' Attitudes towards Reading in the Scope of Different Variables." *World Journal of Education* 9, no. 3 (June 25, 2019): 46.

주

1장 환상의 조합: 보편적 학습 설계와 블렌디드 러닝

1 Anne Meyer, David Gordon, and David H. Rose, *Universal Design for Learning: Theory and Practice*(Wakefield, MA: CAST Professional Publishing, 2015).

2장 새로운 시작 1: 일방적인 정보 전달에서 학생 주도 발견으로 전환

1. Sheri Stover, Sharon Heilmann, and Amelia Hubbard, "Learner-Centered Design: Is Sage on the Stage Obsolete?," *Journal of Effective Teaching in Higher Education* 1, no. 1(November 3, 2018):3.

2 Elisha Y. Babad, Jacinto Inbar, and Robert Rosental, "Pygmalion, Galatea, and the Golem: Investigations of Biased and Unbiased Teachers," *Journal of Educational Psychology* 74, no. 4(August 1982): 459-74.

3 Sheri Stover, Sharon Heilmann, and Amelia Hubbard, "Learner-Centered Design,"1-19.

4 Ruth McAllum, "Reciprocal Teaching: Critical Reflection on Practice," *Kairaranga* 15, 1 (2014): 26-35.

5 앞의 책.

6 L. S. 비고츠키, 『마인드 인 소사이어티: 비고츠키의 인간 고등심리 과정의 형성과 교육*(Mind in society: the development of higher mental process)*』, 정회욱 옮김, 학이시습, 2009.

3장 새로운 시작 2: 교사 주도의 학급 전체 토론에서 학생 주도의 소규모 모둠 토론으로 전환

1 앨리슨 포지·케이티 노백, 『보편적 학습설계(UDL)와 함께하는 언러닝(unlearning): 수업에 대한 생각과 실천의 변화!*(Unlearning: Changing Your Beliefs and Your Classroom with UDL)*』, 박윤정·한경근·강은영 옮김, 학지사, 2023.

2 Christine Howe and Manzoorul Abedin, "Classroom Dialogue: A Systematic Review across Four Decades of Research," *Cambridge Journal of Education* 43, no. 3 (September 2013): 325-56.

3 CASEL, "The CASEL Guide to Schoolwide Social and Emotional Learning," accessed March 3, 2022, schoolguide.casel.org/.

4 Karen Swan, "Social Construction of Knowledge and the Community of Inquiry Framework" in *Open and Distance Education Theory Revisited: Implications for the Digital Era*, ed. Insung Jung, 57-65 (Singapore: Springer, 2019).

5 Richard Tan, Ronald Polong, Leila Collates, and Joel Torres, "Influence of Small Group Discussion on the English Oral Communication Self-Efficacy of Filipino ESL Learners in Central Luzon," *TESOL International Journal* 15, no . 1 (2020): 100-106.

6 William M. Ferriter, *The Big Book of Tools for Collaborative Teams in a PLC at Work* (Bloomington, IN: Solution Tree Press, 2020).

4장 새로운 시작 3: 혼자 읽기에서 연결을 위한 읽기로 전환

1 Meyer, Gordon, and Rose, *Universal Design for Learning*. 1.

2 Ibrahim Halil Yurdaka, "Investigation of the 4th Grade Primary School Students' Attitude towards Reading in the Scope of Different Variables," *World Journal of Education* 9, no 3(June 25, 2019): 46.

3 Meyer, A., Gordon, D., & Rose, D. H. *Universal Design for Learning*.

4 Montgomery, J. R. (2009). "Using Audio Books to improve Reading and Academic

Performance"(Working paper), files.eric.ed.gov/fulltext/ED505947.pdf .

5 Every Student Succeeds Act of 2015, Pub L. No. 114-95, Stat. 1802(2015).

6 Meyer, A., Gordon, D., & Rose, D. H. *Universal Design for Learning*.

7 Indrisano, R., & Chall, J. S. (1995). Literacy Development, *Journal of Education* 177(1), 63-83.

8 Markham Heid, "Are Audiobooks as Good for You as Reading? Here's What Experts Say," *Time*, September 6, 2018, time.com/5388681/ audiobooks-reading-books/.

9 앞의 글.

10 Rudine Sims Bishop, "Windows, Mirrors, and Sliding Glass Doors," *Perspectives: Choosing and Using Books in the Classroom* 6, no. 3 (1990).

11 S. D. Krashen, "Free Voluntary Reading: Still a Very Good Idea," in *Explorations in Language Acquisition and Use* by S. D. Krashen (Portsmouth, NH: Heinemann, 2003), 15-29.

12 Literacy Design Collaborative, "LDC," LDC Template Task Collection 2.0, 2013, ccsoh.us/cms/lib/OH01913306/Centricity/Domain/207/Rubrics%20 LDC%202.0.pdf.

13 "What's Going On in This Picture?", New Tork Times, nytimes.com/column/learning-whats-going-on-in-this-picture. 2022년 3월 5일 검색.

14 앞의 기사.

15 Michael Gonchar, "10 IntriguingPhotographs to Teach Close Reading and Visual Thinking Skills", The Learning Network, learning.blogs.nytimes.com/2015/02/27/10-intriguing-photograph-to-teach-close-reading-and visual-thinking-skills/. 2022년 3월 8일 검색.

16 Wahyu Setyaningrum, "Blended Learning: Does It Help Students in Understanding Mathematical Concepts?," *Jurnal Riset Pendidikan Matematika* 5. no. 2 (November 22, 2018): 244-53.

5장 새로운 시작 4: 한 명의 청중에서 실제 청중으로 전환

1 Grant Wiggins, "EJ in Focus: Real-World Writing: Making Purpose and Audience Matter", *English Journal*, 98, no. 5 (2009): 29-37.

2 Ron Berger, "Deeper Learning: Highlighting Student Work," George Lucas Educational Foundation, January 3, 2013, edutopia.org/blog/deeper-learning-student-work-ron-berger.

3 John Spencer, "What Happens When Students Launch Their Work to an Audience?," November 20, 2020, spencerauthor.com/launch-virtual/

4 앞의 책.

5 Carol Minnick Santa, Lynn T. Havens, and Bonnie J. Valdes, *Project CRISS: Creating Independence Through Student-Owned Strategies*(Dubuque, IA: Kendall Hunt, 2004).

6 Wiggins, "EJ in Focus: Real-World Writing."

7 Top Non-Profits, "Know Your Target Audience: 10 Questions to Ask," 2021, topnonprofits.com/know-your-target-audience-10-questions-to-ask/.

8 Project Zero, "PZ's Thinking Routines Toolbox,"Harvard University Graduate School of Education, accessed March 5, 2022. pz.harvard.edu/ thinking-routines.

6장 새로운 시작 5: 교사가 만드는 복습 및 연습 문제에서 학생이 만드는 복습 및 연습 문제로 전환

1 Pooja K. Agarwal and Patrice Bain, *Powerful Teaching: Unleash the Science of Learning*(Indianapolis, IN: John Wiley & Sons: 2019)

2 Hoa P. Nguyen, "How to Use Interleaving to Foster Deeper Learning," George Lucas Educational Foundation, June 11, 2021, edutopia.org/article/how-use-interleaving-foster-deeper-learning.

7장 새로운 시작 6: 교사용 도구로서의 형성 평가에서 학습자를 위한 메타 인지 도구로 전환

1 Paul Black and Dylan Wiliam, "Inside the Black Box: Raising Standards through Classroom

Assessment", *Phi Delta Kappan* 80, no. 2: 144, 146-48.

2 Kathy Dyer, "What You Need to Know When Establishing Success Criteria in the Classroom," Teach. Learn. Grow. NWEA, August 4, 2020, nwea.org/blog/2018/what-you-need-to-know-when-establishing-success-criteria-in-the-classroom/.

3 Leah Alcala, "Highlighting Mistakes: A Grading Strategy," video, 7:00, The Teaching Channel, 2015, learn.teachingchannel.com/video/math-test-grading-tips.

4 Khalid Said and Abdelouahid El Mouzrati, "Investigating Teacher Written Corrective Feedback as a Formative Assessment Tool," Arab World English Journal 9 no. 4: 232-41.

5 Shuichi Ninomiya, "The Possibilities and Limitations of Assessment for Learning: Exploring the Theory of Formative Assessment and the Notion of 'Closing the Learning Gap,'" *Educational Studies in Japan: International Yearbook* 79, no. 10: 79-91.

6 Hem Chand Dayal, "How Teachers Use Formative Assessment Strategies during Teaching: Evidence from the Classroom," *Australian Journal of Teacher Education* 46, no. 7: 1-21.

7 제레미 도노반, 『TED 프레젠테이션: 세계가 감동하는 TED, 12가지 비밀*(How to Deliver a TED Talk: Secrets of the World's Most Inspiring Presentations)*』, 김지향 옮김, 인사이트앤뷰, 2020.

8 Tara S. Carpenter, Lisa Carter Beall, and Linda C. Hodges, "Using a Learning Management System for Exam Wrapper Feedback to Prompt Metacognitive Awareness in Large Courses," *Journal of Teaching and Learning with Technology* 9 (special issue): 79-91.

8장 새로운 시작 7: 결과 중심 피드백에서 과정 중심 피드백으로 전환

1 John Hattie and Helen Timperley, "The Power of Feedback", *Review of Educational Research* 77, no. 1(March 2007): 81-112.

2 John Hattie, Jill Crivelli, Kristin Van Gompel, Patti West-Smith, and Kathryn Wike, "Feedback That Leads to Improvement in Student Essays: Testing the Hypothesis That 'Where to Nest' Feedback is Most Powerful, " *Frontiers in Education* 6(2021), doi.org/10.3389/

feduc.2021.645758.

3 Hattie and Helen Timperley, "The Power of Feedback."

4 Katie Novak and Lainie Rowell, "A Simple Way for Educators to Get the Feedback They Need," *Inspired Ideas*, November 22, 2021, medium.com/inspired-ideas-prek-12/a-simple-way-for-educators-to-get-the-feedback-they-need-559e9c6bc60.

5 John Hattie et al., "Feedback That Leads to Improvement in Student Essays."

6 Hattie and Helen Timperley, "The Power of Feedback."

7 앞의 책.

8 앞의 책.

9 S. Voelkel and L. V. Mello, "Audio Feedback-Better Feedback?," *Bioscience Education* 22, no.1:16-30.

10 M. Henderson and M. Phillips, "Video-Based Feedback on Student Assessment: Scarily Personal, " *Australasian Journal of Educational Technology* 31, no. 1.

9장 새로운 시작 8: 교사 평가에서 자기 평가로 전환

1 Amy Siegesmund, "Using Self-Assessment to Develop Metacognition and Self-Regulated Learners," *FEMS Microbiology Letters* 364, no. 11, doi.org/10.1093/femsle/fnx096.

2 Amy Siegesmund, "Increasing Student Metacognition and Learning through Classroom-Based Learning Communities and Self-Assessment," *Journal of Microbiology & Biology Education* 17, no. 2 (May 2016): 204-14.

3 Athanasia Chatzipanteli, Vasilis Grammatikopoulos, and Athanasios Gregoriadis, "Development and Evaluation of Metacognition in Early Childhood Education," *Early Child Development and Care* 184, no. 8: 1223-32.

4 R. Ryan and E. Deci, "Intrinsic and Extrinsic Motivation from a Self-Determination Theory Perspective: Definitions, Theory, Practices, and Future Directions," *Contemporary*

Educational Psychology 61, doi.org/10.1016/ j.cedpsych.2020.101860.

5 Janelle J. Montroy et al., "The Development of Self-Regulation across Early Childhood," *Developmental Psychology* 52, no. 11 (November 2016): 1744-62.

6 Nina Parrish, "How to Teach Self-Regulation," George Lucas Educational Foundation, August 22, 2018, edutopia.org/article/how-teach-self-regulation.

7 Montroy et al., "The Development of Self-Regulation across Early Childhood."

8 Emelina Minero, "4 Steps of Student Self-Assessment," George Lucas Educational Foundation, October 4, 2016, edutopia.org/practice/mastering-self-assessment-deepening-independent-learning-through-arts.

9 George Couros, "What Does Your Digital Portfolio Show?" blog, georgecouros. ca/blog/archives/7450.

10장 새로운 시작 9: 교사가 주도하는 학부모와의 소통에서 학생이 진행 과정을 주도하는 대화로 전환

1 Christine Olmstead, "Using Technology to Increase Parent Involvement in Schools," TechTrends 57, no. 6 (October 18, 2013): 28-37.

2 앞의 책, 29.

3 Kelli E. Staples and Jennifer A. Diliberto, "Guidelines for Successful Parent Involvement: Working with Parents of Students with Disabilities," *Teaching Exceptional Children* 42, no. 6.

4 앞의 책, 61.

11장 새로운 시작 10: 교사가 설계하는 프로젝트에서 학생이 주도하는 프로젝트 기반 학습으로 전환

1 Bassam Hussein, "Addressing Collaboration Challenges in Project-Based Learning: The Student's Perspective," *Education Sciences* 11, article 434.

2 John Mitchell and Lynne Rogers, "Staff Perceptions of Implementing Project-Based

Learning in Engineering Education," *European Journal of English Education* 45, 349-62.

3 Michelle Bartlett, "Perspective," EducationNC, July 20, 2020, ednc.org/universal-design-for-learning-project-based-learning/.

4 Buck Institute for Education, "What Is PBL?," PBLWorks, accessed March 7, 2022, pblworks.org/what-is-pbl.

5 Zachary Herrmann, "6 Ways to Guide Students to More Authentic Work in PBL," edutopia.org/article/6-ways-guide-students-more-authentic-work-pbl, October 27, 2021.

6 Future Search Network, "What Is Future Search?," Future Search, accessed March 7, 2022, futuresearch.net/about/whatis/.

결론

1 Catherine Gewertz, "Teachers' Mental Health Has Suffered in the Pandemic: Here's How Districts Can Help," *EdWeek*, May 4, 2021, edweek. org/leadership/teachers-mental-health-has-suffered-in-the-pandemic-heres-how-districts-can-help/2021/05.

2 National Center for Education Statistics, "Undergraduate Retention and Graduation Rates," May 2021, nces.ed.gov/programs/coe/indicator/ctr.

3 Brandon Busteed, "University Academic Leaders Are Losing Confidence in Student Work Readiness-And That's Good News," Forbes, January 23, 2020, forbes.com/sites/brandonbusteed/2020/01/23/university-academic-leaders-are-losing-confidence-in-student-work-readiness-and-thats-good-news.

보편적 학습 설계를 위한 가이드라인

	다양한 참여 방식 설계	다양한 표상 방식 설계
접근성	관심사와 정체성을 소중히 여기는 선택지 설계하기(7) - 학습자의 온전한 자아 존중하기 ▪ 선택권과 자율성을 위한 선택지 최적화하기(7.1) - 학습 과정에서의 주도성 기르기 ▪ 학습자와의 관련성, 가치, 진정성 최적화하기(7.2) - 의미 있고 가치 있는 경험과 학습을 연결하기 ▪ 즐거움을 불러일으키고 놀이의 기회를 키우는 학습 환경 조성하기(7.3) - 학습 과정에서 기쁨과 놀이가 주는 즐거움 촉발하기 ▪ 편견, 위협 및 주의를 분산시킬 만한 요소 해결하기(7.4) - 학습하고 위험을 감수할 수 있는 공간 조성하기	인지를 위한 선택지 설계하기(1) - 다양한 방식과 관점을 제공하는 유연한 콘텐츠로 상호작용하기 ▪ 정보 표시를 맞춤 설정할 수 있는 기회 제공하기(1.1) - 필요와 선호도에 따라 조정할 수 있는 접근 가능한 자료 사용하기 ▪ 정보를 인식할 수 있는 다양한 방법 지원하기(1.2) - 이미지와 텍스트만 사용하기보다는 더 다양한 방법으로 정보 공유하기 ▪ 다양한 관점과 정체성을 진정성 있는 방식으로 표현하기(1.3) - 서로 다른 관점으로부터 배우기
지원	지속적인 노력과 끈기를 돕는 선택지 설계하기(8) - 집중력과 결단력으로 도전적인 과제 해결하기 ▪ 목표의 의미와 목적을 명확히 하기(8.1) - 목표와 그 목표가 중요한 이유 강조하기 ▪ 도전과 지원 최적화하기(8.2) - 유연한 도구와 지원을 활용하면서 높은 기대치 설정하기 ▪ 협업, 상호 의존성, 협력 학습 촉진하기(8.3) - 서로를 통해 배우기 ▪ 소속감과 공동체 의식 조성하기(8.4) - 다른 사람들이 학습자와 함께 있기를 원하고, 학습자 또한 머무르기를 원하는 공간 조성하기 ▪ 행동 지향적인 피드백 제공하기(8.5) - 노력과 과정의 역할을 강조하며 학습 안내하기	언어 및 기호를 위한 선택지 설계하기(2) - 공통된 이해를 만들어 내는 언어로 소통하기 ▪ 어휘, 기호, 및 언어 구조를 명확히 하기(2.1) - 다양한 표상을 사용해 단어, 기호 및 숫자에서 의미 구성하기 ▪ 글, 수학 표기법 및 기호 해석 지원하기(2.2) - 글과 기호가 학습 목표에 방해가 되지 않게 하기 ▪ 언어와 방언에 대한 이해와 존중 키우기(2.3) - 낯설거나 복잡한 언어의 학습을 지원하기 위해 번역, 설명, 동작 및 이미지 사용하기 ▪ 언어 및 기호 사용에 대한 편견 해결하기(2.4) - 다양한 언어 존중하기 ▪ 다양한 미디어로 설명하기(2.5) - 시뮬레이션, 그래픽, 활동, 동영상으로 학습에 생동감 불어넣기
실행 기능	정서적 수용력을 위한 선택지 설계하기(9) - 학습에서 감정의 힘과 동기부여 활용하기 ▪ 기대, 이념 및 동기 인식하기(9.1) - 학습에 대한 자신감과 주인의식을 고취하는 목표 설정하기 ▪ 자신과 타인에 대한 인식 개발하기(9.2) - 건강한 정서적 반응과 상호작용을 개발하고 관리하기 ▪ 개인 및 집단의 성찰 촉진하기(9.3) - 목표를 향한 진행 상황과 실수로부터 배우는 방법에 대한 인식 제고하기 ▪ 공감 및 회복적 실천 함양하기(9.4) - 다른 사람의 관점을 통해 배우고 피해 회복하기	지식 구축을 위한 선택지 설계하기(3) - 의미를 구성하고 새로운 이해 생성하기 ▪ 이전 지식을 새로운 학습에 연결하기(3.1) - 이전 이해와 경험을 연결하기 ▪ 패턴, 중요한 특징, 주요 아이디어 및 관계를 강조하고 탐색하기(3.2) - 중요한 정보와 학습 목표와의 관계 강조하기 ▪ 다양한 방식으로 의미를 파악하고 만드는 능력 배양하기(3.3) - 세상에 대한 이해를 발전시키는 여러 가지 방법 존중하기 ▪ 전이 및 일반화 극대화하기(3.4) - 새로운 맥락에 학습 내용 적용하기

보편적 학습 설계는, 목적 지향적이고 성찰적이며 학습 자원을 잘 활용하고 진정성 있고 전략적이고 행동 지향적인 학습자 주도성을 갖추는 것을 목표로 한다.

다양한 행동과 표현 방식 설계

상호작용을 위한 선택지 설계하기(4)

- 접근 가능한 자료와 도구로 상호작용하기

- 반응, 탐색 및 이동 방법을 다양화하고 존중하기(4.1)
  - 학습에 물리적으로 접근 가능한 도구 및 환경과 상호작용하기
- 자료에 대한 접근 가능성과 보조 기술 및 도구에 대한 접근을 최적화하기(4.2)
  - 접근 가능한 도구와 장치로 배움의 문 열기

표현 및 의사소통을 위한 선택지 설계하기(5)

- 학습 목표를 달성하는 데 도움이 되는 도구를 사용해 아이디어 작성하고 공유하기

- 다양한 매체를 활용해 의사소통하기(5.1)
  - 배움을 유연한 방식으로 표현하기
- 구성, 작문, 창의성을 위해 다양한 도구 사용하기(5.2)
  - 학습 목표를 보완하는 도구를 사용해 생각과 아이디어 공유하기
- 연습과 수행을 위한 단계적 지원으로 유창성 구축하기(5.3)
  - 학습자 주도성을 지원하기 위해 비계를 적용하고 점진적으로 줄이기
- 표현 및 의사소통 방식과 관련된 편견 다루기(5.4)
  - 다양한 의사소통 존중하기

전략 개발을 위한 선택지 설계하기(6)

- 학습을 최대한 활용하기 위한 전략을 수립하고 계획을 실행에 옮기기

- 의미 있는 목표 설정하기(6.1)
  - 도전적이고 진정성 있는 목표 설정하는 연습하기
- 도전적 과제를 예상하고 계획 수립하기(6.2)
  - 목표 달성을 위한 합리적인 계획 수립하기
- 정보와 자원을 조직하기(6.3)
  - 유연한 도구와 절차를 활용해 조직화 및 기억 활동 지원하기
- 진행 상황 모니터링을 위한 역량 강화하기(6.4)
  - 시간의 흐름에 따른 성장과 이를 바탕으로 성장하는 방법 분석하기
- 배타적 관행에 이의 제기하기(6.5)
  - 더 포용적인 공간과 시스템 구축을 위해 노력하기

• **출처:** https://udlguidelines.cast.org

UDL로 만들어 가는 학생 주도형 수업

초판 1쇄 펴낸날 2025년 2월 25일

지은이 캐틀린 터커·케이티 노백
옮긴이 구본희·이규대·정은식·조윤정
펴낸이 홍지연

편집 홍소연 김선아 이태화 김영은 차소영 서경민
디자인 이정화 박태연 박해연 정든해
마케팅 강점원 최은 신종연 김가영 김동휘
경영지원 정상희 배지수

펴낸곳 ㈜우리학교
출판등록 제313-2009-26호(2009년 1월 5일)
제조국 대한민국
주소 04029 서울시 마포구 동교로12안길 8
전화 02-6012-6094
팩스 02-6012-6092
홈페이지 www.woorischool.co.kr
이메일 woorischool@naver.com

ISBN 979-11-6755-306-5 03370

만든 사람들
편집 이예은
디자인 책은우주다